DIE SEEVERSICHERUNGS-POLICE

BERNHARD BECKER

DIE SEEVERSICHERUNGS-POLICE

Leitfaden für die Praxis der
Güterversicherung nach den
Allgemeinen Deutschen
Seeversicherungs-Bedingungen (ADS)
Anhang: Textausgabe der ADS

CRAM · DE GRUYTER & CO. · HAMBURG

Umschlagzeichnung: Heinke Mißfeldt, Hamburg

Gesamtherstellung: Graph. Betrieb Gebr. Rasch & Co., Bramsche/Osnabrück
Printed in Germany

INHALTSÜBERSICHT

I. Teil: Die Seeversicherungs-Police

II. Teil: Das Sachwort-Register

III. Teil: Die ADS und Zusatzbestimmungen (1947)

EINLEITUNG

Weshalb und für wen?

„Wenn man im Alter die Möglichkeit hat", so schrieb mir einmal ein bekannter Hamburger Kaufmann, „das Los der Jugend zu bessern aufgrund zum Teil schmerzhafter eigener Erfahrungen, so soll man es versuchen, und ich finde wir Alten haben mehr Existenzberechtigung, wenn wir ‚aus dem Schatz unserer Erfahrungen' der Jugend das eine oder andere raten können. Freilich muß auch etwas *Aufnahmebereitschaft* vorhanden sein".
Dieser Ausspruch hat mich auf den Plan gerufen, als ein Lehrling von mir, der vor seiner Abschlußprüfung stand, sich darüber äußerte, daß die theoretische Ausbildung in der SEEVERSICHERUNG selbst in der Berufsschule zu kurz komme. „Das kann ich von uns ‚geplagten' Transportversicherungs-Lehrlingen im wohl verstandenen Interesse aller sagen". Dieser verhaltene Notschrei unseres beruflichen Nachwuchses ist mir erklärlich. Es fehlt in der Seeversicherung ein Fachbuch, das geeignet ist, in einer begrenzten Zeit das Wesentliche der Güterversicherung dem Lernenden nahezubringen. Selbstverständlich sind die ALLGEMEINEN DEUTSCHEN SEEVERSICHERUNGS-BEDINGUNGEN – Grundlage eines jeden Versicherungsvertrages in der Deutschen Seeversicherung – jedem Interessierten zugängig (herausgegeben im Verlage von Cram, de Gruyter & Co. Hamburg), die hier im III. Teil dieses Leitfadens vollständig aufgenommen sind, einschließlich der Zusatzbestimmungen zu den ADS für die Güterversicherung (1947). *Doch das Wissen nur aus diesen Bedingungen geschöpft, muß unzureichendes Stückwerk bleiben, zumal für den Nicht-Juristen, wenn nicht gleichzeitig diese Bedingungen sachverständig kommentiert werden.*
Aus dem „Schatz meiner langen Berufs-Erfahrung" als Versicherungs-Kaufmann, insbesondere als Seeversicherer, sah ich hier eine Möglichkeit, unserer Berufsjugend zu helfen, wie ich im Verlaufe vieler Jahre bereits eine Reihe junger hoffnungsvoller Menschen – auch weibliche Kräfte sind darunter – fachlich und menschlich auf den Weg geholfen habe, die ihre geachtete Stellung in der Versicherungswirtschaft gefunden haben. (Ich habe – eingedenk meiner eigenen Lehrzeit in einer Hamburger Im- und Exportfirma – mein ganzes Leben nicht die Not vergessen, die daher kam, daß ich keinen fand, der den jungen *lernwilligen* Menschen an das Rüstzeug herangeführt hätte, das er für sein Vorwärtskommen im kaufmännischen Beruf so sehr benötigte.)
Aber nicht allein die mir als Lehrherrn nach dem „BERUFSBILD des Versicherungs-Kaufmanns für die praktische Ausbildung" (staatlich anerkannt durch Erlaß des Bundesministers für Wirtschaft vom 8. 12. 51) obliegende Pflicht, meinem Lehrling die Kenntnisse und den Gebrauch der Allgemeinen Versicherungs-Bedingungen, hier die

ADS

zu vermitteln, hat mich bestimmt, diese Einführung in die Deutsche Güter-Seeversicherung – als eine Art *Leitfaden* – zu schreiben, die dank dem Verständnis für den Berufsnachwuchs im Versicherungssektor durch den Verlag Cram, de Gruyter & Co. nun auch gedruckt und publiziert worden ist. Noch ein anderes, sehr gewichtiges Moment kam hinzu. Ich habe im Verlaufe meiner Praxis immer wieder feststellen können, daß viele junge und auch ältere kaufmännische Kräfte *aus dem Ein- und Ausfuhrhandel, der Spedition, der Industrie und den Banken,* die mehr oder weniger laufend auch mit Versicherungsfragen in Berührung kommen, wenn auch nur am Rande, sich gern einen zusammenhängenden Überblick in bezug auf die Seeversicherung verschaffen würden, wenn ihnen die Fachliteratur hierbei in möglichst knapper Form anhand gehen würde.
Wie oft sind mir aus eben diesen Kreisen Fragen gestellt wie:
„Was ist eigentlich ein ‚Havarie-große-Verpflichtungsschein' oder ‚General-Average-Bond', den wir hier vorliegen haben und unterschreiben sollen? Was versteht man überhaupt unter ‚Havarie-große'?"

„Wie lange bin ich nach Ankunft der Ware hier in Hamburg noch versichert und wo endigt die Seeversicherung?"
„Was ist der Unterschied zwischen einer ‚f.p.a.-Deckung' und einer solchen nach der Klausel ‚frei von 3%'?"
„Was ist eine ‚Abzugs-Franchise' und was versteht man unter ‚Integral-Franchise'?"
„Sind wir auch gegen ‚Hochwasser' durch unsere laufende Police versichert?"
„Kann ich nun die auf dem Transport beschädigte Ware versteigern lassen?"
„Was habe ich in diesem Schadensfall zu tun?"
Und viele hundert solcher Fragen mehr.
Es ist also unzweifelhaft in einem sehr weit gezogenen Kreise, der täglich mit der Seeversicherung in irgendeiner Weise zu tun hat, eine auch als solche empfundene „*Wissenslücke*" vorhanden.
Diese Lücke zu schließen, also sich über assecuranztechnische (versicherungstechnische) Fragen zu unterrichten, ist umso zwingender, *weil der Gesetzgeber davon ausgeht*, daß Begriffsbestimmungen und Obliegenheiten in der Seeversicherung nach den ADS *auch dem Kaufmann bekannt sind.* Im übertragenen Sinne gilt auch in der Seeversicherung der Satz: „*Unkenntnis des Gesetzes schützt nicht vor Strafe*", auf den Kaufmann bezogen: *vor Verlusten.*
Hier nun soll dieses Buch helfen, einmal unserem Berufsnachwuchs in der Seeversicherung, des weiteren dem Schaden-Sachbearbeiter der Seeversicherung und nicht zuletzt allen jenen Kreisen, in deren Berufsaufgabe die Seeversicherung – konkretisiert durch die

EINZELPOLICE (das VERSICHERUNGS-ZERTIFIKAT)

hineingreift.
Eine solche Seeversicherungspolice für Güter mitten aus der Praxis herausgenommen soll hier nun als MUSTERDOKUMENT dienen. Diese *Muster-Police mit allen darin erwähnten Klauseln und die Funktion der Police von ihrer Anmeldung bei den Versicherern an bis zur erfolgten Schadenszahlung* soll hier nun *in allen Teilen so erklärt werden, daß es auch von denen verstanden wird, die nicht selbst unmittelbar in der Versicherungsmaterie stehen.*
Das Ganze ist in bekömmliche Raten eingeteilt, damit das Einzelne während der täglichen Straßen- oder Hochbahnfahrten oder in der Mittagspause bei einer Tasse Kaffee leicht zu sich genommen werden kann, sozusagen in „Selbstbedienung".
Sie werden dabei finden, daß diese Lektüre interessanter und lebendiger ist als der Außenstehende gemeinhin anzunehmen geneigt ist; vor allem aber das *Wissen, welches Sie sich aus diesem Buch aneignen, können Sie auch tatsächlich in Ihrem Beruf gebrauchen*, denn hier ist nicht der Jurist allein, sondern *überwiegend der Praktiker zu Wort gekommen.*
Noch etwas Tröstliches: Wenn Sie die folgenden Kapitel einmal sorgfältig durchgelesen haben – und Sie nicht gerade Versicherungskaufmann sind oder werden wollen – dürfen Sie ruhig dieses oder jenes einzelne wieder vergessen. In dem Falle hilft Ihnen *das ausführliche Sachwort-Register* sehr schnell wieder auf den richtigen Weg, den Sie suchen, wo das Gedächtnis Sie im Augenblick im Stich läßt. Nur Sie müssen einmal *die Zusammenhänge kennengelernt haben*!
Das *Sachwort-Register*, auf das viel Sorgfalt verwendet worden ist, wird auch für den Versicherungs-Fachmann, insbesondere für den Schadenbearbeiter, der sich in bestimmten Fragen vergewissern möchte, eine willkommene Gelegenheit sein, sich darin schnell und zuverlässig zu unterrichten.
So mag dieses kleine Werk noch vielen von Nutzen sein.

Hamburg, im November 1963

Kapitel I

DIE VERSICHERUNGSAUFGABE
DIE EINZEL-POLICE (ZERTIFIKAT)

Fangen wir an wie in einer „Seeversicherungs-Fibel", wie in einem Lesebuch. Auch das erste „Lehrbuch", aus dem wir etwas sehr Brauchbares lernten, war ja für die meisten von uns eine Fibel. Schlagen wir also gleich die erste Seite auf:
Mitten in Hamburgs Altstadt steht ein bekanntes, auch heute noch besonders profiliertes Kontorhaus, welches Anfang der zwanziger Jahre von dem Architekten Höger erbaut wurde für einen Hamburger Großkaufmann, der an die dreißig Jahre in der männermordenden Pampas und den Kupferminen Chiles gelebt und gewirkt hat und drei Generationen überlebte, denn das Leben dort drüben ist kurz. Ihm war es vergönnt, als wohlbetuchter Handelsherr nach Hamburg, von wo aus er einst seinen Lebens- und Berufsweg genommen hatte, zurückzukehren, und der dann auch das damals modernste Kontorhaus Hamburgs bauen ließ, das er Chilehaus benannte.
An die 2000 Kontorfenster dieses Hauses unterbrechen die kühn geschwungene Fassade, die wie die Spitze eines Schiffsbugs in die Straßenfluchten hineinstößt. Hinter all diesen Fenstern herrscht am Tage ameisenhafte Betriebsamkeit. So ist es auch in dem hier befindlichen Versicherungsbüro der Firma Carsten Möller. Gerade hat der Postbote die erste Post gebracht. Auf dem Schreibtisch des Prokuristen sammeln sich u.a. eine Reihe von „Versicherungsaufgaben", die unser besonderes Interesse haben.
„Bitte, Herr Meyer, dürfen wir einmal eine solche Versicherungsaufgabe näher ansehen?" Wir dürfen, und so sieht eine Versicherungsaufgabe, oder was dasselbe ist, eine „Versicherungsanmeldung" aus: (Vgl. Abb. Seite 11)
Uns interessiert nun, was weiter mit dieser „Aufgabe" geschieht. Nachdem Prokurist Meyer verschiedene Zahlen – Kennziffern, welche die Policen-Ausfertigerin in bestimmte Klauseln auf die Einzel-Police überträgt – und die Prämienrate für die See- und Kriegsgefahren auf der Anmeldung vermerkt hat, geht diese in das Schreibzimmer, wo Fräulein Blanke mit flinken Fingern die folgende Police in zweifacher Ausfertigung mit einer Reihe weiterer Kopien schreibt.
Die Einzel-Police – regelmäßig in duplo (= zweifach) – sieht dann so aus, u.z. a) wenn das Versicherungs-Zertifikat in deutscher Sprache gewünscht oder b) in englischer Sprache verlangt wird (vgl. Abb. Seite 12-19).
Prokurist Meyer der Firma Carsten Möller – hier eine Versicherungsmakler-Firma – zeichnet die Einzelpolice gegen (vgl. Muster-Police linke Seite unten) und übernimmt damit die Verantwortung, daß die Police sachlich und fachlich richtig ausgeschrieben ist. Dieses Policen-Formular ist vorher schon durch die General-Agentur Firma Meinhardt & Petersen, in Vollmacht der drei von ihr vertretenen Versicherungs-Gesellschaften blanco, d.h. bereits unausgefüllt unterschrieben worden. Durch diese Zeichnung tragen die aufgeführten drei Gesellschaften mit je 33⅓% Anteil die Gefahren dieser Versicherung. (Solche unterschriebenen „Blanco-Policen" des Versicherers erhält die Maklerfirma jedoch nur gegen schriftlichen „Revers", also gegen die ausdrückliche Verpflichtung, dieselben nur im Rahmen der in der „laufenden Police" der Firma Übersee-Handels-Ges. festgelegten Bestimmungen auszufüllen.)
Die Firma Carsten Möller sorgt nun dafür, daß die ordnungsgemäß gezeichnete Einzel-Police – zweifach mit einer Kopie – auf dem schnellsten Wege in die Hände der Übersee-Handels-Ges., als Versicherungsnehmerin, gelangt. Diese ihrerseits reicht die Police zusammen mit den übrigen Verlade-Dokumenten meist noch am gleichen Tage – Zeitverlust ist hier gleich Zinsverlust für den Kaufmann – an ihre Bank weiter. Die betreffende Bank „diskontiert" nämlich – so ist es in der Regel – den Fakturenwert der Güter, d.h. sie streckt das Geld unter Abzug eines Diskontsatzes dem Exporteur bereits vor, sobald die

Ware sich an Bord des Seeschiffes befindet und der Verlader, hier „Übersee-Handel" als Sicherheit die vollzähligen Verschiffungsdokumente an die Bank übergeben hat – und dazu gehören u.a. der vollständige Satz der Konnossemente (Seeschiffs-Frachtbrief), die Versicherungs-Police, die Verkaufs-Faktura (Handelsrechnung) und ggfs. der auf den Empfänger gezogene Wechsel über den vollen Wert der Ware.
Welche weiteren Funktionen der Einzelpolice von da ab zufallen, werden wir noch erfahren. –
Hier blenden wir wieder ab, denn mit dieser Vorlage einer „Versicherungs-Aufgabe" und einer „Einzel-Police" haben wir die Papiere zusammen, die wir für unsere weitere Reise gebrauchen.
Und nun wollen Sie wissen, *wohin die Reise geht?* Nehmen Sie bitte zur Erklärung der Reiseroute die Muster-Police 2711 (künftig kurz MP 2711) noch einmal zur Hand. In ihr finden Sie wie auf einer Landkarte unsere künftige Reise vorgezeichnet. Ganz schnelle Denker werden sofort auf Bangkok tippen, nein, jedenfalls nicht nur nach Bangkok. Unser Kurs führt genau von Norden nach Süden, d.h. von oben nach unten durch die Einzel-Police.
Wir starten bei der Station

Einzel-Police Nr.

Dann geht es weiter über

genommenen laufenden Versicherung

und so fort über

für Rechuung wen es angeht,
Versicherungswert, Versicherungstaxe,
von Haus zu Haus,
Prämie bezahlt,
die Allgemeinen Deutschen Seeversicherungsbedingen finden Anwendung,
die gebräuchlichsten geschriebenen Klauseln und über eine deutsche Übersetzung der englischen Standard-Klauseln, den "Institute Cargo Clauses" (ICC).

Wenn wir soweit durch die Police hindurch sind, verbinden wir damit eine Erkundungsfahrt, um uns darüber zu unterrichten, welche *Obliegenheiten*, d.h. welche „wichtigen Verpflichtungen" der Versicherungsnehmer in bezug auf die Seeversicherung gesetzlich zu tragen und zu beachten hat.
Danach steuern wir dann auf den für viele von uns interessantesten Teil zu, nämlich dem der einzelnen Schadensmöglichkeiten wie: Havarie-große-Schaden, Aufopferung, Aufwendungsschaden, Feststellung von Teilschaden, besondere Havarei: Total- und Teilverlust, Beschädigung und Teilbeschädigung, Verschollenheitsschaden und Schaden durch Verfügung von Hoher Hand und endlich die Haftung des Kriegs-Versicherers nach der DTV-Klausel 1955.
Damit sind wir dann an das Endziel unserer Studienreise angelangt und können nun im Schlußkapitel an einem echten „Versicherungsfall", an einem Schaden wie ihn die Seeversicherungspraxis täglich hundertfältig bietet, in allen Einzelheiten erproben, was wir aus diesem Leitfaden gelernt haben, und Sie werden überrascht sein, wie viel es ist!
(Im übrigen können Sie ja jederzeit auf diesen „Berater" zurückgreifen.)
Lassen Sie sich deshalb nicht entmutigen, wenn Ihnen auf dieser Reise zunächst ein undurchdringbar erscheinender Dschungel von Ihnen vollständig fremden Begriffen und Klauseln vor Augen tritt. Seien Sie vielmehr von Anfang an davon überzeugt, daß Sie von Station zu Station, von Abschnitt zu Abschnitt dieses Leitfadens immer mehr erkennen werden, wie klar und überschaubar die Regeln im Gebiet der Seeversicherung für den Ortskundigen sind.
Ich hoffe, Sie nun schon ein wenig neugierig, noch besser: ein wenig *wißbegierig* gemacht zu haben.

Versicherungsaufgabe

an Firma **Carsten Möller** — 1364 *

Versicherungsmakler

Hamburg 1, Fischertwiete 2

Telefon: 336 19 61

Bitten für mich/uns zu versichern bzw. auf laufende Police zu deklarieren:

per Dampf-/Großmotor- Schiff „MS. "Hannover"" u. / od. a.

oder sonstiger Gelegenheit

von Inland/Hamburg — von Haus zu Haus

via — mit 30 Tagen

nach Bangkok — am Seeplatz/Binnenplatz

Marke u. Nr.	Kollizahl, Art der Verpackung	Ware	Versicherungssumme einschl. Fracht Spesen/Imag. Gewinn

E.B.H.
53670/1-10 = 10 Kisten brutto: 20.500 kg
Universal netto: 13.300 kg
BANGKOK

Universal Werkzeug-Maschinen
mit Ersatzteilen und Zubehör

<u>im Raum verladen</u> Wert: DM 155.500.--
=============

E.B.H.
60875/11-15 = 5 Eisenfässer Motoröl
BANGKOK brutto: 1.105 kg
netto: 1.000 kg

<u>auf Deck verladen</u> Wert: DM 2.000.--
=============

Hamburg, den 19. Nov. 1963

Übersee-Handels-Gesell-
schaft mbH. Hamburg
i.V. [signature]

VEREIN HAMBURGER ASSECURADEURE.

Einzelpolice (Zertifikat) Nr. 2711

Ausgestellt auf Grund der von der Firma / unter der Nr. Übersee-Handels-Gesellschaft mbH. Hamburg 39

genommenen laufenden Versicherung für Rechnung wen es angeht. Schaden zahlbar an den Inhaber dieser Police

auf

E.B.H.
53670/1-10 = 10 Kisten brutto: 20.500 kg
Universal netto: 13.300 kg
BANGKOK

Universal Werkzeug-Maschinen mit Ersatzteilen und Zubehör — Wert: DM 155.500.--
=============

im Raum verladen

E.B.H.
60875/11-15 = 5 Eisenfässer Motoröl brutto: 1.105 kg
BANGKOK netto: 1.000 kg

Wert: DM 2.000.--
=============

auf Deck verladen

taxiert zu DM 157.500.-- (Deutsche Mark einhundertsiebenundfünfzigtausendfünfhundert) einschl. imag. Gewinn

per MS. "Hannover" und/oder anderem

für die Reise von Inland/Hamburg

nach Bangkok, von Haus zu Haus, einschl. 30 Tage am Seeplatz

Prämie ist bezahlt.

Auf die Versicherung finden die „Allgemeinen Deutschen Seeversicherungsbedingungen" (A. D. S.) nebst den „Zusatzbestimmungen zu den A. D. S. für Güterversicherung (1947)" Anwendung.

Versicherungs-Bedingungen:

Siehe Rückseite!

Diese Police ist nur gültig, wenn sie zur Kontrolle der richtigen Ausfertigung von der Firma

Carsten Möller
Hamburg Fischertwiete 2

gegengezeichnet ist.

Gegenzeichnung:

Carsten Möller
ppa.

Schadensfeststellung — auch bei Diebstahl und anderem Teilverlust, falls mitversichert — durch Firma

Diethelm & Co. Ltd.
P.O.B. 14, 28o, New Road
BANGKOK/THAILAND

ohne dessen Havarie-Zertifikat kein Schadensanspruch anerkannt wird.

Diese Police ist 2 fach ausgefertigt; erfolgt Schadenszahlung gegen eine Ausfertigung, wird/werden die andere(n) ungültig.

Hamburg, den 19. November 1963

1oo% für einhundert Prozent

33 1/3% OZEANA VAG.
33 1/3% LAND- und SEE-Vers.AG.
33 1/3% NEPTUNE Insurance Company
in Vollmacht

MEINHARDT & PETERSEN
ppa.

Versicherungs-Bedingungen (geschriebene)

1. Für Kisten Nr. 1-10:

   "Frei von Beschädigung, wenn unter 3% jedes Kollo eine Taxe,
   einschl. Diebstahl, Teildiebstahl, Beraubung, Nichtauslieferung,
   einschl. Beschädigung durch See-, Süß- und Regenwasser, Schiffsschweiß und Schiffsdunst, Hakenriß, Öl, Verschmutzung oder durch Beiladung,
   einschl. gewöhnlicher Bruchgefahr,
   einschl. Rost und/oder Oxidation gleichviel aus welcher Ursache,
   einschl. Kriegs-, Minen- und Torpedogefahr lt. DTV-Kriegsklausel 1955,
   einschl. Schäden durch Aufruhr, Streik, bürgerliche Unruhen, mut- oder böswillige Beschädigung".

2. Für Fässer Nr. 11-15:

   "Frei von Beschädigung außer im Strandungsfall (§ 114 ADS),
   einschl. gewöhnlicher Leckage, frei von dem ersten Prozent,
   jedes Kollo eine Taxe,
   einschl. Diebstahl und Nichtauslieferung ganzer Kolli,
   einschl. Werfen und/oder Überbordspülen,
   einschl. Kriegs-, Minen- und Torpedogefahr lt. DTV-Kriegsklausel 1955,
   einschl. Schäden durch Aufruhr, Streik, bürgerliche Unruhen, mut- oder böswillige Beschädigung".

Von Haus zu Haus Klausel

Ziffer 5 der Zusatzbestimmungen zu den A. D. S. für die Güterversicherung (1947)

Beginn der Versicherung.

Die Versicherung beginnt mit dem Zeitpunkt, in dem die Güter am Abladungsorte zum Zwecke der Beförderung auf der versicherten Reise von der Stelle, an der sie bisher aufbewahrt wurden, entfernt werden.

Ende der Versicherung.

Die Versicherung endigt mit dem Zeitpunkt, in dem die Güter am Ablieferungsort an die Stelle gebracht werden, die der Empfänger zu ihrer Aufbewahrung bestimmt hat (Ablieferungsstelle):

a) Seeplatz.

Wenn der aufgegebene Ablieferungsort ein Seeplatz ist, endigt die Versicherung spätestens mit Ablauf des 20. Tages nach Landung der Güter am Ablieferungsort.

b) Binnenplatz.

(1) Wenn der aufgegebene Ablieferungsort ein Binnenplatz ist, endigt die Versicherung spätestens mit Ablauf des 10. Tages nach Entladung der Güter aus dem anbringenden Beförderungsmittel am Ablieferungsort.

(2) Falls eine Verzögerung in der Beförderung der Güter nach Landung am Seeplatz bis zum Eintreffen am Ablieferungsort durch den Versicherten bzw. den Empfänger veranlaßt wird oder zu vertreten ist, endigt die Versicherung bereits mit Beginn der Verzögerung, jedoch nicht vor Ablauf der unter den jeweiligen Umständen normalen Reisedauer.

Die Feststellung eines Schadens hat unverzüglich zu erfolgen.

Zusatz zu a) und b).

Dem Versicherer ist Zulage nach Vereinbarung zu zahlen, wenn sich das Anlandbringen der versicherten Güter nach Entlöschung aus dem Seeschiff außergewöhnlich verzögert.

Ausdehnung der Fristen bzw. der Versicherung.

Gegen zu vereinbarende Prämienzulage für die Ausdehnung der Fristen unter Berücksichtigung von Gefahren, welche in der Hauptversicherung besonders eingeschlossen sind (z. B. Bruch, Leckage), können ausgedehnt werden

1. die in a) und b) bestimmten Fristen,
2. die Versicherung für den Fall der Verzögerung (b Satz 2) nach Landung am Seeplatz bis zum Eintreffen am Ablieferungsort,

und zwar bei der Deklaration und in außergewöhnlichen Fällen nach der Deklaration, jedoch nur vor Ablauf der deklarierten Frist.

Innerhalb dieser Fristen, jedoch ohne Überschreitung derselben darf der Empfänger die Beförderung des Gutes verzögern

VEREIN HAMBURGER ASSECURADEURE.

Separate Policy (Certificate) No. ·2711

issued for account of whom it may concern against open cover No. 39

in the name of Übersee-Handels-Gesellschaft mbH., Hamburg

Claims payable to the holder of this policy

on

E.B.H.
53670/1-10 = 10 cases gross: 20.500 kg
Universal net. : 13.300 kg
BANGKOK
cont. Universal Tool Machines with Equipments and Accessories
valued at DM 155.500.--
=============

loaded in the hold

E.B.H.
60875/11-15 = 5 drums Motoroil gross: 1.105 kg net : 1.000 kg valued at DM 2.000.--
BANGKOK
===========

loaded on deck

valued at DM 157.500.-- (D-Marks onehundredandfiftyseventhousandfivehundred) incl. imag. profit

per m/v "Hannover" and/or other s/s

from Interior/Hamburg

to Bangkok, from warehouse to warehouse, incl. 30 days storage at sea port

Premium paid.

This insurance is governed by the "German General Rules of Marine Insurance of 1919" (M. I. R.), and the "Supplementary Clauses to the General Rules of Marine Insurance (M. I. R.) for Cargo 1947)."

Conditions of Insurance:

as per reverse!

This policy becomes valid only when examined and countersigned by

Carsten Möller
Hamburg, Fischertwiete 2

Countersignature:
Carsten Möller
ppa. [signature].

In the event of loss or damage or theft recoverable under this policy to apply immediately for survey to Messrs.

Diethelm & Co. Ltd.,
P.O.B. 14, 28o, New Road
BANGKOK/THAILAND

without whose survey report no claim will be admitted.

Issued in duplicate, one copy being accomplished the other(s) to stand void.

Hamburg, the 19th of November 1963

1oo% for onehundred percent

33 1/3% OZEANA VAG.
33 1/3% LAND- und SEE-Vers.AG.
33 1/3% NEPTUNE Insurance Company
in Vollmacht

MEINHARDT & PETERSEN
ppa. [signature].

Conditions of Insurance:

1. Cases No. 1-1o:

"Marine insurance with particular average (W.P.A.) 3%, each package valued separately,
incl. theft, pilferage, short- and non-delivery, loss and/or damage caused by sea-, fresh- and rainwater, condensation, hooks, mud, oil and/or other cargo, fire, incl. ordinary breakage, incl. bending, denting and twisting, incl. rust and/or oxidation howsoever caused.

War, mines and torpedoes as per "German DTV-War risk Clause 1955" included, also losses, caused by riots, strikes, civil commotions and malicious damage,

2. Drums No. 11-15:

"Free from particular-average unless stranding (§ 114 ADS),
incl. ordinary leakage, free of the first percent, each package one taxe,
incl. jettison, washing and falling overboard,
incl. theft and non-delivery of whole packages.

War, mines and torpedoes as per "German DTV-War risk Clause 1955" included, also losses, caused by riots, strikes, civil commotions and malicious damage."

Warehouse to Warehouse Clause

Clause 5 of Supplementary Clauses to the General Rules of Marine Insurance (M. I. R.) for Cargo (1947)

Commencement of Risk.

The risk attaches from the time the goods are removed from the place of their last storage at the place of shipment for conveyance on the insured voyage.

Termination of Risk.

The risk terminates immediately the goods are delivered at destination to the place determined by the consignee for their storage (place of final delivery):

a) Sea Port.
If the stipulated place of destination is a sea port, the risk terminates not later than after the expiration of twenty days from the day goods are landed at destination.

b) Inland Place.
(1) If the stipulated place of destination is a place inland, the risk terminates not later than after the expiration of ten days from the day the goods are discharged or unloaded from the conveyance by which they arrived at destination.

(2) If the assured or the consignee cause, or are responsible for, any delay in the conveyance of the goods after their landing at the sea port until their arrival at destination, the risk terminates at the commencement of such delay, but not before the voyage would have been completed in the normal course of events.

Any loss or damages to be assessed without delay.

Ad a) and b)

The Insurer is entitled to an additional premium to be agreed in case of an unusual delay occurring in the landing of the goods after their discharge from the seagoing vessel.

Extension of Time Limits and/or Cover.

At an additional premium to be arranged and a further additional premium for risks specially included in the original insurance (e. g. breakage, leakage) extension may be granted for

(1) the periods determined sub a) and b)

(2) the cover for the case of the delay – as per b) sentense (2) – after the landing at the sea port. until arrival at the place of destination.

Such extension to be applied for when the risk is declared or – in extraordinary cases – after the date of declaration, but not after the expiry of the declared period.

Within these periods, which must not be exceeded, the consignee is at liberty to delay the convevance of the goods.

Kapitel II

LAUFENDE VERSICHERUNG
– § 97 ADS –

Unsere Studienreise kann also nun beginnen.
Wir nehmen unsere Einzel-Police zur Hand. Wir sehen, sie trägt vorweg eine Nummer, hier:

Einzel-Police (Zertifikat) Nr. 2711

u.z. als wesentliches Kennzeichen für alle weiteren Aktenvorgänge, die auf diese Versicherung Bezug haben. Die fortlaufenden Zertifikats-Nummern erleichtern auch die Kontrolle in der Deklaration, d.i. die Anmeldung der Versicherung aufgrund der vorliegenden Zertifikats-Kopien an die beteiligten Versicherungs-Gesellschaften, eine Funktion, die entweder durch den General-Agenten oder durch den Makler durchgeführt wird.
Die Einzel-Police (Zertifikat) Nr. 2711 ist ausgestellt, so heißt es weiter, „aufgrund der von der Firma Übersee-Handels-Gesellschaft mbH. (als Versicherungs-Nehmerin) unter der Nummer 39 genommenen

„laufenden Versicherung".

Laufende Police (General-Police) nach § 97 ADS

Eine „laufende Versicherung", oder was dasselbe ist und heute gebräuchlicher: „laufende Police" – im Binnenland auch *General-Police* genannt, englisch Open Cover, was ist das?
Man könnte antworten: Die *Mutter der Einzelpolice.* Präziser ausgedrückt, ein Mantelvertrag, abgeschlossen zwischen dem versicherten kaufmännischen Unternehmen/Firma, als Vers.-nehmer (kurz: VN) – in HAMBURG und BREMEN meist durch die Vermittlung eines Assekuranzmaklers – Versicherungsmakler – mit einer oder mehreren Versicherungs-Gesellschaften, als Versicherer (kurz V.rer). Die „laufende Police" wird in der Weise genommen, daß die Güter bei Schließung des Vertrages nur allgemein oder ihrer Art nach bezeichnet werden, z.B.: „auf Export-Güter aller Art von und nach allen Plätzen"
oder ein anderes Beispiel:
„auf Trockenfrüchte aller Art von allen Plätzen der Welt nach Häfen des Kontinents."
Erst nach Entstehung des Versicherungs-Interesses werden die jeweiligen Transporte *einzeln* an die V.rer aufgegeben und genau bezeichnet.

Genereller Versicherungsschutz

Durch solchen Mantelvertrag hat dann der Kaufmann (VN) *generell* Versicherungsschutz für alle Transporte per Dampfer, Flußschiff, Bahn, Post, LKW und/oder sonstiger Gelegenheit, also auch per Luftfracht und, meist im beschränkteren Umfange, auch per Segler, für die der VN „nach kaufmännischen Grundsätzen Versicherung zu nehmen hat", u.z. für alle Güter, soweit nicht etwas anderes in der laufenden Police bestimmt ist bzw. solche Güter, die nach § 80 ADS Abs. 1 u. 2 ausgenommen sind, wie beispielsweise Valoren, Edelmetalle, Pretiosen, explosionsgefährliche und selbstentzündliche Gegenstände und einige andere mehr.

Güter, die nur nach besonderer Vereinbarung unter lfd. Police versichert gelten – § 80 ADS in Verbindung mit § 60

Hiernach interessiert uns als nächste Frage: Wann liegt beispielsweise für unseren VN ein kaufmännischer Grund vor, Versicherung zu nehmen?

„C.i.f. Bestimmungsort" – cost, insurance, freight Kosten, Versicherung, Fracht

Hat die Übersee-Handels-Ges. die lt. MP 2711 versicherten Werkzeugmaschinen gemäß Verkaufskontrakt c.i.f. Bangkok zu liefern, so hat der Verkäufer, hier der Exporteur, alle Kosten und die Gefahr des Transportes bis zum Bestimmungsort zu tragen, insbesondere also Speditions-, Konsulatskosten, die Versicherungskosten und die Fracht, hier bis Bangkok.

Damit hat die Übersee-Handels-Ges. ein kaufmännisches Interesse daran, für die Güter Versicherung bis Bangkok zu nehmen, und somit fällt dieser Transport auch automatisch unter die Deckung (den Versicherungsschutz) der laufenden Police.

Versicherungs-Aufgabe/Deklaration § 97, Abs. 6 ADS

VN ist verpflichtet, alle Transporte, die unter die genommene laufende Police fallen, dem V.rer anzumelden (zu deklarieren), u.z. *unverzüglich* nachdem VN von dem Beginn des Transportes und damit dem Beginn der Versicherung Kenntnis erlangt hat. Welche Angaben die Anmeldung der Versicherung enthalten muß, ist der Versicherungs-Aufgabe, wie im Original auf Seite 11 gezeigt, zu entnehmen.

Wichtig ist, daß bei der Versicherungs-Anmeldung etwaige Akkreditivbestimmungen genau im Wortlaut dem Versicherer zur Kenntnis gebracht werden, da diese Akkreditivbestimmungen mit dem Wortlaut der Bedingungen des Versicherungs-Zertifikats genau übereinstimmen müssen, anderenfalls die Bank, bei der das Akkreditiv eröffnet ist, die Police verweigert, was hinwiederum zur Folge hätte, daß unser VN keine Zahlung aus dem Akkreditiv erhält. (Bei einer Akkreditiv-Eröffnung ist die Bank als Treuhänder für die Bezahlung der Ware zwischen Verkäufer und Käufer eingeschaltet (vgl. auch Seite 9 unten).

Vorsätzliche Nichtanmeldung § 97, Abs. 6 ADS

Hat der VN die Güter vorsätzlich nicht oder nicht rechtzeitig angemeldet oder vorsätzlich unrichtig bezeichnet, so *endigt* die lfd. Pol., d.h. der generelle Vers.-Schutz des VN ist damit aufgehoben, gleichwohl gebührt dem V.rer die Prämie, die sonst bei ordnungsgemäßer Anmeldung zu zahlen gewesen wäre.

Deklarationsklausel 9 betr. unabsichtlich unterlassene oder verzögerte Deklarationen = Versicherungstreue § 13 ADS

Die nebenstehend erwähnten gedruckten Zusatzbestimmungen, die ein Bestandteil der lfd. Pol. sind, mildern die Folgen nach § 97, Abs. 6 ADS insofern, als darin bestimmt wird, daß unabsichtlich unterlassene oder verzögerte Deklarationen auch nachträglich zulässig und für den V.rer bindend sein sollen, wenn VN *die Sorgfalt eines ordentlichen Kaufmannes* nicht außer Acht gelassen hat. Eine solche weitgehende Bestimmung ist nur tragbar unter der Voraussetzung, daß alle Beteiligten, VN wie V.rer, Treu' und Glauben im höchsten Maße betätigen, wie es nach § 13 ADS ausdrücklich zur Grundlage des Vertragsverhältnisses festgelegt ist.

Rechtzeitige Anmeldung durch Versicherungs-Aufgabe

§ 97 Abs. 6 ADS fordert „unverzügliche" Anmeldung der Versicherung, sobald VN von dem Beginn des Transportes Kenntnis erhält. Genau genommen müßte hiernach bereits die Anmeldung der Versicherung erfolgen, sobald die Güter die Fabrik, das Lieferwerk im Binnenland verlassen, soweit der Fabrikant ab Lieferwerk verkauft hat.

In der Praxis ist es bei Export-Gütern Usance (üblich durch Gewohnheit) geworden, gleichzeitig mit dem Ausschreiben der Verkaufsfaktura (Handelsrechnung), den Konnossementen (Schiffsfrachtbriefe) und den sonstigen Verschiffungsdokumenten auch die Anmeldung auf lfd. Pol. vorzunehmen und Versicherungs-Zertifikat vom V.rer anzufordern.
Zeitlich fällt dann dieser Anmeldetermin unmittelbar vor Antritt der Hauptreise ab Verschiffungshafen. Der so gewählte Zeitpunkt wird von den V.rern als rechtzeitig anerkannt, obwohl zu diesem Termin der in der Regel mitversicherte Vortransport aus dem Binnenlande schon erledigt sein wird.
Es kann also der Fall eintreten, daß bereits auf dem der Seereise vorangehenden Eisenbahn- oder LKW-Transport ein Schaden eingetreten ist, ohne daß die V.rer schon von diesem Transport wußten; trotzdem aber haftet der V.rer für den Schaden, wenn eine lfd. Pol., also ein Mantelvertrag, vorliegt. (Ohne eine laufende Pol. nicht (!), d.h. wenn der Kaufmann seine Transporte nur von Fall zu Fall versichert. Hierin liegt der *entscheidende Unterschied* zwischen einer „Einzeldeckung" und einer „laufenden Versicherung".)
Bei Import-Gütern aus Übersee empfiehlt es sich, dem V.rer zunächst eine vorläufige Aufgabe zu machen, evtl. auch mit vorläufiger Vers.-Summe, sobald dem VN das Abgangsdatum des Dampfers ab Verschiffungshafen bekannt ist oder schon bei Kaufabschluß, auch wenn zu diesem Zeitpunkt noch nicht alle Einzelheiten wie Markierung, Gewicht und endgültiger Vers.-Wert bekannt sind.

Versicherungs-Zertifikat/Einzelpolice - § 97, Abs. 4 ADS

Der Versicherer (= Assekuradeur) hat *auf Verlangen des VN* eine von ihm unterzeichnete *Urkunde* (Einzelpolice = Vers.-Auszug) über die einzelne Vers.-Anmeldung auszuhändigen. Ein Vers.-Zertifikat wird im Export-Geschäft fast immer benötigt, während bei Import Gütern nicht für jede Verschiffung auch ein Vers.-Zert. erforderlich ist. Die Entscheidung, ob Vers.-Zert. benötigt wird oder nicht, liegt beim VN; für die Geltendmachung von Ansprüchen im Schadensfall genügt an sich die ordnungsgemäße Anmeldung des Transportes bei den V.rern.
Ist jedoch ein Vers.-Zert. ausgefertigt worden, so leistet V.rer eine etwaige Schadenszahlung nur gegen Aushändigung dieses Vers.-Zertifikates.
Für auf „Inhaber" oder „Holder" ausgestellte Vers.-Zert. ist derjenige zur Empfangnahme einer Schadenszahlung gegenüber den V.rern legitimiert, welcher das Vers.-Zert. – neben den übrigen Schadenspapieren – präsentieren, vorlegen kann. Lautet Vers.-Zert. an die „Order" einer bestimmten Bank oder Firma, so erfolgt Schadenszahlung nur an diese gegen Vorlage des von der Bank oder der Order-Firma „indossierten" Vers.-Zertifikates. (Indosso: Gegenzeichnung der Bank oder Firma auf der Rückseite der Einzelpolice).

Verlust des Versicherungs-Zert.

Bei Nichtvorlage eines ausgestellten Vers.-Zert. durch Verlust der Urkunde hat die schadenfordernde Firma dem V.rer einen schriftlichen „Revers" zu unterzeichnen, demzufolge sie sich dem V.rer gegenüber verpflichtet, für alle etwaigen Folgen aus der Nichtvorlage des Vers.-Zert. aufzukommen und eine erhaltene Entschädigung zurückzuzahlen, falls das Versicherungsdokument von anderer Seite noch vorgelegt werden sollte. Es ist dem Ermessen des V.rers anheimgestellt, weitere Sicherheiten (Bankgarantie) zu fordern, bevor Zahlung geleistet wird. Hieraus ergibt sich die Bedeutung für den Schadensfall, daß auch das Vers.-Zert. als wichtiges Dokument beigebracht wird.

Wenn kein Vers.-Zert. ausgestellt ist

Ist keine Einzelpolice ausgestellt, hat V.rer an VN aufgrund der Vers.-Anmeldung Entschädigung zu leisten.

Höchstbetrag = Maximum pro Dampfer oder sonstigem Transportmittel

Die lfd. Pol. enthält weiter eine Bestimmung darüber, bis zu welchem Höchstbetrag (das sog. Maximum der lfd. Pol.) pro Transportmittel der V.rer haften soll. Beispielsweise wird in der lfd. Pol. bestimmt: Maximum DM 500.000,– per Dampfer, Großmotorschiff und/oder anderer Gelegenheit,
DM 50.000,– per Segler und/oder Küstenmotorschiff und/oder Flußschiff.

Maximumüberschreitung anzeigepflichtig

Über die Summe des Policen-Maximums hinaus hat der versicherte Kaufmann auch durch seine lfd. Pol. keinen Vers.-Schutz, sondern erst dann, wenn eine ausdrückliche Zustimmung des V.rers, u.z. von *jedem* der beteiligten V.rer einzeln, für die überschießende Vers.-Summe eingeholt ist. Die V.rer sind ihrerseits aus rückversicherungstechnischen Gründen gehalten, ihre Zeichnung, das ist die Übernahme der Vers., auf ein und dasselbe Wagnis/Risiko summenmäßig zu begrenzen, da verständlicherweise das Zeichnungsvermögen einer Vers.-Gesellschaft nicht unbegrenzt ist.

Versicherungsdauer

Die lfd. Pol. wird in der Regel für 1 Jahr geschlossen, gleichlautend mit dem Kalenderjahr, also vom 1. Jan. bis 31. Dez. eines jeden Jahres, Datum der Versicherungs-Anmeldung maßgebend, d.h. für alle bis zum 31. 12. des Vers.-Jahres angemeldeten und begonnenen Transporte endet die Gefahrtragung des V.rers erst mit dem *Auslaufen* dieser Transporte.

Kündigung der lfd. Police § 97 Abs. 9 ADS

Nach Eintritt eines zu Lasten des V.rers gehenden Schadens kann V.rer die lfd. Pol. kündigen bei Einhaltung einer Kündigungsfrist von 4 Wochen. Das Kündigungsrecht erlischt, wenn V.rer es nicht, sobald er von dem Schaden und seinen Folgen Kenntnis erlangt, unverzüglich ausübt.
Eine gleiche Kündigungsmöglichkeit im Schadensfall hat VN nicht, wenn die lfd. Pol. für die Dauer eines Jahres abgeschlossen ist; es sei denn, daß eine entsprechende, geschriebene Bestimmung im Text der lfd. Pol. aufgenommen ist.

Kündigung politischer Gefahren und der Kriegsgefahr

Bei Mitversicherung politischer Gefahren (Aufruhr, Plünderung, Sabotage) sowie der Kriegs-, Minen- und Torpedogefahr sind diese Risiken mit zweitägiger Frist vor Beginn der Vers., des Transportes, jederzeit kündbar.

Das waren also auf unserer Reise – fahrplanmäßig – die ersten beiden Stationen. Sicher wissen Sie jetzt schon eine ganze Menge darüber, was eine „genommene laufende Versicherung" doch alles zu bedeuten hat.

Kapitel III

VERSICHERUNG FÜR EIGENE RECHNUNG FÜR FREMDE RECHNUNG FÜR RECHNUNG WEN ES ANGEHT – §§ 52 – 57 ADS –

Nach einem Blick auf unsere MP 2711 heißt unsere nächste Station
„für Rechnung wen es angeht"
Dazu sagen die ADS in § 52 Abs. 3 wörtlich:

„(3) Wird die Versicherung für Rechung ‚wen es angeht' genommen oder ist sonst aus dem Vertrage zu entnehmen, daß unbestimmt gelassen werden soll, ob eigenes oder fremdes Interesse versichert ist, so finden die Bestimmungen über die Versicherung für ‚fremde' Rechnung Anwendung, wenn sich ergibt, daß fremdes Interesse vers. ist."

Hier liegt also für den Ungeschulten ein nicht ganz einfaches Hindernis vor, das wir aber dadurch überwinden, indem wir uns die Elemente dieser Bestimmung im einzelnen vornehmen.
Zunächst besagt die Klausel „für Rechnung wen es angeht" – die in allen deutschen Güterpolicen enthalten ist –, daß es bei Aufgabe der Versicherung noch unbestimmt bleiben soll, ob *eigenes* Interesse des VN oder *fremdes* Interesse Dritter vorliegt. Der Nachweis ist im Schadensfall zu erbringen. Versichert soll derjenige sein, der im Vers.fall (Schadensfall) ein „Interesse" am versicherten Gut hat.
Weiter: Was versteht der V.rer unter „Interesse"? Diese Frage klärt:

§ 1 ADS Nachweisbares Interesse

Danach kann eine Versicherung nur der *rechtswirksam* abschließen, der ein *in Geld schätzbares Interesse* daran hat, daß die zu versichernden Güter bzw. das Schiff die Gefahren der Seeschiffahrt – wohlbehalten – bestehen.
Nur wenn ein solches „Interesse" am vers. Gut im Schadensfall vom Versicherungsnehmer oder Versicherten nachgewiesen werden kann, gilt die Versicherung, sonst nicht.

Fehlendes Interesse § 2 ADS

Wetten darauf, ob ein vers. Gut heil und unbeschädigt ankommt oder nicht, ist rechtsunwirksam. Ein Vertrag, dem ein vers.bares Interesse nicht zugrunde liegt, ist ungültig, gleichwohl gebührt dem V.rer die Prämie, es sei denn, daß er bei Schließung des Vertrages den Grund der Unwirksamkeit kannte.
Es fehlt auch ein versicherbares Interesse für solche Güter, für die der VN nur deshalb Versicherung zu nehmen hat, weil er sich hierzu Dritten gegenüber, sei es auch gegen Entgelt, verpflichtet hat. (§ 97 Abs. 1)

Nächste Frage: Wann wird eine Versicherung für eigene Rechnung genommen und wann ist sie für fremde Rechnung genommen worden oder anders ausgedrückt: wann auf eigenes und wann auf fremdes „Interesse"? Hierzu folgende Beispiele:

C.i.f.-Klausel

Bei einem Cif-Verkauf hat – wie bereits auf Seite 21 ausgeführt – der Verlader alle Kosten und die Gefahr bis Bestimmungshafen zu tragen. In dem Falle nimmt also unser VN die beurkundete Transport-Versicherung für eigene Rechnung. Der Nachweis wird im Schadensfall durch die Handelsrechnung erbracht, aus der Versicherer ersieht, daß unser VN die Maschinen „cif Bangkok" verkauft hat.

C. & f. -Klausel

Im Importgeschäft wird vielfach die Ware auf Basis von „c&f" (cost & freight) gehandelt, d.h. der Importeur hat für Versicherung seiner gekauften Ware selbst zu sorgen, für eigene Rechnung, weil der Verkäufer bei dieser Kontraktbasis nur sonstige Kosten und die Fracht zu tragen hat, nicht dagegen die Versicherungskosten.

Fob-Klausel nach INCO-TERMS

Wird bei Handelsgeschäften die „Fob-Klausel" vereinbart, beispielsweise „fob Hamburg" (fob bedeutet „free on board" = frei an Bord des Seeschiffes), so verteilen sich Kosten und Gefahrtragung zwischen den Parteien nach internationalen Regeln wie folgt: „Der Verkäufer hat alle Kosten und Gefahren bis zu dem Zeitpunkt zu tragen, in dem die Ware im vereinbarten Verschiffungshafen die Reling des Seeschiffes tatsächlich überschritten hat, einschl. der Gebühren, Abgaben und Kosten, die für die Verbringung der Ware bis an Bord zu entrichten sind." Hat unser Versicherungsnehmer die Maschinen „fob Hamburg" verkauft, gleichzeitig aber Anweisung von dem Übersee-Käufer zur Versicherung bis Bangkok unter in Rechnungstellung der Vers. Kosten erhalten, so nimmt hier die Übersee-Handels-Ges. eine Versicherung „f.R. wen es angeht" *durchstehend* ab Binnenplatz Westdeutschlands via Hamburg bis Bangkok von Haus zu Haus. In einem solchen Falle sind durch ein und dieselbe Police zwei verschiedene „Interessen" versichert, nämlich

a) das eigene Interesse des VN (als Verkäufer) ab Binnenplatz Westdeutschland bis „fob" Reling Seeschiff Hamburg. (Bis dahin ist der VN auch der Versicherte, vgl. nachfolgende Erklärung)
b) das fremde Interesse des überseeischen Käufers ab Passieren Reling Seeschiff Hamburg bis Ankunft Bangkok. (Für diesen Teil des Gesamt-Transportweges ist die Übersee-Handels-Ges. nur Versicherungsnehmerin und der Käufer in Bangkok der Versicherte.)

Insoweit in dem letztgenannten Beispiel die Vers. für fremde Rechnung genommen ist, muß der Versicherungsnehmer vom Versicherten Auftrag zur Beschaffung der Versicherung haben, wenn nicht schon durch generelle Vereinbarung mit den Versicherern in den geschriebenen Bedingungen der laufenden Police festgelegt ist: „Auftrag zur Versicherung *gilt stillschweigend* als vereinbart."

Es gibt noch weitere Handels-Usancen (Gebräuche), durch die sich Kosten und Gefahrtragung auf die Handelspartner unterschiedlich verteilen. Es steht dem jedoch nichts im Wege, daß durch ein und dieselbe Police eigenes, wie fremdes „Interesse" versichert wird, es muß nur „vereinbart" werden, daß auch das fremde Interesse gedeckt gelten soll. Diese Vereinbarung kommt eben dadurch zustande, daß es in der Police heißt: „Für Rechnung wen es angeht". (Ohne diese Bestimmung würde – nach § 52 Abs. 1 ADS – die Versicherung nur das eigene Interesse des Versicherungsnehmers decken.)

Im Zusammenhang mit der „Versicherung für fremde Rechnung" (= VffR) sind hier wiederholt der Versicherungsnehmer (= VN) und der Versicherte (Vt.) als zu unterscheidende Begriffe gebraucht worden, die nun hier erklärt werden sollen:

Vers.nehmer (VN) und Versicherter (Vt.)

„Vers.nehmer" ist, wer die Versicherung nimmt, den Vers.vertrag mit dem Versicherer (V.rer) schließt. In der Regel ist der VN auch der Vt., d.h. derjenige, der durch die Versicherung geschützt wird, dessen Schaden ggfs. gutgemacht werden soll und dem die Rechte aus der Police zustehen. Deshalb spricht man im allgemeinen Vers.-Verkehr auch nur vom *V.ten.*

Nur *ausnahmsweise,* so im Falle der Versicherung für fremde Rechnung (vgl. Beispiel Seite 25 unter b) sind die Begriffe VN und Vt. auseinanderzuhalten, weil in dem Fall nach § 52 Abs. 3 ADS – wie anfangs zitiert – die Rechte und die Pflichten des einen und des anderen gesondert, unterschiedlich verteilt sind.

Damit ergibt sich die Frage: *Was bestimmen nun die* ADS, *wenn es sich ergibt, daß fremdes Interesse versichert ist?*

Zusammengefaßt ergeben sich nach §§ 52 – 57 ADS folgende Rechte und Pflichten bei „VffR", u.z.

I. für den Versicherungsnehmer (VN)

VN ist für den V.rer Vertragspartei.
VN hat die Prämie zu zahlen.
VN – und nur er – kann vom V.rer Aushändigung einer Police verlangen.
VN ist zur Annahme von Schadenzahlung nur befugt, wenn er im Besitze der Police ist und ferner nachweisen kann, daß V.ter seine Zustimmung zur Versicherung erteilt hat.
VN obliegt die Anzeigepflicht für gefahrerhebliche Umstände.
VN hat für ordnungsgemäße Schadenfeststellung zu sorgen.
VN ist nicht verpflichtet, dem V.ten die Police auszuhändigen oder in die Konkursmasse zu geben, bevor seine Ansprüche aus der versicherten Sache vom V.ten befriedigt sind.
VN kann seine Ansprüche gegen den V.ten aus der Entschädigungsforderung gegen den V.rer befriedigen vor dem V.ten oder dessen Gläubigern.

II. Für den Versicherten (Vt.)

Die Vertragsrechte stehen dem V.ten zu.
Er kann jedoch über seine Rechte ohne Zustimmung des VN nur verfügen, wenn er im Besitze einer Police ist.
Mit Zustimmung des VN oder im Besitze der Police ist der V.te dem V.rer gegenüber hinreichend ausgewiesen. Die Zustimmung des VN zur Einzel-Police ist auch für den V.ten bindend.
Von der Prämienzahlung sind die Rechte des V.ten nicht abhängig.
Alle Obliegenheiten aus dem Vers.-Vertrag können dem V.ten mit gleicher Wirkung wie dem VN gegenüber entgegengehalten werden.

III. Für den Versicherer (V.rer)

V.rer kann gegen die Entschädigungsforderung seine Prämienforderung an VN aufrechnen, insoweit als sie sich aus der für den V.ten genommen (einzelnen) Versicherung ergibt (§ 56 ADS Aufrechnung).

Rekapitulieren wir zum Schluß noch einmal in Frage und Antwort, was wir in der Vers.-Praxis über „VffR" wissen müssen:

1. Was besagt generell die Klausel: „Für Rechnung wen es angeht"?
   Antwort: Der V.rer verzichtet bei Aufgabe der Versicherung zu erfahren, ob „eigenes" oder „fremdes" Interesse versichert gelten soll, es kann dies „unbestimmt" gelassen werden bis zum Schadensfall.

2. Wer ist „Vertragspartei", an die der V.rer sich zu halten hat?
   Antwort: Der VN.
3. Kann durch ein und dieselbe Police sowohl das Interesse des VN wie des V.ten gedeckt werden?
   Antwort: Ja, durch Vers. für Rechnung wen es angeht. Versichert soll derjenige sein, der im Schadensfall ein „Interesse" am vers. Gut hat.
4. Wer kann die Aushändigung einer Police verlangen?
   Antwort: Allein der VN.
   Dieser ist nicht verpflichtet, dem V.ten die Police auszuliefern oder bei Konkurseröffnung des V.ten in die Konkursmasse zu geben, bevor er wegen der ihm gegen den V.ten zustehenden Ansprüche befriedigt ist, d.h. bevor nicht die Dokumente vom V.ten eingelöst sind.
5. Wer hat die Prämie zu zahlen?
   Antwort: Der VN.
6. Sind die Rechte des V.ten von der Zahlung der Prämie abhängig?
   Antwort: Nein, V.rer hat auch dann V.ten zu entschädigen, wenn die Prämie für die vers. Sache vom VN noch geschuldet wird.
7. Kann V.rer Prämienforderung an den VN aufrechnen gegen eine Schadensforderung des V.ten?
   Antwort: V.rer ist berechtigt, eine noch vom VN geschuldete Prämie, den vers. Transport betreffend, gegen eine Schadenforderung des V.ten aufzurechnen.
8. Wer ist berechtigt zur Annahme einer Schadenzahlung?
   Antwort:
   a) der VN, jedoch nur dann, wenn er im Besitze der Police ist und von ihm der Nachweis erbracht wird, daß V.ter Auftrag zur Versicherung erteilt hat,
   b) der Vt., wenn er im Besitze der Police ist oder mit Zustimmung des VN.
9. Wer hat die Pflicht, gefahrenerhebliche Umstände, die vers. Güter betreffend, anzuzeigen und für ordnungsgemäße Schadenfeststellung zu sorgen?
   Antwort: Diese Verpflichtungen haben sowohl der VN wie der Vt.

Mit diesem Wissen, soweit es um „eigenes oder fremdes Interesse" geht, kommen wir in der Vers. Praxis schon ein gutes Stück voran, wenngleich für die Herren Juristen das hier in Betracht kommende Paragraphen-Knäuel noch wesentlich verwickelter ist (vgl. Ritter: Das Recht der Seeversicherung, Seite 733–772).

Noch eine abschließende Bemerkung für heute:
Wir haben ja bereits mit dem „Seziermesser" einige vers.technische Begriffe freigelegt, damit Sie sich eine klare Vorstellung machen können, was gemeint ist, aber sicher schwirren Ihnen noch eine Reihe hier gebrauchter Ausdrücke wie beispielsweise „gefahrerhebliche Umstände" oder „ordnungsgemäße Schadenfeststellung" etc. wirr im Kopf herum. Seien Sie sicher, es wird auf unserer weiteren „Studienreise" noch Ort und Zeit kommen, daß Ihnen auch das jetzt noch Unbekannte verständlich wird.

Kapitel IV

„ZAHLBAR AN INHABER DIESER POLICE" VERS. WERT – VERS. TAXE – VERS. SUMME VERS. VON IMAGINÄREM GEWINN MEHRWERT-VERS.

Unsere nächste Station ist nach unserer MP 2711 markiert durch den Passus:

„Zahlbar an den Inhaber dieser Police"

Dieses Gebiet haben wir bereits in Kapitel II Seite 22 Abs. 1–3 anvisiert und kennengelernt, ferner auch in Kapitel III Seite 27 (unter 8.) vgl. ebenda, so daß wir jetzt gleich unser nächstes Ziel ansteuern können, nämlich denjenigen Teil, in dem neben der Markierung, Zahl der Kolli (= Verpackungsstücke, Einzahl: Kollo), Art der Verpackung, Gewicht und genaue Bezeichnung des vers. Gutes, der

Wert des vers. Gutes

summenmäßig beurkunder wird. Hier also: 10 Kisten Werkzeugmaschinen „taxiert" (= zum Werte von) DM 155 500,– und 5 drums (Eisenfässer) Motoröl „taxiert" mit DM 2 000,–, insgesamt taxiert mit DM 157 500,– einschl. imaginärem (= erhofften) Gewinn. Was haben nun die in der Police angegebenen Zahlenwerte zu bedeuten? Jedenfalls mehr, als ihnen so ohne weiteres anzusehen ist. Vers.technisch bedeuten sie folgendes:

1. a) den vollen „Versicherungswert" der Güter einschl.
   b) des imag. = erhofften Gewinnes,
2. die Versicherungstaxe,
3. die Versicherungssumme.

Nehmen wir uns diese Begriffe nacheinander im einzelnen vor, also was ist Versicherungswert?

§ 90 ADS
Vers.wert

(Zu 1 a): Als Vers.wert nach den Bestimmungen der ADS gilt der „gemeine Handelswert am Ort und zum Zeitpunkt der *Abladung*". – „Abladungsort" ist der Ort, an dem die Güter in das Seeschiff verladen werden.

Der „gemeine Handelswert" – d.i. in der Regel der Einkaufsfakturenwert bzw. Anschaffungswert der Güter gleicher Art und Beschaffenheit, ggfs. auch Börsen- oder Marktpreis der Ware – ist aber nur der *Hauptposten*.

Hinzuzurechnen sind:

a) Vers.-Kosten
b) Kosten, welche bis zur Annahme der Güter durch den Verfrachter entstehen und
c) die tatsächlich bezahlte Fracht

Der „Versicherungswert" enthält hiernach keinen Gewinn. Der „Vers.wert" ist immer der volle Wert des versicherten Interesses, nicht bloß ein Teil davon. – (§ 6 ADS). –

Versicherungstaxe § 6 ADS
Vers.-Wert = Taxe

(Zu 2.) Der „Vers.wert" kann durch Vereinbarung festgesetzt werden auf einen bestimmten Betrag, d.i. die „Taxe", dann ist also der Vers.-Wert = Taxe. Die Vereinbarung zwischen Versicherungsnehmer und Versicherer ist zustande gekommen und gültig durch die Unterschrift des Versicherers auf der Police. Die Taxe ist nach den ADS nur ganz ausnahmsweise, wenn diese den wirklichen Vers.-Wert erheblich überschreitet, anfechtbar. Die Angemessenheit der Taxe wird zwischen den Parteien – VN und V.rer –

vorausgesetzt. Nicht VN, sondern V.rer ist beweispflichtig, wenn die Taxe angefochten werden soll.

Abweichend von dieser Bestimmung der ADS enthalten die besonderen geschriebenen Bestimmungen der laufenden Police – der Mantelvertrag – in der Regel die Vereinbarung, daß die vereinbarte Taxe als unanfechtbar gilt, es sei denn, daß die Taxe aus betrügerischen Absichten genommen ist.

Versicherungssumme Taxe = Vers.-Summe, wenn nichts anderes angegeben

(Zu 3.) Ist eine Sache lt. Einzelpolice taxiert (10 Kisten Maschinen, DM 155 500,–), so ist, wenn „nichts anderes beurkundet", die Taxe = Vers.-Summe.

Die Taxe braucht jedoch nicht identisch (übereinstimmend) zu sein mit der Vers.-Summe. Ist die Vers.-Summe „besonders" angegeben und niedriger als die Taxe, so haftet der Versicherer nur im Verhältnis der Vers.-Summe zur versicherten Taxe.

Wer bei einer Taxe von DM 20 000,– eine Summe von DM 10 000,– versichert, erklärt dadurch, daß er die Hälfte eines Schadens selbst tragen will. So vielfach in der Schiffskasko-Versicherung.

Beispiel: Eine Reederei versichert ihren Dampfer „Ariadne" bei einer Taxe von DM 17 Mill. mit einer Vers.-Summe von DM 15,3 Mill. Damit wird zwischen den Parteien erklärt, daß nur 90% eines Schadens durch Versicherer gedeckt werden sollen, während 10% des Schadens unversichert bleiben und von der Reederei zu tragen sind.

Imaginärer oder erhoffter Gewinn

(Zu 1. b) Die Taxe bzw. Vers.-Summe schließt grundsätzlich den von dem glücklichen Verlauf der Reise erhofften Gewinn nicht ein.

Imaginärer oder erhoffter Gewinn nach §§ 100, 101, 102 ADS

Imaginärer oder erhoffter Gewinn ist ein „besonderes" Interesse und als solches nur mitversichert, sofern es in der Einzelpolice „ausdrücklich erwähnt" ist (vgl. *Musterpolice* 2711 „einschl. imag. Gewinn).

Es genügt also nicht, daß ein Vers.-Zert. nur den Versicherungs-Gegenstand und die Vers.-Summe erwähnt, wenn erhoffter Gewinn mitversichert gelten soll.

Im Falle einer „gemeinschaftlichen" Versicherung der Güter und des Gewinns gelten 10% des Vers.-Wertes der Güter als Vers.-Wert des Gewinns, also wenn die Gesamttaxe DM 100 000,– beträgt, ist die Gewinntaxe DM 10 000,– oder in unserer MP 2711 DM 157 500,– = DM 15 750,–. Abweichend von dieser Bestimmung der ADS heißt es in den geschriebenen Bestimmungen der laufenden Police in der Regel „einschl. imag. Gewinn, gleichviel wie hoch". Wegen der Anfechtbarkeit der Gewinntaxe gilt auch hier das gleiche wie vorstehend in bezug auf die Gütertaxe erwähnt.

Hierbei wird vorausgesetzt, daß der ausdrücklich mitversicherte Gewinn nach kaufmännischer Berechnung möglicherweise zu erzielen ist.

Imag. Gewinn des Cif-Käufers kann durch Verkäufer-Police als „extra imag. Gewinn" (surplus value) versichert werden, in der Regel mit 10%. Cif-Verkäufer ist jedoch nach Handelsbrauch nicht verpflichtet, über den Wert der Verkaufsfaktura hinaus zu versichern, es sei denn, durch Akkreditiv-Vorschrift.

Mehrwert-Versicherung

Neben dem „imag. Gewinn" kann auch „Mehrwert" versichert werden. Eine Gewinn-Versicherung schließt die Mehrwert-Vers. nicht ein. Die Versicherer unterscheiden:
„Imag. Gewinn" ist eine Werterhöhung, die durch eine wohlbehaltene Reise entsteht.
Eine „Mehrwert-Versicherung" ist die unabhängig von der Reise entstandene Werterhöhung, also ein Gewinn, der nicht zu erwarten war. Wenn im Verlauf der versicherten Reise der Marktpreis der Güter steigt, so wären die versicherten Güter unterversichert, wenn der Kaufmann von seinem tatsächlichen Erstehungspreis zuzügl. Kosten etc. ausgegangen ist. Ergeben sich solche Preisdifferenzen im Verlauf der versicherten Reise, so ist VN berechtigt, den Unterschied zum wirklichen Vers.-Wert und der Taxe des Gewinns als Mehrwert nachzuversichern. „Wenn z. B. sechs Wochen nach der Abladung Vergangenheitsvers. (§ 5 ADS– Vers.beginn vor Vertragsschließung) genommen wird und beiden Vertragsparteien bekannt ist, daß der Markt inzwischen erheblich gestiegen ist, so wird man annehmen dürfen, daß die Parteien nicht den Wert bei 'Beginn' der Vers., sondern z. Zt. des Vertragsabschlusses als ‚Vers.wert' haben vereinbaren wollen" (Ritter S. 1066).

Zoll-Fracht-Klausel des VHA (Klausel 19 der Zusatzbestimmungen)

Der VN kann auch Aufwendungen, die sich für die Güter am Ablieferungsort ergeben, insbesondere Aufwendungen für Zölle, Fracht und dergl. mitversichern, (= „Mehrwert drüben") soweit der Vers.-Wert sie nicht bereits umfaßt.
Im Falle der Mitversicherung gebührt dem Versicherer eine Prämie auf den Betrag der Werterhöhung, die je nach der Bedingung der Einzelpolice 25 bzw. 50% der Grundprämie (Seeprämie) beträgt, jedoch ist für den Mehrwert die volle für Diebstahl berechnete Prämie zu zahlen (vgl. Klausel 19 der Zusatzbestimmungen von 1947).

Sie werden nun wissen wollen, weshalb alle diese Unterscheidungen von

a) Vers.wert,
b) Vers.taxe,
c) Gewinntaxe,
d) Vers.summe,
e) Mehrwert durch Marktpreis-Schwankungen,
f) Mehrwert durch Zoll, Fracht etc. am Ablieferungsort

Diese Begriffe ermöglichen die Feststellung, ob Über-, Unter- oder Doppel-Versicherung vorliegt. Durch das Verhältnis des Vers.wertes zu der Vers.-Summe wird im Schadensfall die Höhe der Entschädigung bestimmt.
Nur wenn der „Vers.wert" (der Güter und des erhofften Gewinns) sich mit der genommenen „Vers.summe" bzw. der „Taxe" decken, erhält VN seinen Schaden zu 100% erstattet, andernfalls liegt „Unterversicherung" vor. Hierzu ein Beispiel, das Ihnen zeigt, wie entscheidend die genommene „Vers.summe" im Verhältnis zum „Vers.wert" bzw. zur vereinbarten „Taxe" die Höhe der Entschädigung gemäß der Police beeinflußt:

Ist der „Vers.wert" einschl. imag. Gewinn oder die „Taxe" einer Sache DM 20 000,–, die genommene „Vers.summe" dagegen nur DM 15 000,– und beträgt der Schaden lt. Feststellung DM 10 000,–, so hat der V.rer aufgrund der genommenen Versicherung nicht den Schaden von DM 10 000,– zu ersetzen, sondern nach folgender Gleichung:

$$\frac{\text{DM } 10\,000,\text{– (= Schaden lt. Gutachten)} \times 15\,000,\text{– (= Vers.-Summe)}}{20\,000,\text{– (= Vers.wert bzw. Taxe)}}$$

mithin DM 7 500,–

Entspricht dagegen die Vers.summe dem Vers.wert einschl. imag. Gewinn bzw. ist außer der „Taxe" von DM 20 000,– keine besondere Vers.summe in der Police genannt, so ergibt sich folgende Gleichung:

$$\frac{\text{DM } 10\,000,\text{– (= Schaden lt. Gutachten)} \times 20\,000,\text{– (=Vers.su./Taxe)}}{20\,000,\text{– (= vereinbarter Vers.wert = Taxe)}}$$

mithin DM 10 000,–
zulasten der genommenen Versicherung.

Wenden wir noch einmal die verschiedenen Wert-Begriffe auf unsere MP 2711 an, derzufolge versichert gelten u.a. 10 Kisten Werkzeugmaschinen taxiert zu DM 155 500,- einschl. imag. Gewinn, so entspricht die beurkundete Summe

a) dem vollen „Vers.wert" des Gutes (= Einkaufsfakturenwert zuzügl. aller Kosten u. Fracht bis Bangkok) und
b) unter Einschluß des Gewinns des Verkäufers (= VN) – „gemeinschaftliche" Güter- und Gewinn-Versicherung –
c) der durch Vereinbarung (= Unterschrift des V.rers auf der Einzelpolice) festgesetzten „Taxe" (für die Güter plus Gewinn)
d) der „Vers.summe" = „Taxe", da keine andere Vers.summe neben der Taxe in der Police genannt ist.

Die Taxe bzw. Vers.summe (hier gleich dem Cif-Fakturenwert des vers. Gutes) ist unanfechtbar – Betrug ausgenommen – und auch im Schadensfall gültig.

Kapitel V

SCHIFFSKLASSEN
DIE „VON HAUS ZU HAUS"-KLAUSEL

Nach einem Blick auf unsere MP 2711 sind wir an die Stelle gelangt, in der es heißt:

per MS „HANNOVER" und/oder anderem
von Inland/Hamburg
nach Bangkok, von Haus zu Haus, einschl. 30 Tage am Seeplatz

Das Schiff

Was zunächst das Schiff anbetrifft, ist auf den schon zitierten § 97 – Laufende Versicherung – zu verweisen, in dem bestimmt ist:

§ 97 Abs. 8 Laufende Vers.

„(8) Werden die Güter in Schiffen ‚minderwertiger' als der im Vertrag bestimmten Art befördert, so ist der Versicherer von der Verpflichtung zur Leistung frei. Diese Bestimmung findet keine Anwendung, wenn die Güter ohne Zustimmung des VN in minderwertigen Schiffen befördert werden; dem V.rer gebührt in diesem Falle eine Zuschlagprämie."

Auf diese Bestimmung der ADS fußend enthielten früher e Formulare des *Vereins Hamburger Assecuradeure* für laufende Policen folgenden gedruckten Text:

Klassifikation der Schiffe

„Die Beförderung der Güter muß mittels eiserner oder stählerner Dampf-, Großmotor- oder Segelschiffe erfolgen. Die Schiffe müssen eine der folgenden Klassen haben:

Germanischer Lloyd 100 A 4, Bureau Veritas 1, Division 3/3 1. 1., Lloyd's Register 100 A. 1. oder 1x 1 rot, Norske Veritas 1. Division A. 1, Registro Italiano 1,00 A I. I. oder diesen Klassen gleichwertig sein.

Wenn die Beförderung auch mittels hölzerner oder kompositer Schiffe erfolgen darf, so müssen diese Schiffe eine der folgenden Klassen haben: Germanischer Lloyd A. 1 usw. . . ."

Klasse 100 A 4

Hiernach machten die Versicherer zur Bedingung, daß die Verladung mit Schiffen von bestimmter Art erfolgt, genauer: mit Schiffen, denen gemäß den Schiffsregistern wie Germanischer Lloyd und Lloyd's Register etc. die I. Klasse erteilt ist, kurz: Verladung mit „erstklassigen" Schiffen. Gemeint sind solche stählernen Seeschiffe, deren Unterhaltungszustand und Festigkeit des Schiffskörpers den Vorschriften des Germanischen Lloyd entsprechen oder gleichwertig sind. Nur wenn diese Voraussetzungen gegeben sind, erhalten solche stählernen Schiffe im Schiffsregister des Germanischen Lloyd die Klasse 100 A 4, wobei die 4 die Gültigkeitsdauer von 4 Jahren für die betreffende Klasse nach letzter Besichtigung bedeutet.

Schiffe, die hinsichtlich Werkstoff, Festigkeit, Arbeitsausführung oder Unterhaltungszustand nicht in allen Teilen den Vorschriften des Germanischen Lloyd entsprechen, können die Klasse 90 A 3 erhalten. Diese Klasse wird nur jeweils für 3 Jahre erteilt.

Es stehen alle deutschen Schiffe, auch Binnenschiffe, soweit über

100 Brutto-Register-Tonnen (BRT) unter der laufenden Aufsicht des Germanischen Lloyd, der auch eine Reihe von ausländischen Reedereien in gleicher Weise überwacht. Entsprechend sind durch Lloyd's Register zur Hauptsache die englischen Schiffe erfaßt und klassiifziert; die französischen und belgischen durch Bureau Veritas, die skandinavischen durch Norske Veritas etc.

Schiffsregister-Eintragung im Germ. Lloyd

Als Beispiel einer Schiffsregister-Eintragung finden wir im *Germanischen Lloyd* folgende Angaben über

Motorschiff „HANNOVER"

Flagge:	deutsch
Reeder:	Hamburg-Amerika-Linie
Schiffs-Klasse:	+100 A 4 E (E= das Schiff ist für Fahrten in Eis verstärkt.)
Datum der Klasse:	dann und dann
Letzte Besichtigung:	folgt Datum
Größe:	8974 BRT (= Brutto-Register-To.)
	5248 NRT (= Netto-Register-To.)
Länge:	158,81 m
Breite:	19,44 m
Tiefe:	8,42 m
gebaut:	1955 in Bremen-Vegesack auf der Vulkan Werft

Das Schiff besitzt Echolot u. Radar.

Diese und noch weitere Angaben der Schiffsregister ermöglichen dem V.rer eine genaue Unterrichtung hinsichtlich Güte, Größe und Alter des jeweils in Betracht kommenden Schiffes, alles Faktoren, die für die Gefahrtragung des V.rers und damit für die Prämienfestsetzung zu berücksichtigen sind.

Nach dieser Unterrichtung über „Schiffsregister" und deren Bedeutung für den V.rer kommen wir auf den eingangs zitierten Abs. 8 des § 97 ADS zurück:

Danach darf bzw. durfte VN nicht – um dadurch möglicherweise zu einer niedrigeren Frachtrate zu gelangen – mit anderen Schiffen als solche mit der Klasse 100 A 4 verladen, denn sonst wäre der V.rer von seiner Leistungsverpflichtung befreit.

„Mit Segel-, u/o Dampf-, u/o Groß-Motorschiffen gleichviel welcher Art"

Anders heute:

Die heute üblichen laufenden Policen enthalten keine eingeschränkten Klassifizierungsvorschriften in bezug auf das Transportmittel, hingegen zumeist die Klausel: „Mit Segel-, u/o Dampf-, u/o Groß-Motorschiffen, gleichviel welcher Art." Damit verzichtet Versicherer auf die Haftungs-Befreiung, wenn die Verladung mit solchen Schiffen erfolgt, die nicht der 1. Klasse entsprechen. Die Modernisierung der Weltschiffahrtsflotte nach dem Kriege hat dafür gesorgt, daß heute Verladungen in nicht erstklassigen Schiffen die Ausnahme sind. Soweit solche Ausnahmefälle vorliegen, wird VN auch bei „minderwertigen" Schiffen Vers.-Schutz erhalten – das ist in der Regel nur eine Preis- bzw. Prämienfrage. VN muß dann mit einem Prämienaufschlag (bei 1/8% herum) auf die normale Rate rechnen, denn einer höheren Gefahr, und eine solche stellt die Gefahr mit einem minderwertigen Schiff dar, entspricht eine höhere Prämie.

Umladung – anzeigepflichtig
§ 26 ADS – Anzeige von Gefahrerhöhungen

Werden Güter während der versicherten Reise in ein anderes Schiff umgeladen, so ist dieses ein anzeigepflichtiger Umstand, und dem Versicherer gebührt nicht nur wegen der erhöhten Gefahr infolge der Umladung, sondern ggfs. auch eine weitere Prämienzulage, wenn die Weiterverschiffung in einem „minderwertigen" Schiff erfolgt. Die Verpflichtung des Versicherers bleibt bestehen, wenn die rechtzeitige Anzeige des VN an V.rer ohne Verschulden des VN unterblieben ist. Dem V.rer gebührt auch dann eine der höheren Gefahr entsprechende höhere Prämie, wenn die versicherte Reise glücklich abläuft.

§ 20 Abs. 2 u. 3 ADS Unterlassung der Anzeige ohne Verschulden des VN

Die versicherte Reise
Beginn und Ende

Nachdem wir uns des näheren mit dem Transportmittel an einem Beispielsfall – hier M/S „Hannover" – befaßt haben, interessiert uns nun die Frage: wo und wann beginnt und endet der Vers.-Schutz für die versicherte Reise?
Im Text unserer Musterpolice heißt es hierüber: „von einem binnenländischen Platz nach Hamburg und weiter nach Bangkok von Haus zu Haus, einschl. 30 Tage am Seeplatz".
Das Weitere hierzu legt die auf der Rückseite der *Musterpolice* 2711 eingedruckte *von Haus zu Haus-Klausel* fest bzw. Ziffer 5 der gedruckten Zusatzbestimmungen zu den ADS (1947) (vgl. Seite 260)

Von Haus zu Haus-Klausel

In Änderung der diesbezüglichen ADS-Bedingungen (§§ 88 und 124) wird durch die erwähnte „von Haus zu Haus-Klausel" über Anfang und Ende der Versicherung folgendes bestimmt:

Beginn

„Die Versicherung beginnt mit dem Zeitpunkt, in dem die Güter am Abladungsort zum Zwecke der Beförderung auf der versicherten Reise von der Stelle, an der sie bisher aufbewahrt wurden, entfernt werden."
Der Abladeort braucht nicht der Verschiffungshafen zu sein. Der Transport zu Wasser und zu Lande von der Aufbewahrungsstelle bis zur Sammelstelle des Verfrachters ist einbegriffen. Die Güter dürfen mit gleichviel welcher Gelegenheit auf den Transport gebracht werden. Jedoch müssen die Beförderungsmittel verkehrsüblich sein. Wer die Güter bewegt bzw. auf den Transport bringt – Selbstverlader, Spediteur, Lagerhalter oder sonstiger Beauftragter – ist gleich. Die Entfernung der Güter muß den Anfang der versicherten Reise bilden.

V.rer haftet

Beispiel a)
Angenommen, die durch *Musterpolice* 2711 versicherten Maschinen werden von einer Fabrik in Essen geliefert. Bei Verladung der Maschinen auf einen LKW, der die Güter nach Hamburg bringen soll, fällt eine Kiste von der Verladerampe der Montagehalle des Lieferwerkes. Nach der von Haus zu Haus-Klausel ist die Haftung der Versicherer für den so eingetretenen Schaden gegeben, denn die Maschine ist bereits von der bisherigen Aufbewahrungsstelle entfernt und auf den vers. Transport gebracht worden. Hat das Lieferwerk der Maschinen „fob Hamburg" zu liefern, so geht an

sich die Haftung der Fabrik für einen „Vorreise-Schaden" (also für einen Schaden ab Werk bis Seeschiff) vorweg. In der Regel übernimmt der V.rer des Gesamt-Transportes auch schon den Vorreise-Schaden und läßt sich die Rechte und den Anspruch des VN gegen das Lieferwerk „zedieren" = schriftlich übertragen, und V.rer nimmt dann, wie es heißt, „Regreß" gegen die Lieferfirma (= fordert zurück) für denjenigen Teil des Schadens, der vom Fob-Lieferanten zu tragen ist.

V.rer haftet nicht

Beispiel b)

Wenn eine Textilfabrik die von ihr hergestellten Jacken durch einen fremden Betrieb noch etikettieren und besonders verpacken läßt, bevor die Güter auf die Reise zur Sammelstelle des Verfrachters gebracht werden, so fällt dieser Vortransport einschl. Aufenthalt der Güter bei der Bearbeitungsfirma nicht unter den Versicherungsschutz, da die vers. Reise (noch) nicht angetreten ist.

V.rer haftet zeitlich befristet

Beispiel c)

Im Ausfuhrhandel werden oft Postpakete und Bahnkolli von verschiedenen Fabriken im Binnenlande an VN gesandt, die dann am Kontor bzw. Lager des VN der vorliegenden Auslandsorder entsprechend zusammengestellt, in Export-Kisten oder auch als Postkolli umgepackt werden. Erst danach gehen die verschiedenen Sendungen ordergerecht weiter auf die vers. Reise. Der Zwischenaufenthalt der Güter am Kontor bzw. Lager des VN ist der Anlieferung der Güter am Kaischuppen – als Transit-Station – gleichzuerachten. Damit ist durchstehender Deckungsschutz gegeben bis zur nächsten Verschiffungsmöglichkeit, bis zum Anschluß an den nächsten Dampfer, mit dem das vers. Gut nach dem Bestimmungshafen verbracht werden soll.

Wird der Zwischenaufenthalt des Gutes bis zur Verladung mit See-Dampfer außergewöhnlich verzögert – praktisch wird es sich um einen Zeitraum von mehr als einen Monat handeln, da eine geringfügige Verzögerung während des Zwischenaufenthaltes üblicherweise ohne nachteilige Folgen für den VN vom V.rer hingenommen wird – so hat VN die Vorlagerung anzuzeigen und deren Mitversicherung besonders zu beantragen, die dann gegen Prämienzulage entsprechend der gewünschten Erweiterung des Deckungsschutzes vom V.rer gewährt wird.

Ende der Vers.

Die Vers. endigt mit dem Zeitpunkt, in dem die Güter am Ablieferungsort an die Stelle gebracht werden, die der Empfänger zu ihrer Aufbewahrung (Ablieferungsstelle) bestimmt hat, u.z.

a) wenn Ablieferungsort ein Seeplatz ist, endigt Vers. spätestens mit Ablauf des 20. Tages nach Landung der Güter am Ablieferungsort,
b) wenn Ablieferungsort ein „Binnenplatz" ist, endigt Vers. spätestens mit Ablauf des 10. Tages nach Entladung der Güter aus dem anbringenden Beförderungsmittel am Ablieferungsort.

Verzögerung in der Beförderung nach Landung am Seeplatz

Falls eine „Verzögerung" in der Beförderung der Güter nach Landung am Seeplatz bis zum Eintreffen am Ablieferungsort durch V.ten bzw. Empfänger veranlaßt wird oder zu vertreten ist, endigt Vers. bereits „mit Beginn der Verzögerung", jedoch „nicht vor Ablauf der normalen Reisedauer".

Dem V.rer ist Zulage nach Vereinbarung zu zahlen, wenn sich das An-Land-Bringen der versicherten Güter nach Entlöschung aus dem Seeschiff außergewöhnlich verzögert.

Verlängerung der Feststellungsfristen

Verzögerungen am Ablieferungsort können auch durch Lizenzschwierigkeiten des Empfängers oder durch Schwierigkeiten in der Devisenbeschaffung oder auch aus anderen Gründen verursacht werden. Für solche Fälle sieht die Klausel vor, daß die oben unter a) und b) genannten Fristen gegen Prämienzulage unter Berücksichtigung von Gefahren, welche in der Hauptversicherung besonders eingeschlossen sind, z.B. Diebstahl, Bruch, Leckage, ausgedehnt werden können auf 30, 60, 90 und 120 Tage, u.z. tunlichst schon durch Vereinbarung bei „Anmeldung der Vers." und in besonderen Fällen auch nach Anmeldung der Versicherung, jedoch nur vor Ablauf der deklarierten Frist!
Innerhalb der so (besonders) vereinbarten Frist, jedoch ohne Überschreitung derselben, darf der Empfänger die Beförderung des Gutes verzögern, d.h. die vereinbarte Frist ausnutzen.
Diese Ausnutzungsmöglichkeit der Frist besteht nicht, wenn nur die Fristen der von Haus zu Haus-Klausel, also 20 bzw. 10 Tage Gültigkeit haben. In dem Falle endigt, wie oben, die Vers. mit Beginn der vom V.ten/Empfänger zu vertretenden Verzögerung, jedoch nicht vor Ablauf der normalen Reisedauer.
Hierzu folgendes Beispiel:
Wenn ein Importeur das vers. Gut in Hamburg erst 15 Tage nach Entlöschung vom Kai abnimmt, hat er keine Deckung mehr, auch nicht für den Transport vom Kai zu dem von ihm bestimmten Lager, weil der Importeur die Verzögerung zu vertreten hat, denn verkehrsüblich konnte der Abtransport vom Kai binnen 2–3 Tagen erfolgen, es sei denn es liegen Gründe vor, auf die der Empfänger keinen Einfluß gehabt hat. Anders, wenn die von Haus zu Haus Klausel auf 30 Tage bzw. mehr durch Vereinbarung erweitert wurde, siehe oben.
Für den Import von Gütern gilt, daß bei Ablieferung der Güter Kaischuppen im allgemeinen nur als „Durchgangsstation" angesehen werden, nicht als diejenige Stelle, welche der Empfänger zu ihrer endgültigen Aufbewahrung bestimmt hat. Wer die Güter und wie er die Güter an die bestimmte Stelle bringt, ist gleich; aber auch hier müssen die Beförderungsmittel (LKW, Fuhre, Schute, Leichter etc.) verkehrsüblich sein.
Wenn der Empfänger eine Stelle bestimmt hat und die Güter an diese Stelle gebracht sind, kann Empfänger nicht mehr anders „bestimmen", daß die Güter noch an eine andere Stelle gebracht werden sollen.

Damit sind auch wir an die Stelle gelangt, die den heutigen Abschnitt unserer „Forschungsreise" beendet.

Kapitel VI

„PRÄMIE BEZAHLT"
§ 16 FÄLLIGKEIT DER PRÄMIE
§ 17 NICHTZAHLUNG DER PRÄMIE
§ 49 VERÄUSSERUNG DER VERSICHERTEN SACHE

Schwarz auf weiß steht es da auf unserer MP 2711: „Prämie bezahlt" und von den V.rern unterschrieben.

Das gilt in jedem Falle bei einer Versicherung für „fremde" Rechnung, wie wir bereits wissen (vgl. Seite 17: „von der Prämienzahlung sind die Rechte des V.ten nicht abhängig") und wie wir noch näher erklären werden, bei Veräußerung der vers. Sache, wenn eine Police ausgestellt ist.

Anders, wenn eine Versicherung für eigene Rechnung des VN genommen ist. Versicherungsschäden können selbstverständlich nur aus vereinnahmten Prämien bezahlt werden, das ist eine ganz primitive, grundlegende Erkenntnis. Hierzu sagen die ADS in:

§ 16 ADS Fälligkeit der Prämie und Nebenkosten

(I) „Der Versicherungsnehmer hat die Prämie und die Nebenkosten sofort nach dem Abschlusse des Vertrags zu zahlen. Die Prämie und die Nebenkosten sind insbesondere auch dann sofort fällig, wenn sie nach der Verkehrssitte oder nach der im Verkehre zwischen dem Versicherer und dem Versicherungsnehmer bestehenden Übung erst später gezahlt werden."

Es ist also zunächst davon auszugehen, daß die Prämie und Nebenkosten (= Vers.-Steuer und Policengebühr) sofort nach dem Abschluß des Vertrages fällig werden. Das setzt keine sofortige Zahlung der Prämie voraus, denn es ist bei laufender Police die Regel, im Vertrage festzulegen, daß die Prämie aufgrund einer monatlichen oder ¼jährlichen Abrechnung zu zahlen ist.

Ist im Vertrage für die Zahlung der Prämie, wie vorstehend, eine Zeit bestimmt, so kann der Versicherer dennoch Zahlung „sofort" verlangen, wenn die Versicherung „geendigt" hat.

Versicherer kann weiter auch Sicherheitsleistung verlangen, wenn in den Vermögensverhältnissen des VN eine wesentliche Verschlechterung eintritt, durch die der Anspruch der gestundeten Prämie gefährdet wird. Umgekehrt kann im Falle der Zahlungsunfähigkeit des V.rers der VN von dem Vers.-Vertrag zurücktreten oder auf Kosten des V.rers anderweitig Vers. nehmen, es sei denn, der V.rer kann durch Sicherheitsleistung die Ausübung dieses Rechtes des VN abwenden (§ 47 ADS).

Versicherer kann Prämienforderung aufrechnen gegen Entschädigungsforderungen des VN, da die sofortige Fälligkeit – anders als die sofortige Zahlung der Prämie – nicht wegbedungen werden kann. Nur dadurch ist Aufrechnung der gestundeten Prämie gegen Schäden rechtlich möglich, deshalb die Unterscheidung: Fälligkeit und Zahlung.

§ 16 Abs. 2 ADS

Andererseits kann auch VN eine fällige Prämie gegen eine Entschädigungsforderung an den Versicherer aufrechnen, wenn Prämie und Schaden die gleiche „laufende" Versicherung betreffen (§ 16 Abs. 2 ADS). Die Aufrechnung von Prämie und Schaden ist also nicht auf ein und dieselbe „Einzel"-Versicherung abgestellt, sondern auf den ganzen lfd. Policen-Vertrag.

Die Prämie hat VN zu zahlen, auch bei Versicherungen für „fremde Rechnung". Der Versicherte braucht, wenn Versicherung „für fremde Rechnung" vorliegt, nicht zu zahlen, auch wenn er der Versicherung zugestimmt hat.

Versicherer kann jedoch seine Prämienforderung aus der Einzel-

police gegen Entschädigungsforderung des Versicherten aufrechnen (§ 56 ADS – vgl. Seite 26); auch selbst dann noch, wenn der Versicherte die Prämie bereits dem VN gezahlt hat.
Der Makler haftet – anders als dies in England der Fall – für den Eingang der Prämie nicht.
Die Prämie ist an den Versicherer zu zahlen oder den annahmeberechtigten Agenten des Versicherers. Nicht jeder Agent des Versicherers ist ohne weiteres annahmeberechtigt, es sei denn, daß der betreffende Agent über eine Vollmacht seiner Gesellschaft verfügt, die ihn u.a. ermächtigt, auch Prämien entgegenzunehmen.
Auch der Makler ist grundsätzlich nicht annahmeberechtigt für Prämien; es sei denn, durch besondere Abmachungen mit Versicherer.
Der spezifisch Hamburgische Zahlungsverkehr ist zwischen V.rern einerseits und Makler und VN andererseits in den besonderen Richtlinien (No. 2) des Vereins Hamburger Assekuradeure im einzelnen geregelt.

§ 17 ADS Nichtzahlung der Prämie

„Wird nach dem Eintritt der Fälligkeit erfolgende Mahnung des Versicherers nicht binnen einer bei der Mahnung zu bestimmenden angemessenen Frist die Prämie gezahlt oder die Sicherheit geleistet, so ist Versicherer von der Verpflichtung zur Leistung frei, wenn der Versicherungsfall vor der Zahlung oder Sicherheitsleistung eintritt. Der Versicherer kann auch in diesem Fall, wenn der VN mit der Zahlung oder mit der Sicherheitsleistung im Verzuge ist, das Versicherungsverhältnis ohne Einhaltung einer Kündigungsfrist kündigen; . . ."

Hiernach ist Versicherer bei Nichtzahlung der Prämie nicht ohne weiteres von der Leistungsverpflichtung frei, wenn die fällige Prämie nicht zu dem vereinbarten (monatlichen oder ¼jährlichen) Termin gezahlt wird und VN dadurch in Zahlungsverzug ist. § 17 Abs. 1 ADS bestimmt, daß VN bei Zahlungsverzug erst ordnungsgemäß gemahnt sein muß und Prämienschuldner eine angemessene – etwa 10 bis 14tägige – Frist zur Begleichung der Prämienschuld vom Versicherer gestellt ist.
Erst wenn nach erfolgter Mahnung die damit gesetzte Zahlungsfrist (wiederum!) nicht vom VN innegehalten wird, hat Versicherer nicht für den Schaden einzutreten, der nach Ablauf der gesetzten Zahlungsfrist anfällt, dagegen muß Versicherer bis zum Ablauf der Mahnfrist haften.
Wird die Prämie nach Ablauf der Mahnfrist gezahlt, so beginnt mit Zahlungseingang wieder die Haftung der Versicherer; für einen Versicherungsfall in der Zwischenzeit (= Ablauf der Mahnfrist bis Prämieneingang) haftet der Versicherer trotz späterer Zahlung nicht. Die nachträgliche, auch vorbehaltlose Entgegennahme der Prämienschuld nach Ablauf der Mahnfrist seitens der Versicherer besagt nicht, daß Versicherer auf die Befreiung verzichtet, soweit Versicherer nach vorstehenden Bestimmungen frei ist.
Erhebt VN Anspruch auf Schaden, so hat dieser zu beweisen, daß der „Vers.-Fall" (Schaden) in dem Zeitraum eingetreten ist, in welchem die Vers. in Kraft war, was in vielen Fällen einer Unmöglichkeit gleichkommt.

Kündigung bei Zahlungsverzug

Der Versicherer kann bei Zahlungsverzug des VN zusammen mit der Mahnung kündigen ohne Einhalt einer Kündigungsfrist; nach Eingang der Zahlung nicht mehr.

Nunmehr ist noch – was die Prämien-Zahlung anbetrifft – auf den besonderen Fall einzugehen, wenn die vers. Sache, das vers. Gut von dem VN veräußert wird. Machen wir uns diesen Vorgang an folgendem Beispiel klar:

Ein Bremer Importeur hat aufgrund seiner laufenden Police eine Partie Kaffee von Santos per M/S „Cap San Marco" nach Bremen, mit „Option" (d.h. wahlweise nach) Hamburg zur Versicherung angemeldet und hierüber von seinen V.rern eine Einzelpolice (Zertifikat) „für Rechnung wen es angeht" erhalten. – Bei Aufgabe dieser Vers. hat der Importeur die Vers. auf eigene Rechnung, auf sein eigenes Interesse genommen, da der Kaffee von ihm „fob Santos" gekauft wurde. – Während die vers. Partie sich noch an Bord des M/S „Cap San Marco" auf der Reise nach Bremen bzw. Hamburg befindet, verkauft – veräußert – der Bremer Importeur bereits die gleiche Partie „schwimmend" an eine Hamburger Kaffeefirma, u.z. „cif Hamburg", zahlbar: „Kassa gegen Dokumente", das bedeutet: Käufer erhält gegen Zahlung des Kaufpreises, neben dem Original-Konnossement, gegen das die Reederei die Partie Kaffee im Bestimmungshafen ausliefert, auch die bereits für den Bremer Kaufmann „für Rechnung wen es angeht" ausgestellte Einzelpolice ausgehändigt. Damit ist das vers. Interesse nunmehr auf den Käufer übergegangen.
In bezug auf eine solche Einzelpolice, die der Käufer erworben hat, bestimmt hinsichtlich der Prämien-Zahlung:

§ 49 ADS Veräußerung der vers. Sache Abs. (I) 1. Satz

daß für die Prämie Veräußerer u. Erwerber grundsätzlich als „Gesamtschuldner" haften.

§ 49 ADS Abs. (I) 2. Satz

Anders, wenn – wie in obigem Beispiel – eine Police ausgestellt ist. Dazu heißt es in § 49 ADS (I) 2. Satz wörtlich:
„Im Falle der Veräußerung versicherter Güter tritt jedoch der Erwerber in die Verpflichtung zur Zahlung der Prämie und der Nebenkosten nicht ein, wenn eine Police ausgestellt ist; auch kann sich der V.rer in diesem Falle dem Erwerber gegenüber nicht darauf berufen, daß er nach den Bestimmungen des § 17 wegen Nichtzahlung der Prämie" oder „Nichtleistung einer Sicherheit" frei ist, es sei denn, daß der Erwerber nicht in gutem Glauben war."

Wenn also eine „Police" ausgestellt ist, so übernimmt der Erwerber nicht die Verpflichtung zur Zahlung der Prämie und Nebenkosten. In Übereintsimmung hiermit dokumentieren die V.rer, wie auch in unserer MP 2711 ausdrücklich:

„Prämie bezahlt"

Damit hat der „Inhaber der Police" und somit auch die Bank, welche die Dokumente ggfs. bevorschußt, diskontieren soll, die Gewähr, daß eine Entschädigungsforderung von den V.rern nicht „mangels Zahlung der Prämie" abgelehnt werden kann. – Nur wenn der VN auch der V.te ist, also, wie wir bereits wissen (Seite 25), wenn VN die Vers. für eigene Rechnung, auf sein eigenes Interresse genommen hat und die dafür ausgestellte Police weder im Besitz eines Dritten bzw. bei einer Bank als Sicherheit für eine Bevorschussung hinterlegt ist, greifen die Bestimmungen des § 17 ADS wegen Nichtzahlung der Prämie Platz. –

Quintessenz: Bei Erwerb eines bereits vom Verkäufer vers. Gutes sollte der Käufer (Erwerber) stets auf Aushändigung eines Vers.-Zertifikates (Separate Policy) bestehen, um die Folgen nach § 17 ADS wegen Nichtzahlung der Prämie abzuwenden.
Die Aushändigung der Seevers.-Police liegt um so mehr im Interesse des Erwerbers, als er sich überzeugen muß, welche Gefahren ihm durch die „Cif-Police" abgenommen sind, bei der es sich in der Regel nur um eine „eingeschränkte" Versicherung handelt und deshalb für den Käufer nur lückenhaft ist. Zu diesem Zwecke ist es notwendig, eine Seevers.-Police richtig lesen zu können. Diese Kenntnis zu erlangen, ist mit ein Zweck unserer „Studienreise", und wir sind bereits auf dem besten Wege, dieses Ziel zu erreichen, wenn auch noch bis dahin eine Reihe von Stationen zu durchlaufen, d.h. eine Reihe von Paragraphen und Klauseln zu studieren ist. Aber wir werden es schaffen!

Kapitel VII

AUF DIE VERSICHERUNG FINDEN DIE „ALLGEMEINEN DEUTSCHEN SEE-VERSICHERUNGS-BEDINGUNGEN" (ADS) NEBST DEN „ZUSATZBESTIMMUNGEN ZU DEN ADS FÜR GÜTERVERSICHERUNG (1947)" ANWENDUNG

Das uns heute durch die MP 2711 gestellte Thema, wie oben, gibt uns Veranlassung, gleichsam einem interessanten, geschichtlichen „Museum" einen kurzen Besuch abzustatten, das wir dem bekannten Kommentator Dr. Ritter verdanken.
Wir halten diesen Ausflug in die Geschichte der ADS deshalb für wichtig und lehrreich, weil erst dadurch Sinn und Bedeutung dieser Bedingungen, die im Verlaufe mehrerer Jahrhunderte stufenweise an ihre heutige Fassung herangeführt worden sind, richtig erkannt werden können.
Beginnen wir also gleich mit unserem Rundgang durch die Geschichte der ADS unter der bewährten Führung von Herrn Dr. Ritter*) und halten die Augen offen, um in der uns zur Verfügung stehenden begrenzten Zeit so viel wie möglich mitzubekommen:

„Hamburger Assecuratoren" (Versicherer) bemühten sich bereits im 17. Jahrhundert, die See-Versicherung auf eine „gewisse einheitliche Linie" zu bringen, veranlaßt dadurch, daß „nicht allein die Premien müh- und langsam mit Verdruß eingebracht werden müssen und zu Zeiten ganz zurück bleiben, sondern auch die beschwerlichen Averien (Haverien = Schäden) dergestalt anwachsen, daß endlich dadurch eine gäntzliche Erstickung der Versicherung und consequenter ein Ruin der Commercien (des Handels) und See-Trafiquen (des See-Verkehrs) zu besorgen war."
Aus diesen Beweggründen entstand der sogenannte „Vergleich der Assecuratoren in Hamburg" (wie man sich später ausdrückte: ein obligatorischer Beschluß oder verbindliche Richtlinien der Hamburger Assecuradeure), der bereits vom 29. 12. 1677 in Kraft trat.

1677

Ob dieser „Vergleich", der später laufend revidiert und erweitert ist, allgemein angewandt wurde, ist nicht bekannt.
Im übrigen versicherten die „Assecuranz-Compagnien" – Versicherungs-Gesellschaften – der Hansestädte nach ihren „Artikeln" oder Plänen. Diese „Pläne", die gleichzeitig mit den Satzungen der Gesellschaften auch die Versicherungsbedingungen enthielten, wurden häufig zu Konkurrenzzwecken mißbraucht. „Vollständige Verwilderung des Versicherungs-Geschäftes war die Folge" (Knittel 13).
Im Ausgang des 18. Jahrhunderts entstanden von etwa 13 Hamburger Privat-Assecuradeuren und etwa 10 bevollmächtigten Hamburger und in Hamburg vertretenen Assecuranz-Gesellschaften unterzeichnet, die sogenannten „Bedingungen von 1800".

1800

„Allein sie haben nicht das Glück und den Erfolg gehabt, welchen man erhoffte und voraussetzte. *Die Kaufmannschaft glaubte, bei ungezügelter Konkurrenz der Assecuradeure besser zu fahren.* Das Commerz-Collegium erhob Widerspruch. Auf seine Veranlassung ermahnte der Senat die Assecuradeure, von ihrem Vorhaben abzustehen; die Bedingungen seien „teils sehr dunkel" und ständen mit der hiesigen Assecuranz-Ordnung in Widerspruch, teils seien sie „gar zu nach-

*) Gekürzt übernommen von Dr. Carl Ritter, das Recht der Seeversicherung.

teilig für die Versicherten." Die Mahnung hatte Erfolg, die Bedingungen schliefen ein.

1842 nahm sich die Hamburger Commerz-Deputation der Angelegenheit an. Sie veranlaßte den „Entwurf des Allgemeinen Plans", der 1843 vorlag und mit jener „bedächtigen Sorgfalt" behandelt wurde, welche auch die Verhandlungen über die späteren Entwürfe von allgemeinen See-Versicherungsbedingungen gekennzeichnet haben. Dieser „Allgemeine Plan hamburgischer See-Versicherun-
1847 gen" konnte Ende 1846 von der Commerz-Deputation bekanntgegeben werden und wurde von 1847 an angewendet. Damit wurde einem „Tohuwabohu" von über 30 Versicherungsplänen ein Ende
1852 gemacht. Dieser Plan wurde 1852 unwesentlich revidiert und seitdem als „Revidierter Plan Hamburgischer See-Versicherungen" nicht nur in Hamburg, sondern auch in den Ostseeplätzen den See-Versicherungen zugrundegelegt.

Die Einführung des Allgemeinen deutschen Handelsgesetzbuches gab Veranlassung zu erneuter Revision des „Allgemeinen Plans". In den Verhandlungen hierüber beschloß man, an das Allgemeine Deutsche Handelsgesetzbuch (ADHGB) Anschluß zu suchen und das bisherige Geltungsgebiet (Hamburg) auf alle deutschen See-Plätze auszudehnen, insbesondere auch auf Bremen, Bremen hatte keine Assecuranzordnung. Hier hatte man sich auf die „Versicherungsbedingungen bremischer Versicherungs-Gesellschaften", gültig ab 1. 1. 1854, geeinigt.

Zunächst glaubte man nach Einführung des ADHGB mit wenigen Policen-Bestimmungen auszukommen. Dagegen wurden Bedenken erhoben. Die hamburgische Commerz-Deputation nahm die Angelegenheit wieder in die Hand. Sie veranlaßte 1863 den OAGRat Voigt, Lübeck, den Entwurf eines revidierten Planes herzustellen. Diese Aktion ist endgültig in Verhandlungen von 1866, an denen auch Bremen, Emden, Leer, Lübeck, Rostock, Stettin und Stralsund beteiligt waren, beendet worden durch die Annahme der Bedingungen, als „Allgemeine Seeversicherungs-Bedingungen von
1867 1867", die auf Wunsch der Beteiligten von der Handelskammer in Hamburg veröffentlicht und vom 1. Jan. 1868 an angewendet wurden. Nur Bremen hatte sich ausgeschlossen und blieb im Besitze seiner Bedingungen von 1854, die 1875 revidiert wurden.

Das Gesetz, betreffend Änderung der Vorschrifen des HGB über
1908 die See-Versicherung und das VVG von 1908 veranlaßten den *Verein Hamburger Assecuradeure*, in Verbindung mit dem Internationalen Transport-Versicherungs-Verband eine Kommission einzusetzen, die, unter Berücksichtigung der Gesetzes-Änderung, aber auch der inzwischen gemachten Erfahrungen und der in Handel und Schiffahrt entstandenen Veränderungen, den Entwurf „Allgemeiner deutscher Seeversicherungs-Bedingungen" herstellen sollte. Dieser Entwurf, ausgearbeitet von Assecuradeuren der Seeplätze und des Binnenlandes, dem General-Sekretär des ITV und Ham-
1910 burger Juristen konnte im Juli 1910 veröffentlicht werden.

Die Handelskammer Hamburg leitete darauf Verhandlungen ein, an denen neben einer Anzahl anderer Handelskammern beteiligt wurden:

der Allgemeine Versicherungs-Schutzverband,

Verein Hamburger Assecuradeure,
Verein Bremer Seeversicherungs-Gesellschaften,
Verein der am Futtermittelhandel beteiligten Firmen,
Verein der Getreidehändler der Hamburger Börse,
Verein Hamburger Exporteure,
Verein Hamburger Reeder,
Bremer Reederverein,
Verband des Hamburger Einfuhrhandels,
Ostasiatischer Verein,
Zentralverband des deutschen Großhandels,
Deutscher Wirtschaftsverband für Süd- und Mittelamerika.
(Das sind lauter Namen von Rang und Klang, damals wie heute.)
1914 Über diese Verhandlungen konstatierte im Juli 1914 die Handels-
kammer Hamburg mit Befriedigung, daß nunmehr über alle noch
verbliebenen Meinungsverschiedenheiten eine für alle Beteiligten
annehmbare Verständigung erzielt worden sei. Nach einer Ände-
rung, entsprechend dieser Verständigung im Juli 1914, sollten die
ADS vom 1. Jan. 1915 an angewendet werden. Die Einführung der
ADS in den Verkehr unterblieb jedoch infolge Ausbruch des
1917 Krieges 1914. Im Dezember 1917 wurde mit Rücksicht auf die
Erfahrungen des Krieges der Entwurf der ADS auf Veranlassung
von Versicherungsnehmern und Assecuranz-Maklern eine erneute
Nachprüfung durchgesetzt. Es wurden noch 68 Paragraphen
(nach Ulrich) beanstandet und in Versammlungen erörtert und
grundsätzlich entschieden. Eine Redaktions-Kommission beendete
1919 im September 1919 die redaktionelle Fassung der Beschlüsse. Die
Einführung der Allgemeinen Deutschen Seeversicherungs-Bedin-
1920 gungen wurde für den 1. Jan. 1920 dann endgültig festgesetzt.

Abschließend stellt der Kommentator Dr. Ritter fest: „Ein nur oberflächlicher Vergleich der ADS mit dem Entwurf 1910 ergibt bereits, „welchen gewaltigen Einfluß die Kreise der Versicherten" unter Führung der bedeutensten Organe des Handelstandes und der geschäftsklugen, alterfahrenen, hanseatischen Assecuranz-Maklerschaft auf die Gestaltung der ADS ausgeübt haben.

Es wäre nichts verkehrter, als wenn man die ADS wie die „Allgemeinen Geschäfts-Bedingungen" betrachten und behandeln wollte, welche die wirtschaftliche Überlegenheit des Verfrachters dem Befrachter, des Spediteurs seinem Auftraggeber, des Exporteurs dem Fabrikanten, vorschreibt.

Denn der Seeversicherung steht, wie keinem anderen Zweig des Handels, der Weltmarkt offen. Ihr, der deutschen Seeversicherung, tritt aber eben deshalb auch wie keinem anderen Zweig des Handels der Wettbewerb der Welt auf die Füße.

Wird der Hamburger Kaufmann von seinem Assecuradeur nicht „kulant" (entgegenkommend) bedient, geht er nach London (oder Amsterdam, oder Brüssel, Paris oder die Schweiz). Nicht „sozial gleich kräftige und gleich geschäftsgewandte Interessen-Gruppen stehen sich einander gegenüber" (Ehrenberg 25). Der Kaufmann hat das entschiedene Übergewicht".

Erst in diesem geschichtlichen Zusammenhang gesehen wird erkenntlich, welche außerordentliche Leistung in den heute gültigen ADS ihren Niederschlag gefunden hat, wird

erkenntlich, wieviel Klugheit, Erfahrung und Sorgfalt notwendig waren, um alle die widerstrebenden Elemente zu bändigen, angefangen bei der Besorgnis die „gäntzliche Erstickung der Versicherung und consequenter dem Ruin der Commercien" zu verhüten; desgleichen eine „vollständige Verwilderung des Versicherungs-Geschäftes"; nicht noch einmal „dunkle, teils gar zu nachteilige Bedingungen für den Versicherten herauszubringen", bis zu dem Riesenaufmarsch der 27 Handelskammern Deutschlands – Hamburg voran – der Assecuradeure, der prominenten und einflußreichen hamburgischen Kaufmannschaft und Reeder – (und unsichtbar und doch zugegen – die weltweite Konkurrenz der ausländischen Versicherer), die alle ihre Sonderinteressen anmeldeten und die unter einen gemeinsamen Nenner zu bringen waren.
Dieses Ziel ist in 10 mühevollen Jahren geschafft worden. Hut ab vor dieser Leistung, die es den deutschen Versicherern ermöglicht, zu einer erträglichen Prämie – immer hart an der Grenze der äußersten Bedarfsrate, denn die Konkurrenz steht prämienhungrig vor der Tür – der Kaufmannschaft und den Reedern ein so hohes Maß an Risiken durch die Seeversicherung abzunehmen, wie es mit Zustimmung aller Interessierten in den ADS verankert ist. Somit ist viel erreicht, bis auch die heutigen ADS durch neue Erfahrungen, neue Entwicklungen wieder in die Revision gehen müssen. „Nur der Wechsel ist beständig".
Nach diesem „Fanfarenstoß" auf die ADS ein paar sachliche und technische Daten, die der Praktiker wissen muß.
Die ADS – nebst Zusatzbestimmungen (1947) –, auf die im Formular der laufenden Police wie der Einzelpolice ausdrücklich Bezug genommen wird, gelten damit für die Parteien als „Bestandteil des Vertrages". Diese Bedingungen, die ADS, sind das

Gesetzbuch der Seeversicherung

Ein Teil der Bestimmungen der ADS bilden nur Wiederholungen der gesetzlichen Vorschriften, insbesondere des HGB und des Versicherungs-Vertrags-Gesetzes und sind deshalb zwingend, unnachgiebig, d.h. es sind Bestimmungen, die sich der freien Vereinbarung entziehen. Der überwiegende Teil jedoch bildet Bestimmungen, „die Gegenstand der freien Vereinbarung" sein können.
Insgesamt bilden die ADS „eine vollständige Zusammenstellung der für den Inhalt, das Verständnis und Wirksamkeit der zu schließenden Versicherungsverträge maßgebenden Regeln"; oder nach einer anderen Definition: „ein die Gesamtheit des assecuranzkontraktlichen (versicherungsvertraglichen) Rechtsverhältnisses umfassendes Regulativ" (regelnde Verfügung), (zitiert Ritter, Kommentar Seite 5).
Damit wissen wir, welche Aufgabe den ADS und somit auch den Zusatzbestimmungen (1947) als Vertrags-Grundlage zufällt und vermerken hierzu noch ergänzend, daß „besondere" Versicherungsbedingungen den „allgemeinen" Bedingungen vorangehen, insbesondere „geschriebene" den „gedruckten".
Auch für unsere *Musterpolice* 2711 gilt also folgende Rangfolge:
1. die „geschriebenen" Bedingungen,
2. die „gedruckten" Zusatzbestimmungen zu den ADS für die Gütervers. (1947)
3. die ADS
4. das vertragsergänzende Gesetz (HGB, BGB, VVG).

Eines aber sei noch einmal hier abschließend mit aller Deutlichkeit herausgestellt: Die ADS in ihrer heutigen Fassung sind, wie wir jetzt wissen, keine verklausulierten Fallen, mit denen die V.rer in die Lage versetzt werden sollen, Schadenansprüche ihrer Versicherten abzulehnen, eine Ansicht, die auch heute noch gelegentlich von sonst ernst zu nehmenden Kaufleuten zu hören ist. In solchen Fällen ist es gut, über die Geschichte der ADS, über ihren Werdegang, wie hier aufgezeigt, Bescheid zu wissen.

Kapitel VIII

§ 114 ADS „FREI VON BESCHÄDIGUNG, AUSSER IM STRANDUNGSFALL" (FPA = FREE PARTICULAR AVERAGE UNLESS STRANDING) § 113 ADS „FREI VON BESCHÄDIGUNG"

Nach unserer MP 2711 sind nunmehr die „geschriebenen" (die „besonderen") Bedingungen an der Reihe.
Damit stoßen wir auf das Herzstück, besser noch auf den Motor der Einzelpolice. Die Leistung der „Motoren" ist verschieden groß und richtet sich nach der jeweils gewählten „Type", die dementsprechend auch preislich differiert.
Die gebräuchlichsten Typen, sprich hier Klauseln, zwischen denen VN und V.rer wählen können, sind 2 Standard-Klauseln, u.z.
a) Versicherung nach der „beschränkten Beschädigungs-Klausel" oder
b) Versicherung zu „vollen Bedingungen" – „vollen Konditionen" –
Die Versicherer bezeichnen beide Möglichkeiten (a und b) durch kurze Formeln, nämlich so:

a) soll die „beschränkte Beschädigungs-Klausel" gelten („beschränkt" insofern, als der Versicherer gegenüber den „vollen Bedingungen" nur beschränkt, nur „eingeschränkt" haftet), so lautet diese Formel: „frei von Beschädigung, außer im Strandungsfall" gemäß § 114 ADS – englisch: „**F**ree from **p**articular **a**verage unless stranding" § 114 ADS – oder – nach dem Sprachgebrauch – kurz: „frei von B." – engl. „F.P.A."
b) soll eine Versicherung – nach dem Sprachgebrauch – zu „vollen Bedingungen" gelten, so wird dies im Zertifikat oder der Einzelpolice so ausgedrückt: „frei von Beschädigung, wenn unter 3 (oder x) %, jedes Kollo eine Taxe" – englisch: „free from particular average if under 3 (oder x) %, each package separately" – oder kurz: „Frei von 3%" oder W.A. 3%.
(Weniger gebräuchlich: c) „frei von Beschädigung" nach § 113 ADS – noch seltener d) „nur für Totalverlust" nach § 123 ADS.)
Was bedeuten nun die vorstehenden Formeln bzw. Klauseln, genauer: gegen welche Gefahren, für welche Schäden oder Verluste ist der VN in dem einen oder dem anderen Falle gedeckt?
Für den Kaufmann im Ausfuhrhandel gilt als oberstes Gesetz: Kosten sparen. Für ihn, als VN, ist deshalb die „beschränkte Beschädigungs-Klausel" insofern interessant, als „prämienmäßig" eine solche Versicherungsdeckung (Vers.-Schutz) zu einer „billigeren" Vers.-Rate zu haben ist, als eine solche zu „vollen Bedingungen".
Befassen wir uns also zunächst mit dem Vers.-Schutz nach der „beschränkten Beschädigungs-Klausel": „frei von Beschädigung, außer im Strandungsfall" gemäß § 114 ADS. (Hierzu nehmen wir anstelle der *Musterpolice* 2711 diesmal die gedruckten ADS zur Hand. Vorweg ist auf § 82 ADS zu verweisen, der durch Absatz 1, siehe III. Teil, Seite 243.) Satz 1 und 3 bestimmt, daß der Versicherer in der Güter-Vers. für eine *Beschädigung* nur im Falle einer *Strandung* haftet; der ferner besagt, daß die Bestimmungen des § 114 ADS, Abs. 1 und 3 für die Haftung des Versicherers im Strandungsfall entsprechende Anwendung finden. Hiermit ist festgelegt, daß sich die Haftung des Versicherers für Beschädigung der Güter grundsätzlich „auf den Strandungsfall beschränkt" (ausgenommen die im § 82 Abs. 2 unter (1) besonders genannten Güter – vgl. ebenda.)
§ 82 ist also mit § 114 ADS Abs. 1 und 3 gekoppelt.
§ 114 ADS Abs. 1 nimmt den Satz aus § 82 ADS wieder wörtlich auf: „(1) Der Versicherer haftet für eine Beschädigung nur im Falle einer ‚Strandung'", wiederholt also hier, daß der Versicherer – um dem Wortlaut der Klausel: „frei von Beschädigung, außer im Strandungsfalle" zu folgen - frei sein soll von der Leistung, wenn der Schaden in einer Beschädigung

besteht, ausgenommen jedoch, wenn die Beschädigung durch einen „Strandungsfall" verursacht ist.
Eine „Strandung" liegt vor bei einer Versicherung, die sich auf „Güter" bezieht, wenn das Schiff auf Grund stößt oder auf Grund festgerät.
Der „Strandung" werden in der Güter-Versicherung folgende Fälle „gleichgesetzt", für die dann V.rer auch das Beschädigungs-Risiko trägt, nämlich wenn das Schiff

1. auf Grund stößt
2. auf Grund festgerät
3. mit anderen Sachen zusammenstößt
4. durch Eis beschädigt wird
5. kentert, sinkt, scheitert
6. mit anderen Fahrzeugen zusammenstößt
7. beschossen wird
8. oder wenn ein Brand
9. oder eine Explosion stattfindet.

Im einzelnen kommentiert Dr. Carl Ritter (Seite 1283 bis 1296 § 114 ADS, Seite 1274–1283 § 113 ADS) die dem Strandungsfall gleichgesetzten Fälle (auszugsweise) wie folgt:

1. wenn das Schiff auf Grund aufstößt

„Für die Vers., die sich auf die Güter bezieht, kommt jedes Stoßen (des Schiffes) in Betracht, sowohl das Stoßen auf Grund wie das Zusammenstoßen mit anderen (festen oder beweglichen) Gegenständen, insbesondere auch das Zusammenstoßen mit Eisschollen."

2. wenn das Schiff auf Grund festgerät

„Stoßen auf Grund bedeutet, den Grund mit einer gewissen Heftigkeit berühren ohne festzugeraten; deshalb ist dieser Fall des Festgeratens besonders erwähnt. Ob das Schiff durch gewöhnliche oder außergewöhnliche Maßregeln oder überhaupt nicht abgebracht werden kann, ist – für die Güter-Vers. und anders als in der Schiffskasko-Vers. (Schiffsrumpf) – ohne Bedeutung."

3. wenn das Schiff mit anderen Sachen zusammenstößt

sei es mit beweglichen, sei es mit unbeweglichen Sachen, z.B. mit Dukdalben, Kaimauer, Wracks.

4. wenn das Schiff durch Eis beschädigt wird

„Wenn die Schiffsschraube gegen Eisstücke schlägt, hat das Schiff ‚gestoßen', ist es ‚mit anderen Sachen zusammengestoßen'. Der Fall steht also schon deshalb dem Strandungsfall gleich. Hier kommt etwa in Betracht, daß das Schiff vom Eise durchschnitten wird, was man gemeinhin nicht als Zusammenstoß bezeichnet." (Zusammenstoß mit Eisberg)

5. wenn das Schiff kentert, sinkt oder scheitert

„Gekentert" ist das Schiff, wenn es umgeschlagen ist, kieloben liegt oder doch so flach auf der Wasseroberfläche, daß es einstweilen nicht weiter befördert werden kann. Gekentert ist das Schiff noch nicht, wenn es sich auf die Seite gelegt und Wasser übernommen hat.
Gesunken ist das Schiff noch nicht, wenn es etwa infolge eines Lecks Wasser aufgenommen und einen größeren Tiefgang hat als gewöhnlich. Aber auch nicht erst, wenn es ganz gesunken oder „unrettbar" gesunken ist, sondern schon dann, wenn es „infolge seiner allzu großen Schwere, seine Schwimmfähigkeit ... in dem Maße verliert, daß es mit dem ganzen Schiffsrumpf einschl.

des Verdecks unter die Oberfläche des Wassers gerät; daß bei Ebbezeit das Verdeck des Schiffes über dem Wasserspiegel hervorragt, ist ohne Bedeutung".
Gescheitert ist das Schiff, wenn es auf Grund gerät und nicht sitzenbleibt, sondern zerbricht."

6. wenn das Schiff mit anderen Fahrzeugen zusammenstößt

Das Wort „Fahrzeug" hat hier natürlich die Bedeutung „Wasser-Fahrzeug" und steht hier für den erweiterten Begriff für Dampfer, Segler, Schlepper, Leichter, Schute etc.

7. wenn das Schiff beschossen wird

„Für Schaden durch Beschießung haftet im allgemeinen natürlich nur der Kriegs-Versicherer"; der „Frei-von-Kriegsgefahr-Versicherer" auch nicht für den Schaden, der dadurch entsteht, daß Wasser in das vom Beschießen entstandene Leck eindringt. – Wenn das Schiff torpediert wird, wird es beschossen – anders, wenn es auf eine Mine aufläuft. (Diese Wagnisse werden durch den Einschluß der DTV-Kriegsklausel von 1955 erfaßt bzw. gedeckt, vgl. später folgende Erklärung).

8. wenn auf dem Schiff ein Brand entsteht

„Die Bezeichnung ‚Brand' ist mit Rücksicht auf § 82 VVG gewählt. Die Bezeichnung scheint besser zum Ausdruck zu bringen, daß ein bestimmungsmäßiges Feuer nicht in Betracht kommt . . . Definition kurz und treffend (Wolff 447): „Flammendes (nicht nur sengendes oder glassprengendes) Schadenfeuer (nicht Nutzfeuer)" – Es kommt nur Feuer in Betracht, das nicht durch „Selbstentzündung" entstanden ist. Ist strittig, ob ein Brandschaden lt. Abs. 2 § 114 durch Selbstentzündung der Güter verursacht ist, so trifft die Beweislast den VN.

9. wenn auf dem Schiff eine Explosion stattfindet

„d.h. eine Explosion, die keinen Brand hervorruft; denn dieser Fall wird ohnehin wie ein Strandungsfall behandelt". Explosion Wolfram: Z.f.VW. 1911, 225: „Eine plötzliche unbegrenzte Vergrößerung des Volumens eines Körpers".

10. wenn das Schiff einen „Nothafen" anläuft

Dieser Fall ist nach § 86 Abs. 2 Satz 3 der „Strandung" gleichgesetzt (vgl. hierzu Klausel 17 – Nothafen-Klausel der gedruckten Zusatzbestimmungen (1947) Seite 264): „In Ausdehnung von § 114 ADS soll es auch als Strandung angesehen werden, wenn infolge eines dem Versicherer zur Last fallenden Unfalles das Schiff einen „Nothafen anläuft" und unter Deck verladene Güter gelöscht werden".
„Nothafen" ist jeder Hafen, den das Schiff, um drohende Gefahr für Schiff oder Ladung oder für beides, Schiff und Ladung, zu vermeiden, bestimmungswidrig anläuft. „Ob der Hafen nah oder fern dem Abgangs- oder Bestimmungshafen, ob er auf oder nicht auf dem Reiseweg liegt, gilt gleich. Der Abgangs- oder ein bestimmungsmäßiger Zwischenhafen ist also Nothafen, wenn das Schiff ‚zur Vermeidung von Gefahren' dahin zurückkehrte, sonst sind Abgangshafen, bestimmungsmäßiger Zwischenhafen und Bestimmungshafen keine Nothäfen, auch dann nicht, wenn die Güter zur Vermeidung von Gefahren ausgeladen werden müssen. Das An-

laufen eines Nothafens muß die ‚nächste Folge' des Unfalles gewesen sein, die Güter ‚müssen ausgeladen' sein.
Nicht notwendig an Land gebracht, Umladung in Leichter oder ein anderes Schiff genügt." Die Weiterbeförderung mit anderen Schiffen oder zu Lande fällt unter die Vers., desgleichen die Kosten der Umladung, der einstweiligen Lagerung sowie die Mehrkosten der Weiterbeförderung, ebenso wie die Schadensfeststellungskosten (§ 95 Abs. 3, § 32 Abs. I. 3 ADS).

Nur die vorstehend unter 1–10 *aufgeführten Fälle* sind der „Strandung" gleichgestellt, keine anderen. Nur in diesen Fällen trägt der Versicherer auch das Beschädigungs-Risiko, in keinem anderen Falle.
Und *auch nur dann*, wenn folgende 2 weitere Voraussetzungen gegeben sind (§ 114 Abs. 3 Satz 2):

a) wenn der „Schiffskörper" beschädigt ist durch den Strandungsfall und was dem gleichgestellt ist, u.z.
b) so erheblich, daß die Beschädigung der Güter durch den Unfall verursacht sein „kann".

„Hat der Schiffskörper gar keinen Schaden erlitten, so fehlt eine der (drei) Voraussetzungen für die Haftung des Versicherers. Der Versicherte ist frei. Ob die Beschädigung des Schiffskörpers so „erheblich" ist, daß die Beschädigung der Güter durch den Unfall verursacht sein kann, ist Tatfrage (d.h. es ist nur von Fall zu Fall unter genauer Kenntnis aller Zusammenhänge zu entscheiden).
Der VN muß an und für sich beweisen, daß ein Strandungsfall vorliegt und daß die Beschädigung durch den Strandungsfall verursacht ist. Der Beweis des Kausal-Zusammenhanges (das ist die zusammenhängende Folge von Ursache und Wirkung – hier: Ursache = „Strandungsfall", Wirkung = „Beschädigung") ist aber erleichtert. Wenn die Beschädigung durch – nachgewiesen oder unstreitig – Strandung verursacht sein kann, gilt sie im Zweifel als durch die Strandung verursacht (§ 114 Abs. 1 Satz 2). VN braucht *nur die Möglichkeit* zu erbringen, daß die Beschädigung durch Strandungsursache entstanden ist.
Der Versicherer dagegen kann beweisen, daß die Beschädigung nicht durch die Strandung verursacht ist und natürlich erst recht auch den Gegenbeweis führen, daß die Beschädigung nicht durch die Strandung verursacht sein kann. (Wenn Versicherer einen solchen Beweis führen kann.)
Die Beweiserleichterung (für den VN) tritt nicht ein, wenn ein Brand auf dem Schiff ausgebrochen ist und der Versicherer behauptet, der Brand sei durch „Selbstentzündung" der Güter, auf welche sich die Versicherung bezieht, verursacht. Für „Selbstentzündung" haftet nach § 86 ADS der Versicherer nicht. Während im allgemeinen der „Versicherer" zu beweisen hat, daß der Schaden durch die „natürliche Beschaffenheit" der Güter, insbesondere durch Selbstentzündung entstanden ist, muß, wenn die Güter mit der Klausel „frei von Beschädigung, außer im Strandungsfalle" versichert sind, der VN beweisen, daß der Brand und damit Beschädigung nicht durch Selbstentzündung (der versicherten Ware) entstanden ist.
Dies ist die Bedeutung des § 114 Abs. 3 Satz 3: „Bei einer Versicherung, die sich auf die Güter bezieht, trifft die Beweislast den VN, wenn streitig ist, ob der Brandschaden durch Selbstentzündung der Güter entstanden ist."

§ 113 ADS
Frei von Beschädigung

Bleibt noch nach, § 114 Abs. 1 Satz 3 zu erklären: „Im übrigen finden die Bestimmungen des § 113 entsprechende Anwendung" (Wortlaut der Klausel § 113, vgl. Seite 254.)
Im Zusammenhang mit der „beschränkten Beschädigungsklausel" interessiert der § 113 insoweit, als durch diesen Paragraphen der

Vers.-Schutz nach § 114 ergänzt bzw. vervollständigt wird; sonst haben die weitergehenden Bestimmungen des § 114 Vorrang. Dies ist der Sinn: „Im übrigen finden die Bestimmungen des § 113 Anwendung".

Die negativ formulierte Bestimmung des § 113 Satz 1: „Der Versicherer haftet nicht für eine Beschädigung und bei einer Versicherung, die sich auf die Güter bezieht, auch nicht dafür, daß die Güter infolge der Beschädigung verlorengehen, insbesondere in ihrer ursprünglichen Beschaffenheit zerstört werden", positiv ausgedrückt bedeutet, daß „der Versicherer haftet für jeden Schaden, für jeden Verlust (Teil- und Totalverlust), der nicht aus einer Beschädigung entstanden ist."

„Es kommt also auf die Ursache des Schadens an. Ist die Ursache ein Verlustereignis, so haftet der Versicherer, ist die Ursache des Verlustes ein Beschädigungsereignis, so haftet der Versicherer nicht.

Nun beginnt fast jeder Verlust (durch Vernichtung) mit einer Beschädigung. Würde also Versicherer für keinen Verlust haften, der mit einer Beschädigung beginnt, so würde er so ziemlich überhaupt nicht haften. Die Klausel kann also nicht die Bedeutung haben, daß der Versicherer für keinen Verlust haftet, der mit einer Beschädigung „beginnt". Der Versicherer haftet jedenfalls, wenn die Beschädigung „unmittelbar zum Verlust führt".

Beispiel 1

„Wenn die versicherten Decks-Güter von der ersten Sturzsee beschädigt, von der zweiten über Bord gespült werden, ist das ganze nur Verlust- Verlustschaden – Versicherer haftet."

Beispiel 2

Anders, wenn Schiffsbesatzung versicherte Weinfässer anbohrt und der Inhalt nach und nach ausleckt – Versicherer haftet nicht.

Beispiel 3

„Wenn versichertes Steingut bei der Löschung in den Laderaum zurückstürzt und vollständig zerbricht, ist das Steingut verloren, nicht beschädigt. Steingut ist in dem Falle nicht infolge der Beschädigung verloren gegangen, der Verlust ist nicht aus einer Beschädigung entstanden – Versicherer haftet."

Beispiel 4

„Bruch kann Verlust (Beispiel 3) und kann Beschädigung sein. Wenn von Porzellanwaren ein Stück ab- oder ausbricht, wird es sich regelmäßig um Beschädigung handeln. Versicherer haftet nicht."

Beispiel 5

„Wenn Ölfässer von einer Sturzsee zerschlagen werden und sie sich entleeren ist Bruch = Verlust – Versicherer haftet."

Beispiel 6

Fällt beim Ein-, Über- oder Ausladen ein versichertes Gut aus der Schlinge über Bord, so ist das ein Verlustereignis – Versicherer haftet.

Beispiel 7

„Insbesondere ist Diebstahl als solcher Verlust, nicht Beschädigung", insofern also nach § 113 mitversichert. In diesem Falle geht aber die Klausel 3 der Zusatzbestimmungen (1947) dem § 113 voran, derzufolge es in der Diebstahl-Ausschluß-Klausel heißt: „Der Versicherer haftet mangels anderer Vereinbarung für einen durch Diebstahl verursachten Schaden nur im Strandungsfall (§ 114 ADS und Nothafen-Klausel)".

Diese Zusatzbestimmungen gehen, wie bereits früher erwähnt, den ADS voran. Soll deshalb das Diebstahl-Risiko mitversichert gelten, nicht nur im Strandungsfall bzw. im Nothafen, so ist dies *besonders* mit dem Versicherer zu *vereinbaren* und entsprechende Prämienzulage zu zahlen. Nach § 113 Satz 2 haftet der Versicherer auch „für Aufopferungen, für Havarie-große-Beiträge und Havarie-große-Kosten, die zur Abwendung auch eines Beschädigungsschadens der versicherten Sache entstehen". (Die Begriffsbestimmungen von Aufopferungen und Havarie-große-Beiträgen und -Kosten klammern wir hier für heute aus und behandeln diese später im besonderen.)

Eingangs ist erwähnt, daß sich der Kaufmann, als VN, aus „Kostengründen" für die „beschränkte Beschädigungs-Klausel" interessiert. Das ist richtig, wenn er seine Ware auf cif-Preis-Basis anbietet bzw. verkauft und Käufer keine speziellen Vorschriften hinsichtlich der Vers.-Bedingungen gemacht hat. Anders ist das Vers.-Interesse für den Import-Kaufmann zu beurteilen, der seine Produkte aus Übersee auf cif-Basis kauft und in Erfüllung des Kaufkontraktes vom Ablader eine Police erhält mit folgender F.P.A.-Klausel nach den *Institute Cargo Clauses* (= ICC), d.s. von der Institution der London Underwriters herausgegebene Standard-Klauseln, die in etwa der vorstehend beschriebenen deutschen „beschränkten Beschädigungs-Klausel" entspricht und den folgenden Wortlaut hat:

„**W**arranted *f*ree from **P**articular **A**verage unless the vessel or craft be stranded, sunk or burnt, but notwithstanding this warranty the Underwriters are to pay the insured value of any package or packages which may be totally lost in loading, transhipment or discharge, also for any loss of or damage to the interest insured which may reasonably be attributed to fire, explosion, collision or contact of the vessel and/or craft and/or conveyance with any external substance (ice included) other than water, or to discharge of cargo at a port of distress, also to pay special charges for landing warehousing and forwarding if incurred at an intermediate port of call or refuge, for which Underwriters would be liable under the standard form of English Marine Policy with the Institute Cargo Clauses (W.A.) attached.

This Clause shall operate during the whole period covered by the policy". (In freier Übersetzung siehe S. 71.)

(Die deutsche F.P.A.-Klausel ist übrigens auf englischen Ursprung zurückzuführen und wurde von dort Ende des 18. Jahrhunderts hier eingeführt.)

Wie leicht ersichtlich, sind durch eine solche F.P.A.-Deckung *viele Schadensmöglichkeiten nicht erfaßt*, die also voll zu Lasten des VN gehen, wie beispielsweise: Seewasserbeschädigung durch Schwerwetter-Schäden, Süß- und Regenwasserbeschädigung, Schaden durch Beiladung, Hakenriß, Bruch und/oder Zerreißen der Verpackung, Schiffsschweiß und -dunst, gewöhnlicher Diebstahl, Beraubung etc.

Aber nicht nur der VN hat unter gewissen Voraussetzungen aus Kostengründen an einer „eingeschränkten Beschädigungsklausel" ein Interesse, auch die Versicherer müssen, um „der besonderen Natur bestimmter Güter Rechnung tragen zu können", die Möglichkeit haben, vertragsmäßig *ihre Haftung zu beschränken.* So geben die Versicherer regelmäßig in folgenden Fällen nur Deckung aufgrund der „beschränkten Beschädigungsklausel" für:

unverpackte Güter,
insbesondere Schüttgüter – Bulkladung,
auf Deck verladene Güter,

Retourgut,
gebrauchte Maschinen und Möbel,
vorbeschädigte Güter etc.,
Tod von Tieren (§ 82 ADS).

Mit diesem Wissen aus obiger Darstellung sind Sie in bezug auf die kurze Formel:

„Frei von Beschädigung, außer im Strandungsfall" (§ 114 ADS)

oder noch kürzer, wie im Sprachgebrauch:

„Frei von B" oder international: „F.P.A."

fast schon ein „Experte", ein Sachverständiger. Beim nächsten Mal wollen wir dann „aus dem Vollen schöpfen", d.h. uns mit der Vers. zu „vollen Bedingungen" befassen.

Kapitel IX

KLAUSEL: „FREI VON BESCHÄDIGUNG WENN UNTER 3%" (§ 34 ADS) (gesprochen: „Frei von 3") ENGLISCH: „WITH PARTICULAR AVERAGE IF UNDER 3%" (W.A. 3%)

I. Teil: § 28 ADS – Umfang der Haftung im allgemeinen

Wir haben bereits gesehen, daß der V.rer grundsätzlich, d.h. wenn nichts anderes bestimmt ist, für eine Beschädigung nur „im Strandungsfall" haftet; soll der V.rer auch in anderen als nur im Strandungsfall für Beschädigungsschaden haften, muß die Klausel:

„Frei von Beschädigung, wenn unter 3%" (§ 34 ADS,
im Sprachgebrauch kurz: „Frei von 3")
englisch: „With particular average if under 3%"
oder kurz: „W.A. 3%"

vereinbart sein.

Ist die „Frei von 3"-Klausel dem Vertrag zu Grunde gelegt, richtet sich der Umfang der Haftung „im allgemeinen" nach § 28 ADS, der wie folgt lautet:
„Der Versicherer trägt, soweit nicht ein anderes bestimmt ist, alle Gefahren, denen das Schiff oder die Güter während der Dauer der Versicherung ausgesetzt sind. Er haftet insbesondere für einen Schaden, der durch Eindringen von Seewasser, Schiffszusammenstoß, Strandung, Schiffbruch, Brand, Explosion, Blitzschlag, Erdbeben, Eis oder durch Diebstahl, Seeraub, Plünderung oder andere Gewalttätigkeiten verursacht wird. Er haftet jedoch für einen Schaden nur in dem durch diese Bedingungen bestimmten Umfange, insbesondere nicht für die Belastung des versicherten Gegenstandes mit Schiffsgläubigerrechten oder für den Schaden, der durch eine Verzögerung der Reise verursacht wird."
Der einleitende Satz: „Der V.rer trägt . . . „alle Gefahren" – all risks – denen das Schiff oder die Güter während der Dauer der Vers. ausgesetzt sind", legt – wie von altersher bei Vers.-Verträgen üblich, zunächst nur grundsätzlich fest, daß der V.rer die „Gesamtheit der Transportgefahren" trägt, entscheidend und einschränkend aber heißt es im Zwischensatz: „soweit nicht ein anderes bestimmt ist". Wenn tatsächlich der V.rer jedmögliche, alle erdenklichen Schäden am vers. Gut während der Reise tragen sollte, könnte (so Ritter S. 464) „das Vers.-Gewerbe ebenso wenig bestehen, wie das Frachtgewerbe, insbesondere der Postbetrieb, nicht bei „unbeschränkter" Haftung bestehen könnte."
Nehmen wir also den § 28 ADS systematisch unter die Lupe, um zu erfahren, welche, wenn also nicht alle, Gefahren der V.rer tatsächlich nach der „frei von 3"-Klausel trägt.
Zunächst: Was versteht der V.rer unter „Gefahren"? Die Antwort des Juristen lautet: „Die Gefahr ist eine Situation, die in der Vorstellung oder nach der Erfahrung die „Möglichkeit von Schäden", hier Vers.-Schäden, in sich birgt" (Ritter S. 459 u. weiter).
„In diesem Sinne „trägt" der V.rer Gefahren, hat er sie mit seinem Vermögen verbunden", das „Risiko" also dem V.ten abgenommen.
Der V.rer übernimmt und trägt also grundsätzlich „alle Gefahr", aber doch nur alle Gefahren, die für Schiff und Ladung „mit der See-Schiffahrt" verbunden sind (nach § 1 ADS)."
Welche Schäden es sind, deren Möglichkeit der V.rer übernimmt und trägt und in welchem Umfange, muß der „Vers.-Vertrag" ergeben, insbesondere die Vers.-Bedingungen, also die ADS, die Zusatzbestimmungen (1947) und die „geschriebenen, besonderen" Bedingungen der Police, ferner das vertragsergänzende Gesetz. Deshalb: „Soweit nicht ein anderes bestimmt ist."
Durch eine solche Formulierung „soweit nicht ein anderes bestimmt ist" läßt das Gesetz regelmäßig erkennen, daß der Versicherer nach den ADS einzelne Gefahren nicht trägt, daß er u.U. die Gefahren nicht während der ganzen Dauer trägt und daß durch besondere

Vereinbarung weitere Gefahren ausgenommen sein können, die Vers. auch auf einzelne Gefahren beschränkt sein kann" (Ritter S. 485).

„Voraussetzung des Entschädigungs-Anspruches ist, daß sich das Gefahrenereignis während der Dauer der Vers. zugetragen hat. VN muß beweisen, daß das Gefahrereignis sich nicht vor und nicht nach der Vers., sondern eben (welches es auch gewesen sein mag) während der Vers. zugetragen hat" (Ritter S. 463).

Die zeitliche und örtliche Begrenzung der Versicherung wird regelmäßig durch die dem Vers.-Vertrag zugrundeliegende von Haus zu Haus-Klausel bestimmt (vgl. S. 34–36, vgl. aber auch S. 38 Abs. 8 „Nichtzahlung der Prämie nach Mahnung"). Ein Anderes gilt auch dann, wenn eine Vers. so genommen wurde, daß sie in einem vor Schließung des Vertrages liegenden Zeitpunkt beginnt (vgl. § 5 ADS, Seite 214).

In Satz 2 § 28 ADS sind „beispielsweise" eine Anzahl von Gefahrenereignissen aufgeführt, für die der Versicherer haftet, nämlich „insbesondere" für einen Schaden durch

a) Eindringen von Seewasser
b) Schiffszusammenstoß
c) Strandung
d) Brand, Explosion, Blitzschlag
e) Erdbeben
f) Eis
g) Diebstahl, Seeraub, Plünderung und andere Gewalttätigkeiten.

Hierzu Ritter (S. 486):

zu a) Eindringen von Seewasser:
Das Eindringen anderen Wassers (Schnee, Regen, Süßwasser sowie Hochwasser) ist ebenfalls ein Vers.-Schaden oder ein Gefahrereignis, für das Versicherer haftet.

zu b) Schiffszusammenstoß:
Kollision mit anderen Gegenständen zählt ebenfalls zu den versicherten Gefahrenereignissen.

zu c) Strandung:
Bei einer Vers., die sich auf „Güter" bezieht:
= Wenn das Schiff auf Grund stößt oder auf Grund festgerät.

zu d) Brand, Explosion, Blitzschlag:
Diese Gefahren sind besonders angeführt, weil sie Gefahrenereignisse der Feuer-Vers. sind. Versicherer haftet aber z.B. nicht, wenn Brand oder Explosion unmittelbare oder unvermeidliche Folge eines Kriegsereignisses ist (§ 35 ADS). Nichthaftung auch bei Selbstentzündung (§ 86).

zu e) Erdbeben:
Versicherer haftet insbesondere auch, wenn Brand und Explosion durch Erdbeben verursacht sind.

zu g) Diebstahl, Seeraub, Plünderung und andere Gewalttätigkeiten:
Das Diebstahl-Risiko ist also nach den ADS mitvers. Der Vers.-Vertrag (Police) ist in der Praxis regelmäßig gekoppelt mit den Zusatz-Bestimmungen (1947), die den ADS vorangehen. Klausel 3 der Zusatzbestimmungen beschränkt die Haftung des Versicherers für die Diebstahlsgefahr nur auf den „Strandungsfall" (§ 114 ADS) und Nothafen. Es muß also in jeder Einzelpolice ausdrücklich der Einschluß der Diebstahlgefahr erwähnt werden, wenn gewöhnlicher – d.h. nicht nur im Strandungsfall – Diebstahlschaden mitvers. gelten soll.

Die positiven Beispiele des § 28 ADS, in denen also die Haftung des Versicherers gegeben ist, können natürlich noch vielfach (nicht beliebig) erweitert werden, so u.a. für folgende Gefahrenereignisse:

h) Verschmutzung:
Wenn vers. Güter dadurch beschädigt werden, daß sie in ungenügend gereinigte Schiffsräume verladen werden.

i) Schäden durch Beiladung:
Wenn vers. Güter durch andere, in dem Schiff verladene Güter beschädigt werden.

Versicherer haftet weiter für folgende „mittelbare" Schäden in gleicher Weise wie nach der „beschränkten Beschädigungs-Klausel" bzw. § 113 Satz 2 ADS („frei von Beschädigung")

für Havarie-Beiträge (§ 29, 30 ADS)
für Aufwendungen (§ 32 1 u. 2 ADS)
für Kosten der Ermittlung und Feststellung des dem Versicherer zur Last fallenden Schadens, soweit ihre Aufwendungen den Umständen nach geboten waren (§ 32, 3 ADS) für Kosten der Umladung, einstweiligen Lagerung, Mehrkosten der Weiterbeförderung bei Anlaufen eines Nothafens (§ 95 ADS, vgl. S. 46).

Satz 3 § 28 ADS besagt: „Versicherer haftet jedoch für einen Schaden nur in dem durch diese Bedingungen (also ADS) beschränkten Umfange."
Der „Vers.-Vertrag" kann natürlich „etwas anderes bestimmen", insbesondere die Haftung des Versicherers über den in den ADS bestimmten Umfange erweitern; dann gilt eben der Vertrag.
Nach § 28 ADS haftet Versicherer nicht:

a) für die Belastung des versicherten Gegenstandes mit Schiffsgläubigerrechten,
b) für einen durch gerichtliche Verfügung oder ihre Vollstreckung (Arrestgefahr) entstandenen mittelbaren Schaden, insbesondere nicht für die Mannschaftsheuer, Unterhaltung der Mannschaft, Ersatz des Gewinns, welcher dem Reeder während der Zeit des Stilliegens infolge der Pfändung des Schiffes entgangen ist.
c) für Schaden, der durch eine Verzögerung der Reise verursacht wird.
Beispiel:
Holzöl in Ballasttanks von Brasilien kann im Bestimmungshafen Rotterdam nicht gelöscht werden, da die Pumpenleitung des Schiffes zum Landtank versagt. Andere Entlöschungsmöglichkeit fehlt, da über (Ballast-) Tank Erze für Finnland bestimmt, gestaut sind. Schiffsleitung entschließt sich, ohne Holzöl zu löschen, zunächst Erzfracht nach Finnland zu bringen, um dann nach Anlaufen weiterer Zwischenhäfen erst auf der Rückreise einen 2. Versuch zu machen, das Holzöl bestimmungsgemäß in Rotterdam zu entlöschen. Dieser 2. Versuch ist erfolgreich, nachdem zwischenzeitlich die Pumpenanlage des Schiffes überholt worden war. Das pumpfähige Holzöl kann schadenfrei in die Landtanks übernommen werden. Kein Schaden also an der Ware selbst (der Versicherer sagt: kein Substanzschaden). Aber VN hat durch die Verzögerung der Reise bis zur Entlöschung des versicherten Gutes dadurch erheblichen Schaden erlitten, daß Weltmarktpreis für Holzöl nach dem 1. Anlaufen in Rotterdam von DM 2,– auf 1,50 pro kg z.Z. der tatsächlichen Entlöschung gefallen war. Ein solcher „Verzögerungsschaden" ist gemeint, für den Versicherer nicht haftet.
d) „Versicherer trägt auch nicht die Gefahr des „rechtzeitigen Anschlusses" durch ein Transportmittel an das andere.

Soweit über die Haftung nach „Frei von 3" im allgemeinen und „soweit nicht ein anderes bestimmt ist". Diesem vorläufig für uns noch geheimnisumwitterten Nachsatz müssen wir nun weiter auf die Spur kommen.

Kapitel X

KLAUSEL: „FREI VON BESCHÄDIGUNG, WENN UNTER 3%"

II. Teil
(Haftung der Höhe nach)
Die „Franchise" nach
a) § 34 ADS – „Schaden von weniger als 3%"
b) § 117 ADS – „Frei von gewissen Prozenten"
c) § 118 ADS – „Frei von gewissen ‚ersten' Prozenten"

Nach dem § 28 ADS befassen wir uns nun mit denjenigen Bestimmungen der ADS, die den Umfang der Haftung des V.rers der Höhe nach festlegen, das sind

a) § 34 ADS – Schaden von weniger als 3%, der folgendes besagt:
   (1) Der Versicherer haftet nicht für einen Schaden, wenn dieser 3% des Versicherungswertes nicht erreicht.
   (2) Der Versicherer haftet für Beiträge zur großen Havarei und Aufopferungen auch dann, wenn diese 3% des Versicherungswerts nicht erreichen. Das Gleiche gilt von der Haftung für den durch einen Schiffszusammenstoß entstandenen mittelbaren Schaden und für die im § 32 Abs. 1 Nr. 1 und 2 und im § 95 Abs. 3 bezeichneten Aufwendungen. Schäden und Aufwendungen, für die der Versicherer hiernach unbeschränkt haftet, sowie die im § 32 Abs. 1 Nr. 3 bezeichneten Kosten kommen für die Berechnung der nach Absatz 1 maßgebenden Haftungsgrenze nicht in Betracht.
   (3) ... (nur auf die Schiffskasko-(Schiffsrumpf)-Vers. bezüglich.)

(Die folgenden Erklärungen zu § 34 fußen auf Kommentar Ritter, Seite 577/582, z.T. wörtlich zitiert.)

Zufolge vorstehender Bestimmungen des § 34 Abs. 1 wird der Versicherer für kleinere Schäden, sog. „Bagatellschäden", die weniger als 3% des Vers.-Wertes ausmachen, befreit, denn solche kleinen Schäden „lohnen die Mühe und Kosten nicht, die mit der Ermittlung und Feststellung des Schadens verbunden sind."

Im übrigen muß der Kaufmann, welcher Güter auf den Seetransport bringt, in jedem Falle mit derartigen Kleinschäden rechnen. Es ist deshalb schon lange Brauch, daß die Versicherer sich von Schäden, die 3% nicht übersteigen, frei zeichnen. Diese Bezeichnung „frei von 3" wird aber sehr häufig VON LAIEN MISSVERSTANDEN, nämlich dahingehend, daß von jedem Schaden 3 (oder x)% stets vom Versicherten selbst getragen werden müssen. So ist es nicht!

Der Versicherer haftet nicht, wenn der Schaden 3% des Vers.-Wertes (d.i. die sog. „Franchise" oder „Freigrenze") nicht erreicht ist. Wird diese „Franchise"/„Freigrenze" aber „erreicht" oder „überschritten", dann haftet der Versicherer ganz, d.h. „in voller Höhe" des Schadens.

Der Ausdruck „Franchise" ist also in der See-Vers. ein „kleiner" Schaden, der „nicht ersetzt" wird, warum die 3% nicht erreicht sind, ist ohne Bedeutung. – Der Versicherer spricht in dem Falle von einer

Integral-Franchise

nach § 34 ADS, abweichend von der im folgenden noch behandelten Abzugs-Franchise! Bei der Integral-Franchise müssen also 3% des Vers.-Wertes „erreicht" sein. Der Schaden braucht die 3% nicht zu übersteigen.

Bei der Berechnung der Franchise werden alle Schäden, die während der Vers.-Dauer ent-

standen sind, zusammen gerechnet. Versicherer haftet also, wenn 2% gestohlen und 2% durch Seewasser beschädigt sind.
Schäden, für die Versicherer nicht haftet, werden natürlich nicht mit gerechnet, so z.B. nicht Beschaffenheitsschäden. Wenn von „frei von 3%" versicherten Gütern 2% gestohlen sind, 2% (oder 20%) infolge ihrer natürlichen Beschaffenheit beschädigt oder zerstört werden, haftet Versicherer nicht, (u.z. deshalb nicht, weil nach § 86 ADS Versicherer für keinen Beschaffenheitsschaden haftet, was noch später darzulegen ist.)
Auch die „Schadenfeststellungskosten" kommen bei der Berechnung der Franchise nicht in Betracht. Versicherer ersetzt diese Kosten nur, wenn sie durch die Ermittlung und Feststellung des dem Versicherer „zur Last fallenden" Schadens entstehen. Er ersetzt sie also insbesondere nicht, wenn diese Kosten einen Schaden betreffen, der 3% des Vers.-Wertes nicht erreicht.
In § 34 Abs. 2 werden eine Reihe von Schäden und Aufwendungen und Kosten bezeichnet, für die Versicherer „auch dann" haftet, wenn diese 3% des Vers.-Wertes „nicht erreichen". Versicherer haftet also „uneingeschränkt", auch wenn der Schaden 3% des Vers.-Wertes nicht erreicht, wenn es sich handelt um:

1. Havarie-große-Beiträge,
2. Aufopferungen in bezug auf die Güter-Vers.,
3. Aufwendungen zur Abwendung oder Minderung des Schadens, die VN den Umständen nach für geboten halten durfte,
4. für gemachte Aufwendungen auf Weisung des Versicherers hin,
5. für Kosten der Umladung, Lagerung und Weiterbeförderung (§ 95 Abs. 3) für den Fall, daß nach dem Beginn der Vers. entweder die Güter infolge eines Unfalles, für den der Versicherer haftet mit einem anderen Schiff oder zu Lande befördert werden oder ohne Zustimmung des VN die Beförderung geändert oder die Reise des Schiffes aufgegeben ist. (Zu 1–5 zur vorläufigen Kenntnis. Wir werden uns später noch einzeln damit auseinandersetzen.)

Alle diese Schäden, für die Versicherer uneingeschränkt, also auch unter 3% haftet, kommen andererseits auch bei der Berechnung der Franchise nicht in Betracht.
Sind Güter und Gewinn „gemeinschaftlich" vers., so müssen die Vers.werte für die Berechnung der Franchise „auseinander gerechnet" werden. Beträgt der Gesamt-Vers.-Wert DM 99 000,– und der Schaden am vers. Gut DM 2 800,–, so haftet der V.rer da die Franchise nur vom Güterwert (d.s. DM 99 000,– ./. 10% imag. Gewinn, mithin „Güterwert" = DM 90 000,–) zu berechnen ist. Es müssen also 3% von DM 90 000,– „erreicht" oder „überschritten" sein: das wären also 3% von DM 90 000,– = DM 2 700,–, folglich ist ein Schaden von DM 2 800,– voll zu vergüten.
Anders ist die Franchise zu berechnen, wenn der Vers.-Wert (vgl. Kapitel IV) „abweichend von den ADS" vereinbart wird; beispielsweise, wenn die Güter vor ihrem Abgang versichert werden: nicht zum Abgangs-, sondern zum Ankunftswert. In solchen Fällen ist die Franchise vom Vers.-Wert plus Gewinn zu errechnen., im vorstehenden Beispiel also von DM 99 000,– 3% = Franchise DM 2 970,–. V.rer haftet bei DM 2 800,– Schaden danach nicht.
Ebenso wird „nicht auseinander gerechnet", wenn Güter und Mehrwert „gemeinschaftlich" versichert sind, also der Mehrwert in den Vers.-Wert der Güter eingerechnet ist, z.B. schwimmende Güter nicht zum Abgangswert, sondern zu dem inzwischen gestiegenen Wert (für Vergangenheit und Zukunft!) versichert sind. (vgl. S. 30 Mehrwert)
Auch das englische Recht kennt den Begriff der „Integral-Franchise". So enthält Lloyd's Policy ein common memorandum, in dem es heißt: „Corn, fish, salt, fruit, flour and seed are warrented free from average unless general, or the ship be stranded – sugar, tobacco, hemp, flax, hides and skins are warranted free from average, under five pounds per cent, and all other goods, also the ship and freight, are warranted ‚free from average under three pounds per cent', unless general, or the ship be stranded."

An dieser Stelle ist zur „eingeschränkten Beschädigungsklausel": „frei von B., außer im Strandungsfall (§ 114 ADS)" nachzutragen, daß die „Integral-Franchise" von 3% „auch im Strandungsfall" anzuwenden ist, da § 34 ADS von § 114 bzw. § 82 ADS nicht berührt wird. (Ritter S. 1007 u. 1039).
Neben der Klausel „frei von 3%" ist im See-Vers.-Verkehr auch die Klausel nach

b) § 117 ADS
„Frei von gewissen Prozenten"

gebräuchlich. In § 117 heißt es wörtlich:
„Die Bestimmungen des § 34 über die Haftung des Versicherers im Falle eines 3% des Vers.-Wertes nicht erreichenden Schadens finden entsprechende Anwendung." Es geht auch hier um eine INTEGRAL-FRANCHISE.
Eine solche Klausel findet bei Gütern, die für die Gefahr der Seeschiffahrt im „erhöhten" Maße anfällig sind, beispielsweise bei Tabak, Anwendung, der zur Bedingung „Frei von Beschädigung wenn unter 5%, jedes Kollo eine Taxe, einschl. Diebstahl, Schiffschweiß und -dunst" versichert werden kann. In solchen Fällen ist § 117 ADS in der Beschränkung nur anzuwenden auf den „Beschädigungsschaden" und daneben § 113 ADS.
Der V.rer haftet z.B. nach vorstehender Klausel, wenn 4% gestohlen werden.
Er haftet nicht, wenn 4% infolge einer „Beschädigung" verloren gehen, insbesondere in ihrer ursprünglichen Beschaffenheit zerstört werden.
Werden nur 2% gestohlen, so haftet der V.rer nach § 34 nicht, denn die Klausel „frei von 5% Beschädigung kann im allgemeinen nur dahin ausgelegt werden, daß § 34 geändert werden soll, *soweit die Haftung des Versicherers für den „Beschädigungsschaden" in Betracht kommt,* nicht, daß § 34 überhaupt durch die Klausel ersetzt werden soll. Diese Klausel soll besagen, daß der Versicherer gemäß § 82 Abs. 2 unter 2 für die „Beschädigung" auch in anderen als in Strandungsfällen haften soll.
Verlust, für den der Versicherer nur mit der gewöhnlichen Franchise des § 34 haftet, und „Beschädigung", für die der Versicherer nach der Klausel „frei von 5% Beschädigung" nicht haftet, werden nicht zusammengerechnet.
Deshalb sind 2% gestohlen, 4% beschädigt, so haftet der Versicherer überhaupt nicht. Sind 8% gestohlen und 4% beschädigt, so haftet der Versicherer nur für die 8%, nicht für 12%.
Anders, wenn „frei von 5% Beschädigung, „außer im Strandungsfall" versichert ist und die BESCHÄDIGUNG DURCH EINEN STRANDUNGSFALL verursacht ist. Sind 2% gestohlen und 4% beschädigt, so haftet der Versicherer für 6%, sind 8% gestohlen und 4% beschädigt, so haftet der V.rer für 12%.

Der Vers.-Verkehr kennt neben der INTEGRAL-FRANCHISE (§ 34 u. § 117 „frei von 3% oder „frei von gewissen Prozenten") weiter noch die sog.

c) Abzugs-Franchise
gemäß § 118 ADS
„Frei von gewissen ersten Prozenten"

§ 118 ADS hat folgenden Wortlaut:
„Der Versicherer haftet für einen Schaden nur, soweit dieser die im Vertrage ‚bestimmten Prozente' des Vers.-Werts ‚übersteigt'."
Diese Abzugs-Franchise wird insbesondere bei Flüssigkeiten bedungen, so z.B. Fischtran in Eisendrums: „einschl. Leckage, frei von dem „ersten" Prozent, jedes Faß eine Taxe" oder flüssiges Hühnereigelb in Holzfässern: „einschl. Leckage, frei von den ersten 3%, jedes Faß eine Taxe", aber auch in Verbindung mit der Klausel „frei von Beschädigung"

so z. B. bei Zement: „frei von den ersten 3% Beschädigung, ganze Abladung eine Taxe." Wird also die „Abzugs-Franchise" zur Policen-Bedingung gemacht, erkenntlich an dem Wort „ersten", so haftet der Versicherer nur für einen Schaden, wenn und insoweit der Schaden die im Vertrage bestimmten Prozente (1, 3, 5, 10%) des Vers.-Wertes übersteigt (wohlgemerkt nicht nur „erreicht" sind, wie § 34 für die Integral-Franchise vorschreibt.) Bis zur Höhe des vereinbarten Prozentsatzes (1, 3, 5, 10%) muß also der Versicherte den Schaden (immer) selbst tragen.

Beispiel: 1 Faß chin. Hühnereigelb versichert „einschl. Leckage, frei von den ersten 3%"

Abgangsbewicht netto	250	kg
Ankunftsgewicht netto	240	kg
Leckage	10	kg
Franchise 3% von 250 kg	7,5	kg
	2,5	kg zulasten der Versicherung

Wenn die Klausel „Frei von Beschädigung" mit § 118 verbunden ist, ist die Abzugsfranchise nur in der Beschränkung auf Beschädigungsfälle anzuwenden, daneben aber § 113, also genau wie ADS § 117.

Beispiel: Wenn die Klausel „frei von den ersten 10% Beschädigung" vereinbart ist und 15% gestohlen werden, ersetzt der Versicherer 15%, wenn 15% infolge einer Beschädigung verloren gehen, insbesondere in ihrer ursprünglichen Beschaffenheit zerstört sind, haftet der Versicherer nur für 5%.
Verlust, für den der Versicherer haftet und Beschädigung, für die der Versicherer nicht haftet, werden nicht zusammengerechnet (wie § 117 ADS, Seite 56).

Beispiel: Wenn die Klausel „frei von den ersten 10% Beschädigung" vereinbart ist, 8% gestohlen und 7% beschädigt werden, haftet der Versicherer nur für die 8%, nicht für 15% ./. 10% = 5% Beschädigung.

Stellen wir für heute noch einmal die beiden Begriffe:
Integral-Franchise und Abzugs-Franchise
gegenüber; sie unterscheiden sich wie folgt:
bei der a) Integral-Franchise (§ 34, 117 ADS) haftet V.rer voll, wenn 3% oder x% des Vers.-Wertes „erreicht" oder überschritten sind, unter 3% oder x% (wie im Vers.-Vertrag näher bestimmt) gar nicht, bei der
b) Abzugs-Franchise haftet der V.rer, wenn und insoweit der Schaden die bedungenen (1, 3, 5 oder x) Prozente des Vers.-Wertes übersteigt, bis zur Höhe der vereinbarten Prozente trägt VN den Schaden selbst.
Auch das engl. Vers.recht kennt den Begriff – Integral- wie Abzugsfranchise, z. B. „Warranted free from average under five pounds per cent" oder „. . . in excess of 3% over the whole."
Nunmehr wissen wir auch – neben der Haftung im allgemeinen –, was es bei der Klausel „Frei von 3" mit den 3 oder x Prozenten auf sich hat und daß wir zwischen Integral- und Abzugs-Franchise – diese erkenntlich an dem Wort „ersten" – zu unterscheiden haben. Damit ist aber erst eine Teilstrecke dessen zurückgelegt, um volle Klarheit zu gewinnen, was es heißt: „soweit nicht ein anderes bestimmt ist." Wir müssen also auf dem Gebiet der „Frei von 3"-Klausel noch weiter vorstoßen.

Kapitel XI

KLAUSEL: „FREI VON BESCHÄDIGUNG, WENN UNTER 3%" (§ 34 ADS) JEDES KOLLO EINE TAXE (III. TEIL)

§ 7 ADS – Besondere Taxe

Die im vorhergehenden Abschnitt X behandelten Franchise-Klauseln, also
1. „Schaden von weniger als 3% § 34 – Integral-Franchise
2. „Frei von gewissen Prozenten" § 117 – Integral-Franchise
3. „Frei von gewissen ersten Prozenten" § 118 – Abzugs-Franchise
sind regelmäßig gekoppelt mit einer „besonderen Taxe".
Beispielsweise und die gebräuchlichste:

„Jedes Kollo eine Taxe"

wobei Kollo = Kiste, Sack, Ballen, Faß, Postpaket usw. bedeuten kann. Kollotaxe (kurz für: jedes Kollo eine Taxe) ist in der Regel auch die für den VN günstigste Bedingung, denn, wie nachfolgende Beispiele zeigen, ist die Aussicht, die Franchise – Freigrenze – (Integral- bzw. eingeschränkte Abzugs-Franchise) pro Kollo zu erreichen, weitaus größer (und damit die Aussicht, die Entschädigungsleistung der Police auszulösen), als wenn beispielsweise die Bedingung „Frei von 3%, ganze Abladung eine Taxe" lautet.
Die vereinbarte Franchise (Integral- oder Abzugs-Franchise) und die besondere Taxe sind deshalb auch mitbestimmende Faktoren bei der Bemessung der zu zahlenden Prämienrate.
Franchise und „besondere Taxe" geben weiterhin dem Versicherer die Möglichkeit „in Ansehung besonderer Güter" und „besonderer Gefahren" (Leckage, Bruch etc.) seine Haftung zu begrenzen!
Stellen wir aber noch erst die maßgeblichen Bestimmungen der ADS voran, das ist

§ 7 ADS- „Besondere Taxe"

(1) „Wenn bei der Versicherung mehrerer Gegenstände im Vertrage nur eine Versicherungssumme bestimmt ist, aber einzelne Gegenstände besonders taxiert sind, so gelten diese Gegenstände zugunsten des Versicherungsnehmers als „besonders" versichert. Dies gilt insbesondere dann, wenn einzelne Teile eines gleichartigen Gutes besonders taxiert sind (Serien).
(2) Die Bestimmung des Absatzes 1 findet keine Anwendung, wenn nicht festzustellen ist, welche Güter zu einer Serie gehören.
(3) Die Bestimmung des Absatzes 1 findet auch dann keine Anwendung, wenn die Serien durch die bei ordnungsgemäßer Löschung der Güter sich ergebende Reihenfolge bestimmt werden sollen, die Reihenfolge jedoch nicht bei oder sofort nach der Löschung durch Bezeichnung der Güter mit Landungsnummern oder in ähnlicher Weise festgestellt wird. Die Serien sind durch die bei der Löschung sich ergebende Reihenfolge nur dann zu bestimmen, wenn es besonders vereinbart ist."

Wir haben bisher das Wort TAXE kennengelernt (nach IV, Seite 28) als Vers.-Wert, festgesetzt aufgrund „gegenseitiger Vereinbarung". Unter dem Begriff „besondere Taxe" ist ebenfalls der Vers.-Wert zu verstehen, den „gleichartige" oder „verschiedene" Güter, für die insgesamt eine Vers.-Summe bestimmt ist, „im einzelnen haben", also pro Kollo, pro Sack, pro Serie von 10 Sack, je 100 Häute eine Taxe usw., wie es die betreffende Klausel in der Einzelpolice bestimmt. Wenn 100 Kisten Tee mit DM 30 000,– vers. sind und „Kollotaxe" vereinbart ist, beträgt die „besondere Taxe" also DM 300,– pro Kiste. Die nun folgenden Beispiele machen die „Wechselwirkung", die zwischen der jeweils bedungenen Franchise (Integral- oder Abzugs-Franchise) und der „besonderen Taxe" besteht, deutlich und wie dadurch die „Höhe des Vers.-Schadens" maßgeblich beeinflußt wird!

Beispiel 1: „Frei von Beschädigung, wenn unter 3% (Integral-Franchise) jedes Kollo (Sack) eine Taxe".
100 Sack Kaffee versichert mit DM 6 000,–
besondere Taxe mithin: DM 6 000,–: 100 = DM 60,– pro Sack
Franchise 3% = DM 1,80 pro Sack
Nur wenn die festgestellte Beschädigung bzw. Diebstahlschaden (oder beides zusammen) unter DM 1,80 pro Sack bleibt, ist Versicherer frei (Bagatellschaden). Wird aber der Betrag von DM 1,80 pro Sack im Schadensfall erreicht oder überschritten, haftet der Versicherer für den ganzen Schaden:
1 Sack nässebeschädigt mit 6% ist demnach zu ersetzen mit 6% von besonderer Taxe = DM 60,– mithin DM 3,60.

Beispiel 2: „Frei von den ersten 3%, Leckage (Abzugs-Franchise) jedes Faß eine Taxe"
5 Fässer a 250 kg netto flüssiges Hühnereigelb vers. mit DM 5 000,–, besondere Taxe mithin DM 5 000 : 5 = DM 1 000,– pro Faß.
Festgestelltes Ankunftsgewicht:
Faß Nr. 1 200 kg netto
Faß Nr. 5 225 kg netto

Schadenberechnung:

Faß Nr. 1 Abgangsgewicht:		250 kg netto	
Ankunftsgewicht:		200 kg netto	
Leckage	=	50 kg	
Abzugs-Franchise 3% auf netto 250 kg	=	7,5 kg	
zulasten der Versicherung	=	42,5 kg	42,5 kg
Faß Nr. 5 Abgangsgewicht		250 kg	
Ankunftsgewicht		225 kg	
Leckage		25 kg	
Abzugs-Franchise 3% auf netto 250 kg		7,5 kg	
zulasten der Vers.		17,5 kg	17,5 kg

Leckage insgesamt: 75 kg
Abzugs-Franchise: 15 kg, zulasten der Versicherung: . . . . 60,– kg

Nachdem der zu Lasten der Versicherung gehende Leckageschaden nach Abzug der Franchise mit 60 kg feststeht, kann der Entschädigungsbetrag anteilig der Gesamt-Vers.-Summe wie folgt errechnet werden:

$$\frac{\text{5 000 (Gesamt-Vers.-Su.)} \times \text{60 kg (Leckage)}}{\text{1 250 kg netto (Gesamt-Ablade-Gewicht)}} = \text{DM 240,– Leckage zulasten der Police}$$

Beispiel 3: „Frei von dem ersten Prozent Leckage, jedes Faß eine Taxe"
1 Eisenfaß (drum) Fischöl = 200 kg netto

Abgangsgewicht		brutto 220 kg
Ankunftsgewicht		brutto 150 kg
Leckage.		70 kg
Abzugs-Franchise 1% von netto 200 kg	./.	2 kg
mithin zulasten der Vers. Leckage von		68 kg

die anteilig des Vers.-Wertes zu erstatten sind.

Beispiel 4:

„Frei von dem ersten ½% Leckage, (Abzugs-Franchise) jeder Tank eine Taxe"
100 tons Holzöl versichert mit 100 000,– verladen in 2 Tanks a 50 tons.

Tank A: Ankunftsgewicht 49 000 kg
Tank B: dto. 49 750 kg
mithin zulasten der Versicherung:

Schaden Tank A:	Abgangsgew.	50 000 kg
	Ankunftsgew.	49 000 kg
	Fehlmenge	1 000 kg
Franchise ½% auf 50 000,–		250 kg
mithin zu ersetzen		750 kg

anteilig vers. $\frac{\text{DM } 50\,000 \times 750 \text{ kg}}{50\,000 \text{ kg}}$ = DM 750,–

Das fehlende Ankunftsgewicht von 250 kg aus Tank B erreicht zwar die Abzugs-Franchise von ½% pro Tank, ohne sie aber zu überschreiten. Ein versicherter Verlust liegt demnach nicht vor, weil Versicherer erst für denjenigen Schaden haftet, der sich im vorliegenden Beispiel nach Abzug der „ersten" 250 kg (das ist ½% von 50 000,– kg Inhalt von Tank B) ergibt.

Beispiel 5:

„Frei von Beschädigung, wenn unter 5% (Integral-Franchise) ganze Abladung eine Taxe".
10 000 Sack Zement versichert mit 50 000,– DM
Bei dieser Kondition haftet Versicherer erst bei einem Beschädigungsschaden, wenn dieser mindestens DM 2 500,– (5% von DM 50 000,–) erreicht (oder überschreitet), dann in voller Höhe. Schäden unter DM 2 500,– wären nicht erstattungspflichtig bei dieser Abladung Zement. (Diebstahl – wenn mitversichert – ausgenommen nach § 34 ADS.)

Beispiel 6:

„Frei von Beschädigung, wenn unter 3% (Integral-Franchise) je 10 Sack eine Taxe (eine Serie)"
100 Ballen Tabak in Serien a 10 Ballen, Gesamttaxe DM 60 000,– besondere Taxe für 10 Ballen = 1 Serie mithin DM 6 000,–
Festgestellter Schaden:

a) 5 Serien je 10% Beschädigung = DM 600,–	
Schaden (Franchise beträgt 3% je Serie = DM 180,–)	
mithin voll zu ersetzen 5 × 600 =	DM 3 000,–
b) 2 Serien je 5% Beschädigung = DM 300,–	
Franchise wie a) = DM 180,–	
mithin voll zu ersetzen 2 × 300 =	DM 600,–
c) 3 Serien je 2% Beschädigung = DM 120,–	
(Franchise wie oben = DM 180,–	
Schaden von 3 × 120 =	(DM 360,–)
bleibt *unter* Franchise	
	DM 3 600,–
tatsächlicher Schaden:	(DM 3 960,–)

Bleiben unter Zugrundelegung der besonderen Taxe gewisse Teile des Schadens unter Franchise, während andere Teile des Schadens die Franchise überschreiten, hat VN zu prüfen, ob er in dem

Falle nicht günstiger abschneidet, wenn er die Errechnung der Franchise „über die ganze Abladung" vornimmt, anstelle der besonderen Taxe.

In dem hier angeführten Beispiel 6 wird VN „darauf verzichten", den Schaden aufgrund der „besonderen Taxe" zu errechnen (da sonst der Schaden unter c) = 3 Serien mit einer Beschädigung von je DM 120,– unter Franchise blieb, also nicht zu ersetzen wäre), denn nach § 7 Abs. 1 hat VN – nicht der Versicherer – die Wahl, auch die Gesamt-Taxe der Schadensberechnung zugrundezulegen, wenn dieses „zu seinen Gunsten" ist, wie dieses Beispiel 6 zeigt, nämlich:

die Franchise von 3% über die Gesamt-Taxe von DM 60 000,–

beträgt	DM 1 800,–
tatsächlicher Schaden a, b u. c wie umstehend	DM 3 960,–
mithin zu Gunsten des VN voll zu ersetzen	DM 3 960,–

In bezug auf die Taxen-Einteilung ist auch die Leichter-Klausel Nr. 16 der Zusatz-Bestimmungen 1947 (vgl. Seite 264) zu beachten, in der festgelegt ist, daß bei Benutzung von Leichterfahrzeugen die in ein Leichterfahrzeug verladenen Güter zugunsten des VN jeweils als besonders vers. gelten.

Es ist noch die Frage zu klären, in welcher Weise die Serien bestimmt werden müssen. Dies geschieht durch Markierungen der einzelnen Kolli mit Original-Nummern, Original-Abzeichen, Fakturen-Nummern oder dergl.

„Läßt sich nicht mehr feststellen, welche Güter zu einer Serie gehören, so können die Güter nicht mehr „als besonders versichert" gelten. Aus welchem Grunde es sich nicht feststellen läßt, ist ohne Bedeutung.

Die Güter müssen ordnungsgemäß gelöscht werden, d.h. so wie es, ohne Rücksicht auf die Versicherung, bei gehöriger Erfüllung eines Fracht-Vertrages üblich ist. (Es ist also nicht zulässig, „beschädigte" Säcke aus einer Gesamt-Partie zu einer Serie zusammenzustellen und die „gesunde" Partie zu weiteren Serien.)

Falls keine Original-Markierungen die Serien bestimmen, muß eine „besondere Vereinbarung" mit dem Versicherer getroffen werden, wenn die Serien nach der bei der „Löschung" sich ergebenden „Reihenfolge" gelten soll. Die Reihenfolge und damit die Serien müssen bei oder sofort nach Entlöschung durch Bezeichnung der Güter mit Landungs-Nummern oder in anderer ähnlicher Weise festgestellt werden. Bei der Feststellung braucht der Versicherer nicht hinzugezogen werden. Die Kosten der Serienbestimmung fallen nicht dem Versicherer zur Last, sie gehören insbesondere nicht zu den Schadenfeststellungskosten (des § 32 ADS).

Fassen wir noch einmal zusammen:

Bis hierher haben wir zum Begriff „Frei von 3" – „WPA 3%" – folgende Mosaiksteine zusammengetragen:

1. Haftung im allgemeinen nach § 28 ADS
2. die (Integral- u. Abzugs-) Franchisen nach den §§ 34, 117, 118 ADS
3. die „besondere Taxe" nach § 7 ADS

Aber auch damit ist der Gesamt-Komplex dieser Klausel noch nicht vollständig umrissen. Es sind da noch eine Reihe von Gefahren – der Seeschiffahrt –, für die der Versicherer nicht haftet, obwohl er grundsätzlich „alle Gefahren" „all risks" trägt, weil in § 86 ADS „etwas anderes bestimmt" ist. Dieser § 86 ADS, bei dem es hauptsächlich um die „natürliche Beschaffenheit der Güter" geht, wird im nächsten Abschnitt (XII) unsere Aufmerksamkeit haben.

Kapitel XII

KLAUSEL: „FREI VON BESCHÄDIGUNG, WENN UNTER 3%" (§ 34 ADS)
IV. Teil
- § 86 ADS -

(Nicht versicherte Gefahren, insbesondere *Beschaffenheits*-Schäden und Einschluß von *Sonder-Gefahren.*)

Wir knuspern also heute noch weiter an dem inhaltsträchtigen Zwischensatz des § 28 ADS herum: „soweit nicht ein anderes bestimmt ist" und stoßen dabei auf den Spuren der ADS wandelnd, auf den § 86 ADS, der in recht einschneidender Weise „ein anderes" bestimmt, nämlich, was nicht unter den Begriff „alle Gefahren" fällt. Aber kaum hat – wie der Wolf in der Fabel – der § 86 ADS ein großes Stück aus dem: „V.rer trägt alle Gefahren" herausgerissen, bieten sich, wie kleine hilfreiche Geister, aber durchaus realer Natur, wenn auch nur gegen „Extra-Bezahlung" (= Zulage-Prämie) eine Reihe von Zusatz-Klauseln an, die dann zusammen mit der Haupt-Klausel: „Frei von Beschädigung, wenn unter 3%, jedes Kollo eine Taxe" einen nahezu lückenlosen Vers.-Schutz garantieren, soweit es die V.rer gegen bestimmbare Prämien wirtschaftlich verkraften können. (Hierzu muß man wissen, daß in keinem Vers.-Sektor Verlustergebnisse der V.rer so häufig sind wie in der See-Versicherung.)
Die nachfolgenden, einschränkenden Bestimmungen des § 86 ADS sollen für die V.rer hinsichtlich der Gefahrtragung für die *verschiedenartigsten* Güter gleiche Voraussetzungen, eine gemeinsame Plattform schaffen, u.z. dadurch, daß „bestimmte" Gefahren, für die „bestimmte" Güter „besonders anfällig" sind – (z.B. Glasbecher oder Lampenzylinder gegen Bruchschäden) nur dann und insoweit mitversichert gelten, wenn der „Einschluß der Sondergefahr" mit dem V.rer und gegen „Prämienzulage" besonders vereinbart ist!
Nach dieser „Wahrschau" – so sagen wir hier an der Küste für „Warnung" – nach dieser „Vorwarnung" gehen wir nun an den

§ 86 ADS

heran, der überschrieben ist:

"Natürliche Beschaffenheit der Güter"

(doch gibt diese „Überschrift" – wie wir sehen werden – nicht den ganzen Inhalt des Paragraphen wieder) und der folgenden Wortlaut hat:

(1) Der Versicherer haftet nicht für einen Schaden, der durch die natürliche Beschaffenheit der Güter, namentlich durch
inneren Verderb,
Schwinden,
Rost,
Schimmel,
gewöhnliche Leckage,
gewöhnlicher Bruch,
Selbstentzündung sowie durch
mangelhafte Verpackung der Güter
oder durch Schiffsdunst,
Ratten oder Mäuse
verursacht wird.

Als „gewöhnliche" Leckage gilt bei flüssigen Gütern in Metallflaschen ein Verlust bis 3%, bei anderen flüssigen Gütern ein Verlust bis 5%.
(2) Für einen Schaden, der durch „außergewöhnliche" Leckage der Güter verursacht wird, haftet der Versicherer, auch wenn er sonst noch „in anderen" Fällen haftet, „nur im Falle einer Strandung". Das gleiche gilt von einer Beschädigung flüssiger Güter sowie von einer „Beschädigung der Ausstattung oder Verpackung" solcher Güter. Die Bestimmungen des § 114 Abs. 1 und 3 über die Haftung des Versicherers im Strandungsfalle finden entsprechende Anwendung; jedoch ist es als eine Strandung auch anzusehen, wenn infolge eines dem V.rer zur Last fallenden Unfalls das „Schiff einen Nothafen anläuft" und die Güter „ausgeladen werden".
Hierzu Ritter auf Seite 1029–1040 auszugsweise:
„Der Versicherer haftet nicht für einen Schaden, der durch die „natürliche Beschaffenheit" der Güter verursacht wird; das ist im wesentlichen, was in der englischen *I*nstitute *C*argo *C*lause „All Risks" mit „inherent vice or nature of the subject-matter insured" bezeichnet ist, der gewöhnliche Schaden, den „gewisse Güter in dem „regelmäßigen" Verlauf der Dinge vermöge ihrer natürlichen Beschaffenheit erleiden", aber auch der außergewöhnliche Schaden, der aus der besonderen natürlichen Beschaffenheit entsteht. Jede durch Zeit-, Ortsveränderung, Verpackungsart, Erschütterung verursachte Verschlechterung oder Verminderung der Güter, die auch ohne den Transport entstanden wäre oder die „notwendige" Folge eines Transportes wie des versicherten ist.
„Der Versicherer haftet also z.B. nicht, wenn im gewöhnlichen Lauf der Dinge Früchte verderben, Eisen Rost ansetzt usw. Er haftet insbesondere nicht, wenn die Reise durch ein Gefahrereignis „verzögert" wird und die Folge hiervon „Beschaffenheitsschaden" ist. Versicherer haftet z.B. nicht, wenn das versicherte Fleisch infolge von Reiseverzögerung verfault und über Bord geworfen werden muß. Oder wenn das Schiff auf Grund gerät und nach 6 Tagen freikommt, die Reise infolgedessen erheblich verzögert wird, der versicherte Mais sich infolge hiervon erhitzt und beschädigt wird.
Oder wenn die versicherten Frischheringe verderben, weil das Schiff im Eise stecken bleibt oder wegen des Eises einen Nothafen anlaufen muß und infolge hiervon die Reise verzögert wird."
Die vorstehend aufgeführten Beispiele zeigen, daß für „Beschaffenheitsschaden" auch im „Zusammenwirken mit einem vers. Gefahrereignis" (beispielsweise „Strandungsfall oder Anlaufen von Nothafen") der V.rer nicht haftet. Er würde haften, wenn § 86 bestimmte, daß der V.rer für den Schaden nicht haftet, der „nur" durch die natürliche Beschaffenheit verursacht ist. Aber diese besondere „Kausalitätsregel" (= Verbindung von Ursache und Wirkung) fehlt in § 86. –
Dabei ist jedoch folgendes zu berücksichtigen: als ursächlich, aktiv mitwirkendes Ereignis kann die natürliche Beschaffenheit nicht angesehen werden, wenn sie nur als „Object", nur als die „Fähigkeit" der Güter, beschädigt oder zerstört zu werden, in Betracht kommt; wenn etwa Porzellanwaren aus der Schlinge fallen, in den Raum stürzen und zerbrechen. Hier hat die natürliche Beschaffenheit der Porzellanwaren nicht zur Entstehung des Schadens mitgewirkt, den Schaden nicht verursacht. Niemand wird solchen Schaden auf die „natürliche Beschaffenheit" der Güter als „Ursache" zurückführen. Ebenso ist der Schaden nicht durch die „natürliche Beschaffenheit" der Güter verursacht, wenn der Sturm die Luken einschlägt, Wasser eindringt und die vers. Schmelzgüter (z.B. Salze) schmelzen oder wenn der vers. Tabak durch Seewasser benäßt und infolge hiervon durch „Fermentation" (sog. Tabakbrand) beschädigt wird.
Befassen wir uns nunmehr der Reihe nach mit den aufgeführten Beispielsfällen von Schaden aus der natürlichen Beschaffenheit der Güter, für die der V.rer nach § 86 ADS nicht haftet. Die Ausschlüsse nach § 86 bedeuten jedoch nicht, daß der VN bei Gütern, die für „gewisse" Gefahren „besonders anfällig" sind, auf Vers.-Schutz verzichten muß, wie beispielsweise bei Flüssigkeiten gegen die Gefahr des Auslaufens, der „Leckage", oder bei

Glas- und Porzellanwaren gegen die gewöhnliche Bruchgefahr, bei Baumwolle, Fischmehl auf die Gefahr der „Selbstentzündung" usw. Der Einschluß der gemeinten – sonst nach § 86 ADS ausgeschlossenen – Risiken muß aber besonders beantragt und in der Police (Zertifikat) durch entsprechende *Zusatzklauseln* dokumentiert sein. Hierfür also, d.h. für eine Haftung über § 86 ADS hinaus, ist dann vom VN eine „Zulageprämie" zu entrichten. Wir stellen deshalb im folgenden den jeweiligen Gefahren, die § 86 ausschließt, die Möglichkeit gegenüber, die durch „besondere Vereinbarung" mit dem V.rer und gegen Prämienzulage das betreffende Risiko dennoch unter Vers.-Schutz bringt.

1a) Innerer Verderb

Z.B. daß Weine versäuern, daß Äpfel und Birnen verderben, das Erfrieren von Eiern, Kartoffeln, Südfrüchten, das Ranzigwerden von Fetten.

Verderbeschäden bedingt vers.bar.

Frischfleisch in Schiffen mit maschinellen Kühlanlagen kann beispielsweise nach einer der 5 Kühlklauseln vers. werden, die unter gewissen Voraussetzungen das Verderb- und Beschädigungs-Risiko mit oder ohne Diebstahl einschließt.
Auch Zitrusfrüchte sind für Verschiffung im Kühlraum bzw. in Räumen, deren Temperatur durch Kühlmaschinen reguliert werden können, gegen Beschädigung und/oder Verderb der Güter nach einer besonderen Kühlklausel versicherbar.
Selbst so empfindliche Güter wie Saatkartoffeln sind – mit einer größeren Abzugs-Franchise (vgl. S. 56/57) – gegen Frost- und Verderb-Schäden an der Hamburger Börse versichert worden, die Schäden hiergegen haben die Millionen-Grenze erreicht!

1b) Gewöhnliche Gewichts- oder auch Substanzverminderung (Manko)

Bei Getreide, Ölfrüchten, Flüssigkeiten usw. durch Austrocknung, Verstreuung (bei Schwefel in loser Schüttung).
Der „gewöhnliche Schwund" einer Ware, der also auf Grund innerer Beschaffenheit der Güter regelmäßig eintreten wird, ist nicht versicherbar, es sei denn, daß V.rer und VN sich bei bestimmten Gütern über die „erfahrungsgemäße" Höhe des natürlichen Schwundes verständigen und sich beispielsweise auf folgende Bedingung einigen: „Frei von Beschädigung, wenn unter 3%, einschl. Diebstahl und/oder Gewichtsverlust, frei von dem ersten Prozent, ganze Abladung eine Taxe".

1c) Rost, Schimmel
Kleine Rost-Klausel (10 der Zus.best. 1947)

Z.B. Rost bei Eisenwaren, Blechen, Maschinen etc.
VN ist daran interessiert, daß Rost- und Oxidations-Schäden, mit denen er im Verlaufe eines Seetransportes zu rechnen hat, mit unter Vers.-Schutz fallen.
Eine entsprechende Erweiterung wird dem VN nach Klausel 10 der Zusatz-Bestimmungen 1947 (vgl. Seite 263) durch die sogenannte

„kleine Rost-Klausel"

gewährt gegen Prämienzulage, die besagt, daß Versicherer im Strandungsfalle (§ 114) und laut Nothafen-Klausel auch für eine durch Rost und Oxidation verursachte Beschädigung haftet. –
Haftet der V.rer auch in anderen Fällen als „im Strandungsfall", so gelten auch Schäden durch Rost oder Oxidation verursacht durch:

Seewasser,
Süßwasser,

Beiladung
oder Beschädigung der äußeren Verpackung
versichert.

Große Rost-Klausel

Für die Regulierung von Rostschäden reicht in manchen Fällen aber die „kleine Rostklausel" nicht aus, wenn strittig bleibt, ob eine der vorgenannten Ursachen die Rostbeschädigung herbeigeführt hat. Schon rein örtliche und zeitliche Verhältnisse können durch atmosphärische Einflüsse Rostbeschädigungen verursachen. Um jede Möglichkeit für Rost- oder Oxidationsschäden unter Vers.-Schutz zu bringen, gibt es im Vers.-Verkehr die

„Große Rost-Klausel"

mit erhöhter Prämienzulage, die wie folgt lautet:

„Einschl. Rost und/oder Oxidation,
gleichviel aus welcher Ursache"
(incl. rust and/or oxydation howsoever caused).

1d) gewöhnliche Leckage

Gewöhnliche Leckage ist gewöhnlicher Leckverlust (keine Beschädigung!), der Verlust, den die Güter gewöhnlich erleiden, der entweder immer entsteht, zum mindesten wahrscheinlich ist. Als gewöhnliche Leckage wird bestimmungsgemäß angesehen:

ein Verlust bei flüssigen Gütern in Metallflaschen bis 3%,
ein Verlust bei anderen flüssigen Gütern bis zu 5%.

Den „Metallflaschen" stehen „Metallfässer" (drums) nicht gleich. Gewöhnliche Leckage ersetzt der V.rer nach § 86 nicht.

„Außergewöhnliche" Leckage – § 86 (2)

Dagegen haftet – ebenfalls nach § 86 unter (2) – der V.rer für „außergewöhnliche" Leckage, d.h. der V.rer haftet nur, wenn die außergewöhnliche Leckage die unmittelbare oder unvermeidliche Folge des Strandungsfalles ist. Die Bestimmung des § 114 ADS Abs. 1 finden entsprechende Anwendung. (Vgl. Abschnitt VIII.) Jedoch soll es hier auch als Strandungsfall angesehen werden, wenn infolge eines dem V.rer zur Last fallenden Unfalles das Schiff einen „Nothafen" anläuft und die Güter ausgeladen werden. „Außergewöhnliche" Leckage ist derjenige Teil, der

3% Verlust bei Metallflaschen und
5% bei anderen flüssigen Gütern

übersteigt.

Für solche „außergewöhnliche" Leckage wird im Strandungsfall, oder was ihm gleichsteht, „nur der tatsächlich festgestellte Verlust weniger 3% bzw. 5% vergütet, vorausgesetzt, daß der Rest 3% des Vers.wertes erreicht (denn die Integral-Franchise nach § 34 wird durch §§ 114 bzw. 82 ADS nicht berührt).

Dagegen wird die gewöhnliche Leckage nach den ADS wirklich „niemals" ersetzt, es sei denn, daß sich (wie oft im Falle des TOTALVERLUSTES) nicht beweisen läßt, daß die Güter geleckt haben".

Von der Seite des VN gesehen ist der Vers.-Schutz für Leckageschäden nach § 86 ADS unzureichend, denn erfahrungsgemäß liegt die „gewöhnliche" Leckage bei Flüssigkeiten

a) in Holzfässern bei 3%,
b) in Eisenfässern (drums) bei 1%,
c) bei Schiffs-Tanks bei ½% usw.

Dementsprechend wird bei Flüssigkeiten in bezug auf die gewöhnliche Leckage (ordinary leakage) regelmäßig folgende besondere Vereinbarung gegen Prämienzulage getroffen:

zu a) „einschl. Leckage, frei von den ersten 3%, Kollotaxe"
zu b) „einschl. Leckage, frei von dem ersten Prozent, Kollotaxe"
zu c) „einschl. Leckage, frei von dem ersten ½%, jeder Tank eine Taxe"

Andere flüssige Güter, wie beispielsweise Honig in Blechkanistern und Kisten, werden ebenfalls durch besondere Policen-Bestimmungen einschl. gewöhnlicher Leckage und regelmäßig ohne Abzugs-Franchise versichert, also:

„Frei von Beschädigung, wenn unter 3% (§ 34) einschl. gewöhnlicher Leckage, Kollotaxe."

Nach den vorstehenden Zusatz-Klauseln für Leckageschaden entfallen also – gegen Prämienzulage – die Bestimmungen nach § 86. Ist eine der vorstehenden Zusatz-Klauseln vereinbart, fällt jeder Leckageverlust über die ersten 3 oder das erste oder x Prozent hinaus unter Vers.-Schutz, u.z. auch in anderen als in Strandungsfällen. Bei der vorstehend für Honig in Blechkanistern angegebenen Klausel ist jeder Leckverlust durch Vers. zu ersetzen, wenn er 3% erreicht oder mehr beträgt (Integral-Franchise, Seite 59, Beispiel 1).

Beispiel a)

Für Honig in Blechkanistern und Kisten:
Bedingungen wie vorstehend „einschl. gewöhnlicher Leckage".

1 Kanister netto	50 kg
Netto-Ankunftsgewicht	49 kg
Leckage.	1 kg = 2%

Schaden wird nach § 34 nicht erstattet (Bagatellschaden), da unter 3%.

Beispiel b)

Leckverlust wie vorstehend: angenommen 5 kg. Zu ersetzen sind die vollen 5 kg, da 3% erreicht bzw. überschritten sind, bezogen auf die Kollotaxe.

Es ist also der Einschluß von Leckageschaden entsprechend dem tatsächlichen Versicherungsbedürfnis des VN möglich durch besondere Vereinbarungen von Franchise und gegen Prämienzulage, die jeweils der Art des Gutes und deren Verpackung angepaßt werden.

1e) gewöhnlicher Bruch (ordinary breakage)

z.B. Bruch von Eiern, Glasballons, Fensterglas, Glaswaren, eingerahmte Bilder, Gußeisenwaren, Tonwaren, Marmor etc.

Auch für solche bruchempfindlichen Güter ist gegen Zulageprämie der Einschluß dieser Sondergefahr möglich, u.z. durch die Klausel:

„Frei von Beschädigung, wenn unter 3% (§ 34) einschl. gewöhnlicher Bruchgefahr",

ggfs. auch mit „Abzugs-Franchise" u. „besonderer Taxe" für die Bruchgefahr, beispielsw. „einschl. Bruch, frei von den ersten 3%, ganze Abladung eine Taxe" – in excess of 3% over the whole.

Bei Emaillewaren, emaillierten Badewannen, Kühlschränken etc. durch die Klausel:

„Frei von Beschädigung, wenn unter 3% (§ 34) einschl. gewöhnlicher Bruchgefahr, einschl. Absplittern der Emaille (chipping of enamel)."

Hierher gehört weiter die Klausel 14 für Maschinen und Maschinenteile lt. Zusatz-Bestimmung 1947 (Seite 264).

Schäden infolge Bruch und/oder Zerreißen der Verpackung sind nur bei besonderer Vereinbarung und gegen zu vereinbarende

Prämie mitversichert (Klausel 11 der Zusatzbestimmungen 1947):

> „Frei von Beschädigung, wenn unter 3% (§ 34) einschl. Bruch und/oder Zerreißen der Verpackung (incl. breakage and/or tearing of packages)."

1f) Selbstentzündung

Diese Gefahr besteht namentlich bei Kohle, Wolle und Baumwolle und Fischmehl. „Kein Versicherer haftet für Schaden durch inneren Vorgang in den versicherten Gegenständen einschl. die Selbstentzündung."

„Wie Selbstentzündung ist natürlich auch Explosion aus Gründen der natürlichen Beschaffenheit zu beurteilen: z. B. durch chemische Zusammensetzung der Güter."

„Versicherer haftet dagegen, wenn nicht vers. Güter sich selbst entzünden und den Brand auf die versicherten Güter „übertragen haben" – „Hat eine Kollision die Entzündung der Kohlen oder der Baumwolle verursacht, so ist sie (die Kollision) die versicherungsrechtlich maßgebliche Ursache des Schadens; die Güter haben sich nicht „selbst" entzündet. Versicherer haftet."

„Versicherer haftet nicht, wenn Güter bereits beim Beginn der Versicherung so erhitzt sind, daß sie den Keim der Selbstentzündung und Vernichtung in sich tragen, auch dann nicht, wenn diese Güter „einschl. der Gefahr der Selbstentzündung oder deren Folge" versichert sind."

Im übrigen ist die Gefahr der Selbstentzündung in Verbindung mit der „Frei von 3"-Klausel vers.bar, so beispielsweise bei Baumwolle:

> „Frei von B., wenn unter 3% (§ 34) einschl. Selbstentzündung (spontaneous combustion)"

oder auch in Verbindung mit der „beschränkten Beschädigungs-Klausel", beispielsw. bei Kohle, lose verladen (als Schüttgut = in bulk).

> „Frei von Beschädigung, außer im Strandungsfalle (§ 114 ADS) einschl. Selbstentzündung."

2. Der Versicherer haftet nicht für Schäden durch mangelhafte Verpackung § 86 ADS

„Mangelhaft ist die Verpackung, wenn sie dem Gesetz zuwider läuft" (z. B. bei Gütern wie explosive oder ätzende Chemikalien, für die berufsgenossenschaftliche Vorschriften gelten)."

„Die Verpackung muß den gewöhnlichen Ereignissen des vorliegenden Transportes, die von vornherein zu erwarten und vorauszusehen sind, widerstehen können. „Zufällige Ereignisse", wie z. B. Regen bei Umladung usw. fallen dem V.rer „nur dann" zur Last, wenn dieser Gefahr durch eine „bessere" Verpackung hätte „vorgebeugt" werden „können und müssen", in dieser Beziehung also ein Mangel vorlag. Eine absolute Verpflichtung, die Verpackung so einzurichten, daß dieselbe allen vorauszusehenden äußeren Zufällen widerstehen kann, läßt sich rechtlich nicht begründen."

– Für die Schadenregulierung ist die Beurteilung des Havarieagenten (Schadensachverständiger) lt. Havarie-Zertifikat (Schadengutachten) am Ort und zur Zeit der Abladung maßgebend, ob eine Verpackung als ausreichend oder „mangelhaft" zu bezeichnen ist. VN muß die mangelhafte oder fehlende Verpackung bei Schließung des Vertrages anzeigen, (§ 19 ADS) z. B. Verpackung in Verschlägen – crates – bei Maschinen, statt in Vollkisten.

3. Versicherer haftet nicht für Schaden, der durch Schiffschweiß oder -dunst (sweat or damp) verursacht ist.

„Schiffsdunst ist an und für sich die dunstige (feuchte) Luft, die sich regelmäßig in den mehr oder weniger abgeschlossenen Laderäumen auch seetüchtiger (d. h. hier beförderungstüchtiger) Schiffe auf der Seereise zu entwickeln pflegt."

„Auch die Ausdünstung des durch die Luken in den Schiffsraum eingedrungenen Seewassers gehört dazu"; aber an und für sich nur dann, wenn es sich um Seewasser handelt, wie es Seeschiffe dieser Art und zu dieser Zeit auf diesen Reisen „erfahrungsgemäß gewöhnlich übernehmen". – Insoweit ist Schaden durch Schiffsdunst Schaden, der durch die natürliche Beschaffenheit der Güter verursacht ist. Die ADS bezeichnen aber Schiffsdunstschaden nicht als Beispiel eines Beschaffenheitsschadens der Güter, sondern stellen dieses Gefahrereignis einem Schaden durch natürliche Beschaffenheit der Güter selbständig zur Seite (ebenso wie dem durch mangelhafte Verpackung oder Ratten oder Mäuse verursachten Schaden)".

„Wenn Seewasser in „ungewöhnlicher" Menge eindringt, sich Niederschlag bildet und auf die Güter herabfließt, ist es nicht so sehr Schiffsdunst als vielmehr das Seewasser, das den Schaden anrichtet. Sind Güter durch das eingedrungene Seewasser selbst beschädigt, so haftet Versicherer natürlich."

Regelmäßig werden alle irgendwie durch diese Gefahr anfälligen Güter

„einschl. Schiffsdunst und -schweiß"

durch besondere Vereinbarung und gegen Prämienzulage versichert.

4. Versicherer haftet nicht für Schaden, der durch Ratten und Mäuse verursacht ist.

„Den Ratten und Mäusen können Würmer und „anderes Ungeziefer" nicht ohne weiteres gleichgestellt werden. Der Versicherer haftet also nicht, wenn die mit „fremden" Gütern eingeschlichenen Ratten oder Mäuse, wohl aber, wenn die mit fremden Gütern eingeschlichenen Würmer oder anderes Ungeziefer den Schaden verursacht haben. Aber er haftet natürlich nicht für den Schaden, wenn in den Mulatinhoe-Bohnen trotz der im Ursprungland Brasilien üblichen Sterilisation sich Käfer entwickeln und die Bohnen mit, oft erschreckendem, Käferfraß ankommen."

Schäden an vers. Gütern durch Ratten- u. Mäusefraß sind heute nur noch selten. Dafür sorgt schon die Schiffsführung unserer heutigen modernen Handelsflotte. So finden wir deshalb auch in den geschriebenen Bedingungen von laufenden Policen, insbesondere für Import-Güter, den Passus:

„Diese Versicherung gilt einschl. Schäden durch Ratten- und Mäusefraß",

ohne daß diese Erweiterung über § 86 ADS hinaus sich prämienmäßig auswirkt.

5. Beschädigung flüssiger Güter und Beschädigung der Ausstattung oder Verpackung solcher Güter

Es ist die Regel, daß flüssige Güter, außer gegen Leckagegefahr, auch gegen Beschädigungsschäden versichert werden zur „frei von 3-Klausel", womit dann die Haftungsbeschränkung für Beschädigung auf den Strandungsfall gemäß § 86 aufgehoben ist. Bei Verladungen flüssiger Güter „auf Deck" wird diese Erweiterung seitens der Versicherer seltener zugestanden.

„Gebinde, Flaschen usw. haben regelmäßig einen selbständigen

Wert. Versicherer haftet auch, wenn sie beschädigt werden „nur im Strandungsfall und bei Anlaufen eines Nothafens lt. Klausel." Für gewöhnliche „Abnutzungsschäden" der Ausstattung und Verpackung haftet der Versicherer natürlich nicht."
Schäden an der Verpackung werden außer im Strandungsfalle und lt. Nothafen-Klausel auch insoweit durch die Versicherer ersetzt, als die Kosten hierfür „zur Abwendung oder Minderung" weiteren Schadens erforderlich sind (§ 32 ADS).
Wenn die beschädigten Kolli jedoch bereits an die Stelle gebracht sind, die Empfänger zu ihrer „endgültigen Aufbewahrung" bestimmt hat, so entfällt die Haftung der Versicherer für die Wiederinstandsetzung der Verpackung.

Hier können wir nun § 86 ADS verlassen. Wir müssen nun noch festhalten, daß nach

§ 35 ADS - Frei von Kriegsgefahr

der V.rer nicht die Gefahren eines Krieges etc. trägt, und nur durch besondere Vereinbarung und gegen besondere Prämie kann VN das Kriegs-, Minen- und Torpedo-Risiko nach der DTV-Kriegsklausel 1955 – auf die wir noch gesondert zurückkommen werden – abdecken.
Ferner haftet nach

§ 33 ADS - Verschulden des Vers.-Nehmer

der V.rer nicht nur für Schäden, die vom VN, vom Ablader oder Empfänger „vorsätzlich" oder „fahrlässig" verursacht sind, wobei „Vorsatz" „bewußtes Handeln" ist, wenn also VN, Ablader, Empfänger den Schaden will und „Fahrlässigkeit" die „Außerachtlassung der im Verkehr erforderlichen Sorgfalt" ist, insbesondere „Außerachtlassung kaufmännischer Sorgfalt". Schließlich bestimmen die ADS „noch ein anderes" hinsichtlich „Tod lebender Tiere" und in bezug auf „Deckladung", so

§ 82 Abs. 1 ADS - Haftung für Beschädigung - Tod von Tieren

Der V.rer haftet nicht nur für Beschädigung sondern auch für den Tod von lebenden Tieren „nur im Strandungsfalle § 114 ADS". Soll V.rer auch in anderen Fällen haften, so bedarf es einer besonderen Vereinbarung zwischen den Parteien.

§ 85 ADS - Decksladung

Der V.rer haftet nur für „Beiträge zur großen Havarei" (XV 93/94) – jedoch nicht für „Aufopferungen geworfener Deckslast lt. § 62 ADS (XV 96) – ferner dafür, daß die Güter ganz oder teilweise infolge „Totalverlust des Schiffes" verloren gehen (XVII) oder daß die Güter „mit dem Schiffe verschollen" sind (XVIII, 118) oder daß die Güter ganz oder teilweise durch „Verfügung von Hoher Hand" angehalten oder zurückgehalten oder durch „Seeräuber genommen" werden (XVIII, 119).
Diese Bestimmungen finden keine Anwendung, wenn die Güter „ohne Zustimmung des VN" auf Deck verladen sind. Dem V.rer gebührt in dem Falle Zulageprämie.
Verladung auf Deck ist bei Aufgabe der Versicherung „anzeigepflichtig".
Nach den ADS ist die Gefahr des „Überbordspülens und -werfens" nicht versichert, aber durch die „Deckladungsklausel 8" der Zus.best. (1947) eingeschlossen.
Für „Beschädigungsschaden" haftet der V.rer nur im „Strandungsfall" § 114 ADS und der „Nothafenklausel 17" Zus.best. (1947).

Nunmehr haben wir einen entscheidenden Vorstoß in das Klausel-Gewirr der Seevers.-Police gewonnen! Fassen wir alles das, was in den Abschnitten IX – X – XI – XII bis hierher gesagt ist, zusammen, so wissen wir jetzt, was unter einer Vers. zu „vollen Bedingungen" oder nach dem Sprachgebrauch:

„gegen alle Gefahren"

zu verstehen ist und im Vers.-Verkehr in der Klausel:

„Frei von Beschädigung, wenn unter 3% (§ 34 ADS) jedes Kollo eine Taxe"

policenmäßigen ausgedrückt ist, ergänzt für bestimmte Güter in bezug auf ein oder mehrere

Sonder-Gefahren

durch „besondere Vereinbarung" folgender Zusatz-Klauseln, nämlich:

a) die gedruckten Zusatz-Bestimmungen zu den ADS für die Güter-Versicherung 1947 (In den Policenformularen (Zertifikaten) des Vereines Hamburger Assecuradeure bereits festgelegt.)
b) „einschl. Diebstahl, Raub, Plünderungen und sonstige Gewalttätigkeiten" (vgl. IX, Seite 52 g).
c) „einschl. Rost und/oder Oxidation, gleichviel aus welcher Ursache"
d) „einschl. gewöhnlicher Leckage" (mit jeweils unterschiedlicher Abzugs-Franchise oder mit Integral-Franchise)
e) „einschl. gewöhnlicher Bruchgefahr"
„Bruch oder Zerreißen der Verpackung Kl. 11 Zus. best. (1947)
f) „einschl. Bruch und/oder Absplittern der Emaille"
g) „einschl. Selbstentzündung"
h) „einschl. Kühlklausel Nr. . . ."
i) „einschl. Schiffsdunst und -schweiß"
j) „einschl. Kriegs-, Minen- und Torpedogefahr lt. DTV-Kriegsklausel 1955".

Die vorstehend aufgeführten Zusatz-Klauseln sind die gebräuchlichsten für Sonderrisiken. Weitere Klauseln, „die den Umständen des Einzelfalles angepaßt sind, vielfach freilich auch Konkurrenz- und Phantasiebedürfnissen entspringen", (der Kommentator Ritter bezeichnet solche Klauseln (Seite 1249) als „wilde Klauseln") finden im Versicherungsverkehr gelegentlich Anwendung.

Machen wir uns hiernach noch einmal folgendes klar:

Von der grundsätzlichen Haftung des Versicherers nach § 28 ADS gegen

„alle Gefahren der Seeschiffahrt"

bleiben auch nach Einschluß der versicherbaren Sonderrisiken

unversichert:

1. reine „Verderbschäden" evtl. bedingt vers.bar (vgl. S. 64)
2. Verzögerungsschaden evtl. vers.bar, speziell: „auf rechtzeitige Ankunft"
3. Schäden unter 3% pro Kollo, sog. Kleinst- oder Bagatellschäden
Streichung der „Franchise" nur in Ausnahmefaällen gegen Prämienzulage
4. „gewöhnliche" Leckage in den Grenzen der vereinbarten Franchise
5. Schäden durch natürlichen Schwund (vgl. S. 64)
evtl. bedingt vers.bar mit Abzugsfranchise
6. Schäden infolge „mangelhafter" Verpackung
7. Schäden durch Vorsatz oder Fahrlässigkeit seitens des VN/Abladers/Empfängers.

Ja, das wär's für heute. Sie werden hieraus wieder einiges hinzugelernt haben.

Kapitel XIII

I. INSTITUTE CARGO CLAUSES (ICC)

1. F.P.A. Clause
2. Average Clause: „W.A. 3%" oder „W.A.i.o.p." (= with average irrespective of percentage)
3. „All Risks"-Clause"
4. „Institute Strikes Riots and Civil Commotions Clauses."

II. Die Klauseln der Muster-Police Nr. 2711

Bei der engen Verpflechtung der See-Versicherung auf internationaler Ebene, insbesondere mit dem englischen Vers.-Markt, ist es nützlich, ja erforderlich, zu wissen, was nach den englischen Standard-Klauseln, den Institute Cargo-Clauses 1. 1. 63, versichert ist und was nicht.

Im Rahmen dieses Leitfadens, der durch die Seeversicherungs-Police nach den Allgemeinen Deutschen Seeversicherungs-Bedingungen bestimmt wird, beschränken wir uns hier auf die deutsche Übersetzung der ICC 1. 1. 63 und stellen dieser den Haftungs-Umfang der entsprechenden deutschen Standard-Klausel gegenüber.

F. P. A.

Die I.C.C. (F.P.A.) haben wir bereits in Abschnitt VIII S. 49 erwähnt, die unter Ziffer 5 in freier Übersetzung wie folgt lautet:

„Die Versicherung deckt nicht Teilschäden; es sei denn, daß das Seeschiff oder Fahrzeug gestrandet oder gesunken ist oder gebrannt hat. Trotz dieses Ausschlusses haben die Versicherer jedoch den Versicherungswert eines jeden Kollos zu ersetzen, das beim Einladen, Umladen oder Löschen vollständig verlorengeht, sowie jeden derartigen Verlust oder Schaden an dem vers. Interesse, der bei vernünftiger Betrachtungsweise auf Feuer, Explosion, Zusammenstoß oder Berührung des Seeschiffes, Fahrzeuges oder Beförderungsmittels mit irgendeiner äußeren Substanz (einschließlich Eis) außer Wasser oder auf das Löschen von Ladung in einem Nothafen zurückzuführen ist, sowie Sonderkosten für Löschung, Verbringung ins Lagerhaus und Weiterbeförderung, falls sie in einem Zwischen- oder Nothafen aufgelaufen sind, für welche die Versicherer aufgrund des Standard-Formulars der englischen Transportpolice nebst Institute Cargo Clauses (W.A.) einzutreten hätten.

Diese Klausel gilt während des gesamten durch die Police gedeckten Zeitraumes".

Die Verwandtschaft der deutschen Klausel „Frei von Beschädigung, außer im Strandungsfall (§ 114 ADS) mit der ICC „FPA" ist, wenn man den Wortlaut beider vergleicht, unverkennbar, und auch im Deckungs„umfang" kommen beide Klauseln sich sehr nahe. –

„W. A. 3%"

Ganz anders fällt der Vergleich der ICC „W.A. 3% mit der deutschen Klausel: „Frei von Beschädigung, wenn unter 3% (§ 34 ADS)" aus, obwohl im Sprachgebrauch die „Frei von 3" Klausel nach ADS in engl. Übersetzung auch mit „W.A. 3%" (oder W.P.A. = with particular average) genau wie die betr. ICC bezeichnet wird. Diese „Gleichheit der Klausel-Bezeichnung" darf jedoch nicht dazu verleiten, damit auch den „gleichen Deckungsumfang", wie man vermuten könnte, bei der englischen wie bei der deutschen WA 3% Klausel vorauszusetzen, denn tatsächlich bestehen zwischen diesen beiden „WA"-Klauseln *entscheidende Unterschiede*, wie wir jetzt sehen werden.

Zunächst die vollständige ICC (WA) 1. 1. 63 in freier Übersetzung (die im übrigen in den

Klauseln 1–14, mit der Ausnahme des in Ziffer 5 beschriebenen Deckungsumfanges, wortwörtlich übereinstimmt mit der ICC (F.P.A.) und der ICC (All Risks)):

Transit Clause (vereinigt mit der Warehouse to Warehouse Clause)

1. Diese Versicherung beginnt mit dem Zeitpunkt, an dem die Güter das Lagerhaus oder den Lagerplatz, wie in der Police aufgeführt, zum Zwecke des Transportes verlassen und bleibt während des gewöhnlichen Reiseverlaufs in Kraft und endet entweder bei Lieferung
   a) am Lager des Empfängers oder einem anderen endgültigen Lagerhaus oder -Platz am Bestimmungsort, wie er in der Police festgelegt ist,
   b) in irgendeinem anderen Lagerhaus oder Lagerplatz, gleichgültig ob vor oder an dem in der Police genannten Bestimmungsplatz, den der Versicherte auswählt, entweder
      1) zur Lagerung außerhalb des gewöhnlichen Reiseverlaufs oder
      2) zur Zu- oder Verteilung, oder
   c) nach Ablauf von 60 Tagen nach Beendigung der Löschung der hierunter versicherten Güter aus dem Seeschiff im endgültigen Bestimmungshafen, je nachdem, was zuerst eintritt.

   Wenn nach Löschung aus dem Seeschiff im endgültigen Bestimmungshafen, aber vor Ablauf dieser Versicherung die Güter nach einem anderen Ort befördert werden als dem, nach welchem sie unter dieser Police versichert sind, bleibt diese Versicherung gemäß den vorstehenden Bestimmungen in Kraft, wird jedoch nicht über den Beginn des Transportes zu einem solchen anderen Bestimmungsplatz ausgedehnt.

   Die Versicherung bleibt in Kraft (nach Maßgabe der obenstehenden Bestimmungen unter Klausel 2) während einer Reiseverzögerung, die außerhalb des Einflusses des Versicherten liegt, jeglicher Reiseabweichung, Zwangslöschung, Rückverschiffung, Umladung und während jeglicher Reiseänderungen, die dem Reeder oder Charterer durch Ausübung der Freizügigkeit gemäß Frachtvertrag gewährt wird.

Termination of Adventure Clause

2. Falls durch Umstände, auf die die Versicherten keinen Einfluß haben, entweder der Frachtvertrag an einem anderen Hafen oder Ort als dem in der Police genannten Bestimmungsort endet oder falls das Risiko auf andere Weise vor Ablieferung der Ware, wie unter Klausel 1) vorgesehen, endet, so bleibt diese Versicherung in Kraft, vorausgesetzt, daß unverzüglich nach dem Empfang von Berichten Nachricht gegeben und, falls verlangt, eine Prämienzulage gezahlt worden ist, bis
   i) Die Güter in solchem Hafen oder Platz verkauft oder ausgeliefert sind oder, wenn nicht besonders vereinbart, bis zum Ablauf der 60 Tage nach Beendigung der Löschung aus dem Seeschiff, je nachdem, was zuerst eintritt, oder
   ii) wenn die Güter innerhalb der genannten Frist von 60 Tagen weiterbefördert werden (oder in irgendeiner vereinbarten verlängerten Frist zu dem in der Police festgelegten Bestimmungsplatz oder einem anderen Platz bis zum Auslauf des Versicherungsschutzes gemäß Klausel 1).

Leichter-, etc.-Klausel

3. Die Versicherung deckt auch die Beförderung zu und von dem Seeschiff mit Fahrzeug, Floß oder Leichter. Jedes Fahrzeug, Floß oder jeder Leichter ist eine Taxe. Vereinbarungen, durch welche die Haftung der Leichter-Besatzung ausgeschlossen wird, beeinträchtigen den Versicherungsschutz der Versicherten nicht.

Reiseänderungs-Klausel

4. Der Versicherungsschutz bleibt gegen eine zu vereinbarende Prämienzulage in Kraft bei Änderung der Reiseroute oder bei Unterlassungen oder Versehen in der Angabe des versicherten Interesses, des Schiffes oder der Reise.

W.A.-Klausel

5. Die Versicherung deckt nicht Schäden unter dem in der Police genannten Prozentsatz, es sei denn, daß Havarie-große vorliegt oder das Seeschiff oder Fahrzeug gestrandet oder gesunken ist oder gebrannt hat. Trotz dieses Ausschlusses haben die Versicherer jedoch den Versicherungswert eines jeden Kollos zu ersetzen, das beim Einladen, Umladen oder Löschen vollständig verloren geht, sowie jeden derartigen Verlust oder Schaden an dem vers. Interesse, der bei vernünftiger Betrachtungsweise auf Feuer, Explosion, Zusammenstoß oder Berührung des Schiffes oder Fahrzeuges oder Beförderungsmittels mit irgendeiner äußeren Substanz (einschl. Eis) außer Wasser oder auf das Löschen von Ladung in einem Nothafen zurückzuführen ist.
Diese Klausel gilt während des gesamten durch die Police gedeckten Zeitraumes.

Constructive Total Loss Clause

6. Kein Anspruch auf konstruktiven Totalverlust soll hierunter gestellt werden, wenn nicht die Güter vernünftigerweise abandoniert werden entweder wegen ihres tatsächlich unvermeidbar erscheinenden Totalverlustes oder weil die Kosten der Wiederherstellung und Weiterbeförderung der Güter zu dem Bestimmungsort ihren Wert bei Ankunft übersteigen würden.

Havarie-große-Klausel

7. Havarie-große- und Bergungskosten sind gemäß ausländischer Dispache oder nach den York-Antwerp Rules zu bezahlen, falls dieses im Frachtvertrag vorgesehen ist.

Seetüchtigkeits-Klausel

8. Im Verhältnis zwischen den Versicherten und den Versicherern gilt die Seetüchtigkeit des Schiffes als gegeben.
Im Falle eines Verlustes schadet dem Ersatzanspruch der Versicherten die Tatsache nicht, daß der Verlust möglicherweise einer solchen Handhabung oder schlechten Führung seitens der Reeder oder ihrer Bediensteten zuzuschreiben ist, die ohne das Mitwissen des Versicherten erfolgt.

Bailee Clause

9. Es ist stets die Pflicht des Versicherungsnehmers und seiner Beauftragten, solche Maßnahmen zu ergreifen, wie sie vernünftigerweise zur Abwendung oder Verkleinerung eines Schadens vorgenommen werden, um sicherzustellen, daß alle Rechte gegen die Verlader, „Bailees"*) oder andere dritte Personen oder Parteien ordnungsgemäß gewährt oder ausgeübt werden.

*) Bailees sind diejenigen, denen man das Gut zur Bewahrung oder zum Transport anvertraut hat.

Not to Insure Clause

10. Diese Versicherung soll nicht zum Nutzen der Verlader oder anderer „Bailees" gelten!

Klausel für Kollisionen aus beiderseitigem Verschulden

11. Diese Versicherung deckt auch die Haftpflicht der Versicherten aus den im Konnossement enthaltenen Bestimmungen über beiderseitig verschuldete Kollision in derjenigen Höhe, die bei einem unter diese Police fallenden Schaden zu erstatten wäre. Die Versicherten haben, falls aufgrund der erwähnten Klausel von Reedern Ersatzansprüche geltend gemacht werden, die Versicherer zu benachrichtigen; die Versicherer sind berechtigt, derartige Ansprüche auf ihre eigenen Kosten von den Versicherten abzuwehren.

Beschlagnahme-Ausschluß-Klausel

12. Die Versicherung deckt nicht Aufbringung, Beschlagnahme, Arrestierung, Einbehaltung oder Festsetzung sowie die Folgen davon oder eines Versuchs davon. Ferner sind die Folgen von Feindseligkeiten oder kriegsähnlichen Maßnahmen nicht gedeckt, unabhängig davon ob eine Kriegserklärung abgegeben worden ist oder nicht; dieser Ausschluß erfaßt jedoch nicht Kollision, Berührung mit irgendwelchen festen oder schwimmenden Gegenständen (mit Ausnahme von Minen oder Torpedos), Strandung, schweres Wetter oder Feuer, es sei denn, daß der Schaden direkt (und unabhängig von der Natur der Reise oder Aufgabe, welche das betreffende Schiff oder, im Kollisionsfall, irgendein anderes hierin verwickeltes Schiff ausführt) durch eine feindliche Handlung von einer kriegsführenden Macht oder gegen eine solche verursacht worden ist. Unter „Macht" in diesem Ausschluß ist jeder Inhaber von Staatsgewalt zu verstehen, der über See-, Land- oder Luftstreitkräfte verfügt.
Die Versicherung deckt ferner nicht die Folgen von Bürgerkrieg, Revolution, Aufruhr, Aufstand, dadurch verursachte bürgerliche Unruhen oder Seeräuberei.
Falls Klausel Nr. 12 gestrichen wird, gelten die jeweils gültigen Institute War Clauses, die auf dem durch die Versicherung gedeckten Transport anzuwenden sind, als Bestandteil dieses Vertrages.

Streik- und Aufruhr-Klausel

13. Die Versicherung deckt nicht Schäden
    a) durch Streikende, ausgesperrte Arbeiter oder Personen, die sich an Arbeiterunruhen, Aufruhr oder bürgerlichen Unruhen beteiligen,
    b) durch Streiks, Aussperrung, Arbeiterunruhen, Aufruhr oder bürgerliche Unruhen.
    Falls Klausel Nr. 13 gestrichen wird, gelten die jeweils gültigen Institute Strikes, Riots and Civil Commotions Clauses als Bestandteil dieses Vertrages.

Sorgfalts-Klausel

14. Voraussetzung des Versicherungsschutzes dieser Versicherung ist, daß die Versicherten in allen Lagen, auf die sie Einfluß haben, mit der Sorgfalt handeln, welche die Sache erfordert. Beachte: Sobald die Versicherten von einem Ereignis erfahren,

> für welches der Versicherungsschutz dieser Police „in Kraft bleibt", haben sie die Versicherer unverzüglich zu benachrichtigen; der Anspruch auf Versicherungsschutz ist von der Erfüllung dieser Verpflichtung abhängig.

Die ICC „W.A. 3%" geht hiernach in ihrem Deckungsumfang – vgl. oben Ziffer 5 – praktisch über eine F.P.A.-Deckung (Strandungsfall und Nothafen) nur insofern hinaus, als „Schwerwetterschäden" (perrils of the sea) eingeschlossen sind. Nicht versichert bleiben nach der englischen „W.A. 3%" Klausel beispielsw.:

Diebstahl, Beraubung,
Aufruhr, Streik, böswillige Beschädigung,
Regen- und Süßwasserbeschädigung,
Schäden durch Beiladung u. w.

Damit ist gleichzeitig auch die weitergehende Haftung der „W.A. 3%" Klausel nach den ADS umrissen, welche regelmäßig die vorstehend aufgeführten Gefahren einschließt.
Es besteht die Möglichkeit, auch die englische „W.A. 3%" im Deckungsumfang auf „bestimmte Gefahren zu erweitern, wenn dieses „besonders mit dem V.rer vereinbart ist und *gegen eine Zulage-Prämie auf die „normale"* W.A.-*Prämienrate*, entsprechend den zusätzlich eingeschlossenen Risiken.
Hieraus folgert, daß die Prämien bei einer „W.A. 3%"-Deckung nach INSTITUTE CARGO CLAUSES und einer „W.A. 3%" Deckung nach den ADS differieren müssen.
Erst wenn beide „W.A. 3%"-Klauseln, die englische und die deutsche, auf den gleichen Deckungsumfang gebracht sind, was versicherungstechnisch auf beiden Seiten möglich ist, ergibt sich die *objektiv richtige Vergleichsmöglichkeit der konkurrierenden Versicherungsraten*, was nicht immer seitens der VN richtig gewertet wird! Natürlich wird eine „reine" W.A. 3%-Deckung nach ICC in der Prämie niedriger sein, als eine „Frei von 3"-Deckung nach ADS, einschl. der Diebstahlsgefahr. Und derjenige VN, der dieses Faktum übersieht und sich nur nach der „niedrigsten Prämienrate" orientiert, merkt erst im Schadensfall, worin sich die Klauseln unterscheiden, dadurch, daß er beispielsweise bei einem Diebstahlsschaden leer ausgeht!
Aus den oben wiedergegebenen ICC ersehen wir auch, daß die darin – unter 1 – eingebaute „warehouse to warehouse-Clause" textlich wie im Deckungsumfang eine andere ist, als die deutsche Von Haus zu Haus-Klausel, deren Bestimmungen uns ja bereits bekannt sind (vgl. V – S 34/36).
Die englische Klausel läßt dem Beginn der Versicherung – wie oben unter 1. – die Bestätigung folgen, daß die Güter „während des normalen Reiseverlaufes" gedeckt sind. Die Klausel soll klarstellen, daß ein Transport-Risiko in erster Linie das einer Reise ist und daß „jede Unterbrechung dieser Reise" mit dem Zwecke die Ware „einzulagern", sie „aufzuteilen" oder „auszuliefern" ein Eingreifen in den normalen Reiseablauf und damit das Ende der Versicherung bedeutet. Wenn dagegen die Güter vorübergehend entweder im Ablade- oder Umladehafen eingelagert werden, so beendigt dieses den Versicherungsschutz nicht.
Es ist also bestimmt, daß die Versicherung endigt für den Fall und in dem Augenblick, in dem der VN sich entscheidet, die Ware zum Zwecke der „Aufteilung und Auslieferung" einzulagern, also in der Regel am Lager des Empfängers am Bestimmungsort laut Police oder anders ausgedrückt: daß ein zur Verteilung verwendetes Warehouse das endgültige Warehouse gemäß Police ist.
Wünscht der VN nach Verbringung der Güter in das zur Verteilung verwendete Warehouse auch während der Aufteilung und für den Transport zum endgültigen Käufer versichert zu sein, so wäre hierüber von dem Importeur – es ist in dem Falle seine Pflicht – eine zusätzliche Vereinbarung mit dem V.rer zu treffen. Aufgrund einer solchen Anzeige ist der V.rer dann in der Lage, das Risiko entsprechend den Erfahrungen mit den gegebenen

örtlichen Verhältnissen abzuschätzen und gegen entsprechende Prämienzulage die gewünschte Erweiterung des Vers.schutzes zu gewähren.
Es ist also für den VN von besonderer Wichtigkeit zu wissen, daß die jetzt gültige (ab 1. 1. 63) Transit-Klausel vereinigt mit der warehouse to warehouse-Klausel *keine automatische Deckung für 60 Tage* vorsieht.
Machen wir uns die Wirkung der Klausel 1 noch an folgenden Beispielen klar:
Dampfer „Cap San Lorenzo" löscht 500 Sack Kaffee am Kaischuppen in Hamburg. Als endgültiges Lager hat VN für diese Partie das Freihafen- (Zoll-)Lager in Hamburg, Sandtorquai, bestimmt zwecks späterer Verteilung des Kaffees auf die einzelnen Käufer.
Die Überführung der Ware vom Kaischuppen Hamburg zum Zollager Sandtorquai kann normalerweise binnen 2-3 Tagen abgewickelt sein. Während dieser Zeit ist die Ware am Kaischuppen wie auch der sich anschließende Transport zum Freihafenlager Sandtorquai versichert. Mit Ankunft der Ware auf dem Freihafenlager Sandtorquai endigt die Versicherung. In diesem Fall hat also der VN nicht in den normalen Ablauf des Transportes eingegriffen.
Anders liegt der Fall, wenn VN sich entschließt, die Ware nicht verkehrsüblich vom Kai abzunehmen, sondern den Kaffee im Kaischuppen weiterhin zu belassen, in der Erwartung, die Ware binnen 30 Tagen zu verkaufen, weil dann die Disponierung der verkauften Ware ab Kaischuppen sich kostenmäßig günstiger für den Importeur gestalten läßt als bei Sofortabnahme vom Kai und Verbringung des Gutes auf ein zur Verteilung zu verwendendes Warehouse.
Hier erfolgt also bereits am *Kaischuppen* eine Unterbrechung des normalen Transportes durch das Eingreifen des VN, womit gleichzeitig das Ende der Versicherung sofort nach Entlöschung am Kaischuppen ausgelöst wird, denn nun ist der Kaischuppen der endgültige Lagerplatz, den VN zum Zwecke der Aufteilung und Auslieferung bestimmt hat.
Wünscht der VN auch in einem solchen Fall weiterhin Vers.-Schutz beispielsweise bis zu 30 Tagen Lagerung im Zollager, hier am Kaischuppen, so muß VN dieses besonders mit dem V.rer vereinbaren, was bereits bei Aufgabe der Versicherung möglich ist, so z.B. von Santos nach Hamburg, von Haus zu Haus, einschl. 30 Tage Zollager nach Entlöschung (from warehouse to warehouse incl. 30 days customs storage after discharge).
Wenn vereinbart, kann die Frist auch auf 60, 90 oder mehr Tage festgesetzt werden, entsprechend ist die vom VN für diese Erweiterung der Bedingungen zu zahlende Zuschlagsprämie.
Ist eine solche Vereinbarung mit dem V.rer getroffen und in der Police/Vers.-Zert. dokumentiert, so darf der Empfänger die dokumentierte Frist während der Lagerung im Zoll ausnutzen.

„All Risks"-Clause

Neben der ICC „F.P.A." oder W.A. 3% (oder W.A. irrespective of percentage) wird im internationalen Vers.-Verkehr und in Akkreditiv-Vorschriften oft von den VN Deckung nach der

Institute Cargo Clauses (All Risks)

verlangt.
In freier deutscher Übersetzung lautet diese ICC Ziffer 5 wie folgt:
„Diese Versicherung gewährt Versicherungsschutz gegen alle Gefahren von Schäden an den versicherten Gütern; sie erstreckt sich jedoch nicht auf Schäden oder Kosten, die im Sinne der Causa-proxima-Grundsätze durch Verzögerung, inneren Verderb oder die natürliche Beschaffenheit der versicherten Güter entstanden sind. Ansprüche, die hiernach zu ersetzen sind, werden ohne Berücksichtigung einer Franchise vergütet."
Auch nach dieser „All-Risks-Clause" sind also „Beschaffenheitsschäden" und Schäden durch Verzögerung der Reise ausgenommen. Die Auslegung, was Beschaffenheitsschäden

– inherent vice – sind, ist nach engl. Rechtssprechung eine sehr strenge. (Ein interessantes engl. Urteil zur All-Risks-Deckung hat der VHA mit Zirkular 3465 v. 25. 4. 56 bzw. durch DTV-Zirkular 49/56 bekanntgegeben.)

Der VN muß sich also vergegenwärtigen, was in Kreisen deutscher VN sehr häufig mißverstanden wird, daß eine Deckung nach „All-Risks-Clause" keine Deckung gegen „alle Gefahren" nach dem gewöhnlichen Sprachgebrauch ist.

Beschaffenheitsschäden, insbesondere

innerer Verderb, natürlicher Schwund,
gewöhnlicher Bruch,
gewöhnliche Leckage,
Rost und Oxidation,
Selbstentzündung, Erhitzung, soweit nicht durch ein unvorhergesehenes
äußeres Ereignis, verursacht

sind auch nach der engl. „All-Risks-Clause" nicht mitvers.

Eine Beschädigung durch Schiffsdunst- und -schweiß, auch Rostbeschädigung, wird nach der ICC„ All Risks" als durch ein äußeres, nicht mit Bestimmtheit vorherzusehendes Ereignis angesehen; solche Schäden sind also nach dieser englischen Klausel mitversichert; aber auch hier wird von der Zusatz-Klausel „incl. rust and/or oxidation howsoever caused" häufig Gebrauch gemacht.

Es bedarf mithin auch die engl. „All-Risks-Clause" bei „bestimmten" Gütern und deren spezifischen Gefahren noch des zusätzlich zu vereinbarenden Einschlusses von SONDERGEFAHREN, z.B.:

„Incl. ordinary breakage"
(für alle bruchempfindlichen Güter)
„incl. chipping of enamel"
(für alle emaillierten Güter)
„incl. ordinary leakage"
(für alle Flüssigkeiten, in der Regel mit Abzugs-Franchise in excess of . . %)
„incl. rust and/or oxydation howsoever caused"
(bei Eisenwaren, Maschinen und dergl.)
„incl. spontaneous combustion"
(bei Kohle, Baumwolle, Wolle, Fischmehl)

Zusammenfassend darf gesagt werden, daß die

deutsche „Frei von 3"-Klausel

nach den ADS und die

Institute Cargo Clauses „All Risks"

– beide erweitert durch jeweils erforderliche *Einschluß-Klauseln* für spezifische Gefahren – beispielsw. die „gewöhnliche Bruchgefahr" (ordinary breakage) bei bestimmten Gütern – beispielsw. Glas- und Kristallwaren – in dieser erweiterten Form in bezug auf den Deckungsumfang, also im Vers.-Schutz für den Versicherten

gleichwertig

sind, mit der Einschränkung, daß der deutsche V.rer für Bagatellschäden (Kleinstschäden unter 3% pro Kollo) nicht, der engl. V.rer nach „*All Risks* Clause" (wenn vereinbart, auch bei ICC „W.A.") den versicherten Schaden „ohne Berücksichtigung einer Franchise" vergütet.

In dieser Form stellen beide Klauseln, die engl. wie die deutsche das Umfassendste dar, was die *See-Versicherung* dem Kaufmann an Risiken der Seeschiffahrt gegen fixe Kosten – gegen berechenbare Prämie – abnehmen kann.

Es sind also – hüben wie drüben – hier in Deutschland wie anderswo nicht „alle Gefahren" im wortwörtlichen Sinn versicherbar! Ein Rest an möglichen Schadensereignissen bleibt, die dem unternehmenden Kaufmann nicht abgenommen werden können, auch nicht von der modernsten, internationalen Vers.-Wirtschaft. Immer noch ist HANDEL auch Wagen, wenngleich, was die Transport-Gefahren anbetrifft, diese weitgehendst abgesichert – versichert – werden können, wie wir auf unserer bisherigen „Studienreise" nun schon gesehen haben.

Im Rahmen der in diesem Abschnitt wiedergegebenen ICC muß noch auf eine der gebräuchlichsten englischen Standard-Klauseln eingegangen werden, u. z. auf die

Institute Strikes Riots and Civil Commotions Clauses

(vgl. hierzu auch S. 81/86), die in freier Übersetzung folgendes besagen:

Klauseln des „Institute", betreffend Aufruhr und bürgerliche Unruhen

1. Diese Versicherung deckt Schäden an dem durch diese Police versicherten Eigentum, die durch
   a) Streikende, ausgesperrte Arbeiter oder Personen, die an Arbeiterunruhen, Aufruhr oder bürgerlichen Unruhen teilnehmen,
   b) böswillige Handlungen

   verursacht werden.
2. Diese Versicherung deckt nicht
   (i) Schäden, die unmittelbar verursacht worden sind durch
      a) Verzögerung oder die innere Beschaffenheit der durch diese Police versicherten Gegenstände;
      b) die Abwesenheit oder das Zurückhalten von bzw. den Mangel an Arbeitskräften irgendwelcher Art während eines Streiks, einer Aussperrung, Arbeiterunruhen, eines Aufruhrs bzw. bürgerlicher Unruhen;

   (ii) Unkosten, die durch eine Verzögerung entstehen; ausgenommen sind jedoch solche Unkosten, die aufgrund von englischer Rechtssprechungs bzw. Gewohnheit gemäß York-Antwerp Rules 1950 im Prinzip gedeckt wären;

   (iii) Schäden, die durch Feindseligkeiten, kriegsähnliche Handlungen, Bürgerkrieg bzw. durch Revolution, Aufstand oder daraus entstehende Bürgerstreitigkeiten entstehen.
3. Diese Versicherung tritt in Kraft im Moment, in dem die Ware das Lager an dem in der Police als Anfang der Reise angegebenen Ort verläßt, deckt die normale Reise und endet entweder bei Auslieferung
   a) an das Lager der Empfänger bzw. an ein anderes endgültiges Lager an dem in der Police genannten Ort,
   b) an ein anderes Lager entweder vor oder an dem in der Police genannten Bestimmungsort, welches der Versicherte entweder
      (i) zur Lagerung einer anderen Art als der während des Transportes üblichen oder
      (ii) zur Auslieferung wählt,
   c) bei Ablauf von 60 Tagen nach Beendigung der Entlöschung über Schiffsseite der durch diese Police versicherten Güter aus dem Seeschiff im Endbestimmungshafen je nachdem, was zuerst eintritt.

   Im Falle, daß die Ware nach Entlöschung aus dem Seedampfer im Endbestimmungshafen, jedoch vor Ablauf dieser Versicherung, an einen anderen als den in dieser Police genannten Bestimmungsort weitergesandt wird, so wird diese Versicherung zwar, wie oben vorgesehen, enden, doch gilt sie nicht über den Beginn des Transports an diesen anderen Bestimmungsort hinaus.

   Diese Versicherung bleibt auch während einer Verzögerung, die *außerhalb des Machtbereichs des Versicherten* liegt, sowie während einer Abweichung von der vorgesehenen Reiseroute, während einer Notlöschung, während einer Neuverladung oder einer Umladung sowie während jeder Änderung der Reise, die auf die Ausübung eines aufgrund des Frachtvertrages den Reedern bzw. den Charterern gewährten Rechts zurückzuführen ist, in Kraft (immer jedoch unter Berücksichtigung der Beendigungsbestimmungen, wie oben vorgesehen, sowie der Bestimmungen der unten aufgeführten Klausel 4).

4. Im Falle, daß, infolge von Umständen, die außerhalb des Machtbereichs des Versicherten liegen, entweder der Frachtvertrag an einem anderen als dem darin genannten Bestimmungsort oder -platz beendet wird oder daß die Reise auf andere Weise vor Ablieferung der Ware, wie unter Fig. 3 vorgesehen, beendet wird, dann wird *unter der Voraussetzung, daß den Versicherern hiervon Mitteilung gemacht wird* und gegebenenfalls eine *Zulageprämie bezahlt wird*, diese Versicherung *weiterhin in Kraft* bleiben bis

   (i) die Ware in dem betreffenden Hafen bzw. an dem betreffenden Ort verkauft bzw. ausgeliefert wird oder *(es sei denn, daß etwas Gegenteiliges vereinbart wird)* bis zum Ablauf von 60 Tagen nach erfolgter Entlöschung der durch diese Police versicherten Güter aus dem Schiff in dem betreffenden Hafen bzw. an dem betreffenden Platz, je nachdem, welches zuerst geschieht, oder,

   (ii) falls die Ware innerhalb des erwähnten Zeitraums *von 60 Tagen* (bzw. einer *längeren Periode, falls* dieses *vereinbart* wird) an den in der Police genannten Bestimmungsort bzw. an einen anderen Bestimmungsort weitergeleitet wird, bis zur Beendigung in Übereinstimmung mit Fig. 3 oben.

5. *Havarie-große sowie Bergungskosten* werden (immer unter Berücksichtigung dieser Bestimmungen) gemäß betreffendem Landesabkommen oder York Antwerp Rules, falls der Frachtvertrag dieses zuläßt, *vergütet.*
6. Bei Schäden, die gemäß diesen Bestimmungen zu vergüten sind, kann der *Einwand der Unterversicherung nicht erhoben* werden.
7. Im Falle einer *Reiseänderung* oder im *Falle eines Versehens* bzw. eines Irrtums *bei* der *Angabe* der *Ware*, des *Schiffes* oder der *Reise* ist die Ware *gegen zu vereinbarende Prämie gedeckt zu halten.*
8. Voraussetzung für die Deckung aufgrund dieser Versicherung ist, daß der Versicherte *unter allen Umständen*, die *innerhalb seines Machtbereiches* liegen, mit allem *ihm zumutbaren Eifer* handelt.
   Anmerkung: Sobald dem Versicherten *ein Ereignis* bekannt wird, *das unter diese Versicherung fällt*, muß er den Versicherern hiervon *prompt Mitteilung* machen. *Der Anspruch* auf die Deckung *hängt von der Erfüllung dieser Bestimmung ab.*

II. Die Klauseln der MP 2711

Wir haben nunmehr das Gebiet der in der Seeversicherung üblichen Standard-Klauseln soweit kennengelernt, daß es nicht uninteressant ist, unsere neu erworbenen Kenntnisse an den Klauseln unserer *Musterpolice* Nr. 2711 zu messen.
Nach den besonderen geschriebenen Bedingungen, fußend auf den „Allgemeinen Deutschen Seeversicherungsbedingungen" und den „Zusatzbestimmungen zu den ADS (1947)" sind also zunächst die insgesamt 10 Kisten enth. Werkzeugmaschinen versichert zur Klausel: „*Frei von Beschädigung, wenn unter* 3% (§ 34 ADS) *jedes Kollo eine Taxe*".
Wir wissen nun, daß nach dieser Klausel die Werkzeugmaschinen „grundsätzlich" gegen alle Gefahren der Seeschiffahrt gemäß § 28 ADS versichert sind, insbesondere, d.h. „beispielsweise" gegen Schäden durch Eindringen von Seewasser, Schiffs-Zusammenstoß, Strandung, Brand, Explosion, Blitzschlag, Erdbeben, Seeraub, Plünderung und andere Gewalttätigkeiten wie auch durch Beiladung und Verschmutzung.
Die Werkzeugmaschinen sind auch versichert, wenn das Schiff wegen gemeinsamer oder nicht gemeinsamer Gefahr für Schiff oder Ladung einen *Nothafen* anläuft und die Güter aus- bzw. umgeladen werden müssen (VIII S. 46).
Die „Franchise" (Freigrenze) lt. MP. 2711 ist mit „3% pro Kollo" vereinbart, d.h. nach der „Integral-Franchise" ist der V.rer frei von der Entschädigungs-Verpflichtung bei

einem Schaden, der 3% nicht „erreicht" (X S. 54 Abs. 3–6) gerechnet auf den „besonderen Vers.Wert" (besondere Taxe) der einzelnen Kisten (XI S. 58).
Beispiel: Angenommen die Gesamt-Taxe der 10 Werkzeugmaschinen lt. MP 2711 von DM 155 500,– verteilt sich wertmäßig auf alle 10 Kisten gleichmäßig, so beträgt die „besondere Taxe" pro Kollo 155 500 : 10 =

DM 15 550,–

für den „gemeinsam" versicherten Wert der „Güter und Gewinn" (X S. 55).
Zur Errechnung der Franchise – wenn der Vers.wert entsprechend ADS (§ 90) gilt – sind „Güterwert" und „Gewinn" zu trennen. Nach § 101 ADS gelten 10% der Taxe, als Taxe des Gewinns, d.h. in unserem Fall: DM 15 550 (gemeinsame Taxe) ./. 10% Gewinn = Güterwert =

DM 13 995,–

demnach beträgt die Franchise von 3% pro Kiste

DM 419,85

Bleibt also ein Schaden, für den der V.rer sonst haftet, unter (als Beispiels-Betrag) DM DM 419,85, ist der V.rer von der Leistungsverpflichtung frei. „Erreicht" der Vers.-Schaden diesen Betrag oder ist er höher, so hat der V.rer den vollen Schaden zu ersetzen. Ist der Vers.-Wert „abweichend" von den ADS vereinbart, beispielsweise auf den „Wert cif Bestimmungshafen", dann ist die „Franchise" von dem „Güterwert plus Gewinn" zu berechnen, also in diesem Beispiel mit 3% von DM 15 550,– = DM 466,50.

Erst einen Vers.-Schaden von DM 466,50 und mehr hätte der V.rer in diesem Falle voll zu entschädigen, einen kleineren Schaden gar nicht (X S. 54)!
– (Soweit es um die „Franchise von 3%" geht, haben wir zu beachten, daß der V.rer nach § 34 Abs. 2 ADS in einer Reihe von Fällen auch „unbeschränkt" haftet, d.h. auch für bestimmte Schäden, die 3% nicht erreichen (vgl. X S. 55). Hierüber unterrichten wir uns später genauer, sobald wir uns mit den darauf bezüglichen §§ der ADS im einzelnen befassen) –
Neben der Standard-Klausel „Frei von 3" sind lt. MP 2711 folgende Sondergefahren eingeschlossen:

1. einschl. Diebstahl, Teildiebstahl, Beraubung, Nichtauslieferung

Nach § 28 ADS fällt das Diebstahl-Risiko und damit auch Teildiebstahl und Beraubung ohne weiteres unter Vers.-Schutz, doch haben wir bereits gesehen, daß die Zusatzbestimmungen zu den ADS für Gütervers. (1947) lt. Klausel 3 „mangels anderer Vereinbarung" die Mitvers. eines durch Diebstahl verursachten Schadens nur auf den Strandungsfall § 114 ADS und die Nothafen-Klausel beschränkt. Wenn also – wie hier – das Diebstahl-Risiko „auch in anderen" als im Strandungsfall gedeckt gelten soll, muß es ausdrücklich in der Seevers.-Police erwähnt sein.
Die Nichtauslieferung ist „Totalverlust" und – wie wir noch sehen werden – entsprechend § 91 ADS mitversichert.

2. einschl. Beschädigung durch See-, Süß- und Regenwasser, Schiffsschweiß und Schiffsdunst, Hakenriß, Oel, Verschmutzung oder durch Beiladung

Ausgenommen Beschädigung durch Schiffsschweiß und -dunst sind alle aufgeführten Gefahren bereits durch § 28 ADS erfaßt, so daß es einer besonderen Erwähnung in der Einzel-Police nicht bedarf. Wenn es dennoch regelmäßig geschieht, so deshalb, weil es überseeische Akkreditive – meist in Unkenntnis der genauen Bestimmungen der ADS – wortwörtlich so vorschreiben und der deutsche V.rer infolgedessen in der von ihm auszustellenden Seevers.-Police *genau diesen Wortlaut der Akkreditiv-Vorschriften* aufnehmen muß, da anderenfalls die Akkreditiv-Bank die Police (das Zertifikat) nicht anerkennt.

Was die Gefahr der Beschädigung durch Schiffsschweiß und -dunst betrifft, liegt hier eine echte „Sondergefahr" vor, deren Mitversicherung besonders vereinbart sein muß, da dieses Risiko sonst nach § 86 Abs. 1 ausgeschlossen ist.

3. einschl. gewöhnlicher Bruchgefahr

Wieder eine echte „Sondergefahr", die § 86 ADS ausschließt und deren Einschluß (gegen Prämienzulage) besonders vereinbart sein muß, wie lt. MP 2711.
Für Maschinen – wie im Beispielsfall – kommt außerdem Klausel 14 der Zusatzbestimmungen zu den ADS für die Gütervers. (1947) für Maschinen und Maschinenteile zum Zuge (S. 264).

4. einschl. Rost und/oder Oxidation gleichviel aus welcher Ursache

Echtes „Sonderrisiko", da § 86 ADS Schaden durch Rost ausschließt. VN verlangt hier Vers.-Schutz, der noch über die durch die Zusatzbestimmungen zu den ADS für die Gütervers. (1947) eingeschlossenen „kleinen" Rostklausel 10 hinausgeht, u.z. gegen entsprechende Prämie nach der sog. „großen" Rostklausel: „gleichviel aus welcher Ursache".

5. einschl. Kriegs-, Minen- und Torpedogefahr lt. DTV-Kriegsklausel 1955

Nach § 35 ADS trägt V.rer nicht die Kriegs-, Minen und Torpedogefahr, die aber in der MP 2711 gegen entsprechende Prämie als Sondergefahr nach der DTV-Kriegsklausel 1955 mitversichert ist. Auf diese Kriegsklausel gehen wir noch näher ein. –

6. einschl. Schäden durch Aufruhr, Streik, bürgerliche Unruhen, Mut- oder böswillige Beschädigung

Keine echten Sondergefahren, da die genannten Risiken bereits durch § 28 ADS – Seeraub, Plünderung oder „andere Gewalttätigkeiten" unter Vers.-Schutz gebracht sind. Die ausdrückliche Benennung dieser Gefahren in der deutschen Seevers.-Police folgt meist entsprechenden Akkreditiv-Vorschriften (vgl. oben unter 2.) und auch der engl. Seevers.-Police folgend, in der die Institute Strikes, Riots and Civil-Commotions Clauses 1. 1. 63 ausdrücklich – und ggfs. gegen Prämienzulage – aufgenommen sein muß, wenn diese Klausel Gültigkeit haben soll. –
Damit haben wir hinsichtlich der „im Raum" verladenen und vers. 10 Werkzeugmaschinen den vom VN gewünschten Vers.-Schutz zu „vollen Bedingungen" klauselmäßig umrissen und wie in der Seevers.-Police 2711 festgelegt ist.

Bleiben noch die Klauseln der MP 2711 für die a u f D e c k verladenen 3 Eisenfässer (drums) Motoröl. Für diesen Teil der Verladung gilt die Standard-Klausel *„Frei von Beschädigung, außer im Strandungsfall"* (§ 114 ADS).
Danach haftet also der V.rer für einen Beschädigungsschaden – eingeschränkt – nur für den Fall einer Strandung und was einer Strandung nach § 114 ADS gleichgesetzt ist und wenn das Schiff einen „Nothafen" anläuft (vgl. VIII S. 45–49). Nur dann und wenn der „Schiffskörper" durch den Strandungsfall, oder was dem gleichzuerachten ist, so e r h e b l i c h beschädigt ist, daß der Schaden an den Gütern durch den Unfall verursacht sein kann. Der V.rer haftet ferner für jeden Schaden, für jeden „Verlust" (Teil- oder Totalverlust), der nicht aus einer Beschädigung entstanden ist (vgl. VIII S. 47–49).
Neben der Standard-Klausel „Frei von Beschädigung, außer im Strandungsfall (§ 114 ADS) gelten nach der MP 2711 folgende „Sonder-Klauseln":

1. einschl. gewöhnlicher Leckage, frei von dem ersten Prozent, jedes Kollo eine Taxe

Echte Sonder-Gefahr, da V.rer nach § 86 ADS nicht für einen Schaden durch „gewöhnliche Leckage" haftet, deren Einschluß (vgl. auch Kl. 11 Zusatz-Best. 1947) besonders vereinbart sein muß – gegen Prämienzulage – hier mit einer ABZUGS-Franchise (§ 118 ADS) von dem „ersten" Prozent bei „Kollo-Taxe", d.h. V.rer hat jeden Leckage-Verlust zu ersetzen, der die ersten 1%, gerechnet auf den Netto-Inhalt der drums, übersteigt, die ersten 1% (in diesem Musterbeispiel) niemals (vgl. S. 59, Beispiel 2).

2. einschl. Diebstahl und Nichtauslieferung ganzer Kolli

Hier gilt das gleiche für die vers. Deckladung wie für diese Gefahren bei Raum-Verladung (siehe oben unter 1. „Frei von 3").

3. einschl. werfen und überbordspülen

Es handelt sich bei den 3 drums Motoröl, wie aus der MP 2711 hervorgeht, wie auch schon aus der Vers.-Aufgabe des VN (I S. 11), um eine Verladung auf Deck.

Bei Deckladung greift einmal die „Deckladungs-Klausel" 8 der Zus.-Best. 1947 Platz.

Diese Klausel besagt zunächst, daß Verladung auf Deck anzeigepflichtig ist, d.h. „bei Aufgabe" der Vers. ist dem V.rer anzuzeigen, daß die betr. Güter „auf Deck" verladen sind. Damit hat VN eine der höheren Gefahr (der Raum-Ladung gegenüber) entsprechend höhere Prämie zu zahlen.

Nach den ADS haftet der V.rer für Deckladung (§ 85 ADS) nur für „Beiträge zur großen Havarei", die der VN zu entrichten hat, und bei Totalverlust oder „Verschollenheit" des Schiffes und bei „Verfügung von Hoher Hand" (die bisher fehlenden Erklärungen für diese Begriffe folgen noch).

Die Deckladungs-Klausel 8 der Zus.-Best. 1947 erweitert die Haftung des V.rers über die Best. des § 85 ADS hinaus, auch auf Schäden durch die Gefahr des ÜBERBORDSPÜLENS UND -WERFENS VON DECKLADUNG. Er haftet jedoch für Beschädigungs-Schaden nur beschränkt, d.h. nur im Falle der Strandung gemäß § 114 ADS und der Nothafenklausel.

Da nach der deutschen Seevers.-Police die gedruckten Zusatzbestimmungen zu ADS für Güterversicherung (1947) den Bestimmungen der ADS vorangehen, bedarf es de jure – von Rechts wegen – keiner ausdrücklichen Dokumentierung „einschl. Werfen und Überbordspülen" (der Deckslast) in den besonderen, geschriebenen Bedingungen der Police. Die besondere Herausstellung dieser Decksladungsklausel in der Seevers.-Police hat deshalb – neben ihrer Rechtsgültigkeit – insbesondere informatorischen Charakter.

4. Sonderklausel „einschl. Krieg etc."

Es gilt das Gleiche wie S. 81 Abs. 4 ausgeführt.

5. Sonderklausel „einschl. Schäden durch Aufruhr etc."

Hier wieder echte Sondergefahr, da bei Deckladung nicht § 28 ADS, sondern § 114 ADS Platz greift.

Nach dieser „Zwischenbilanz" dürfen wir hoffen, den Standard-Klauseln und ihren Anhängseln – wie wir sie – variiert – in jeder Seevers.-Police vorfinden – nunmehr ihre „Geheimnisse" entrissen zu haben und daß Sie damit auf dem Weg, die ADS in ihrer Gesamtheit zu meistern, schon ein gutes Stück vorangekommen sind.

Kapitel XIV

OBLIEGENHEITEN (I)
WICHTIGE VERPFLICHTUNGEN DES VN

1. „Anzeigepflicht" – §§ 19–22, 27 ADS
2. „Gefahrenänderung" – §§ 23–27 ADS

Wir haben uns jetzt mit einer Reihe „wichtiger Verpflichtungen" zu befassen, die dem VN bzw. dessen Vertreter nach den ADS auferlegt sind, die der vers. Kaufmann kennen muß, wie der Kraftfahrer das Straßen-Verkehrs-Gesetz. Die Nichtbeachtung der „Obliegenheiten" kann den Verlust des Entschädigungsanspruches zur Folge haben.
Solche wichtigen Verpflichtungen des VN bestehen bereits

a) bei Schließung des Vertrages wie ferner
b) während der vers. Reise,
c) bei Eintritt und während der Abwicklung von Schäden und auch dann noch
d) nachdem VN vom V.rer entschädigt worden ist.

In dieser Folge werden wir nun die verschiedenen „Obliegenheiten" des VN im einzelnen kennenlernen.
Da ist zunächst der

§ 19 ADS – Anzeigepflicht –

der den VN verpflichtet „bei Schließung des Vertrages" dem V.rer *alle ihm bekannten gefahrerheblichen Umstände richtig und vollständig anzuzeigen!*
VN hat danach also anzuzeigen

„bei Schließung des Vertrages"

d.h. bei Aufgabe, bei der Anmeldung der Versicherung. Es ist eine „vorvertragliche" Anzeigepflicht, um die es im § 19 geht. – Erlangt VN nach Einreichung des Vers.-Antrages, aber vor der Annahme der Versicherung Kenntnis von Nachrichten oder Tatsachen, die für die vom V.rer zu übernehmende Gefahr „erheblich" sind, so ist VN verpflichtet, diese sofort dem V.rer mitzuteilen.
VN hat anzuzeigen

„alle ihm bekannten Umstände"

Welche Umstände? Umstände sind (nach Ritter S. 345) „Tatsachen jeder Art – vergangene, gegenwärtige oder künftige, positive oder negative, äußere oder innere." –

Beispiel: VN meldet 1 Partie Mandeln zur Vers. an und verschweigt – möglicherweise sogar um dadurch eine niedrige Prämienrate bei seinem V.rer zu erlangen –, daß es sich um Ware „vorjähriger" Ernte handelt, obwohl die neue Ernte z.Z. der Vers.-Aufgabe bereits regelmäßig gehandelt wird –, so hat VN gegen eine „besonders schwere Verbindlichkeit" verstoßen und hat deshalb die sich daraus ergebenden Folgen, wie noch auszuführen ist, zu tragen.
Ein „Umstand" bildet insbesondere die Tatsache, daß dem VN „Nachrichten zugegangen" sind, die für die Übernahme der Gefahr „erheblich" sind. Solche „Nachrichten" sind durch den VN „ohne eigene Stellungnahme" an den V.rer sofort weiterzuleiten, auch dann, wenn VN die Nachrichten für „unbegründet oder unzuverlässig" hält, die daraus zu ziehenden Folgerungen können dem V.rer überlassen werden.
Auch Zeitungsnachrichten sind solche Mitteilungen, die dem VN zugegangen sind.
VN hat anzuzeigen:
alle „ihm bekannten" gefahrerheblichen Umstände.
Umstände, die „allgemein" bekannt sind, brauchen nicht angezeigt zu werden. VN muß aber im Schadenfall beweisen können, daß ein nicht angezeigter Umstand z.Z. der Schließung des Vertrages allgemein bekannt war.

Der V.rer kennt natürlich zufolge seines Fachwissens die zu übernehmende Gefahr, jedoch nur insoweit, als daß das zu übernehmende Risiko „durch keine Besonderheiten" beeinflußt wird. Die „allgemeinen Tatsachen und Gefahren", die dem V.rer als bekannt vorausgesetzt werden dürfen, braucht VN also nicht anzuzeigen; dagegen alles das, was als ungewöhnlich, als Abweichung von dem Regelfall Einfluß auf den Entschluß des Versicherers haben kann, die Versicherung überhaupt bzw. zu den vorgesehenen Bedingungen zu übernehmen.

Hierzu Ritter Seite 351:

„Daß Eisgefahr besteht, wenn Güter im Dezember für eine Leichterreise von Königsberg nach Pillau vers. werden, muß der V.rer wissen, braucht VN nicht anzuzeigen, daß das Eis „fest steht", die Leichterschiffer sich „geweigert haben", das Eis mit Schleppern zu forzieren und „nur durch besondere Vergütung hierzu zu bewegen gewesen sind", muß angezeigt werden.

Ein weiteres Beispiel Ritter Seite 351:

„Ist die „besondere Feuergefahr" der zu vers. Güter nur dem VN, „nicht allgemein bekannt", so bildet sie natürlich keine allgemeine Tatsache, keinen der allgemeinen Erfahrung zugänglichen Umstand und ist mithin anzuzeigen."

Der VN hat anzuzeigen:

alle „gefahrerheblichen" Umstände.

Was „gefahrerheblich" ist, bestimmt im besonderen durch 4 Beispiele der § 21 ADS, wie noch hier auszuführen ist.

Die Anzeige „gefahrerheblicher" Umstände hat so zu erfolgen, daß V.rer daraus erkennen kann, welche Bedeutung dem Umstand für die Übernahme der Gefahr beizumessen ist, der V.rer muß daraus die *Gefahr richtig schätzen können.* Der V.rer hingegen ist seinerseits gehalten, dem VN *bei Schließung des Vertrages präzise Fragen zu stellen*, deren richtige Beantwortung durch VN eine „zutreffende Beurteilung des Risikos" ermöglicht.

Wenn Antragsteller alle ihm bekannten Umstände richtig angibt, so genügt er seiner Verpflichtung, und so will es § 13 ADS, wonach alle *Beteiligten Treu und Glauben in höchstem Maße zu betätigen haben!*

Auch für den V.rer besteht die Pflicht, seinerseits Umstände, welche für den Versicherungsvertrag von Bedeutung sind, dem VN mitzuteilen.

„Versichert der Reeder z.B. sein überfälliges Segelschiff für die Reise von Mobile nach Hamburg, so darf der V.rer, „der weiß, daß das Schiff bereits Cuxhaven passiert hat", dies „nicht verschweigen", er muß, wenn er es doch verschweigt, den VN gemäß § 276 BGB schadlos halten" (Ritter S. 341).

Ein anzeigepflichtiger „gefahrerheblicher" Umstand ist auch die Verladung der versicherten Güter „auf Deck", weil die Gefahr für den Güterversicherer größer ist, als wenn die Güter im Raum verladen werden (vgl. Deckladungs-Klausel der Zusatz-Bestimmungen 1947, Klausel 8 (XIII S. 82).

Als nicht anzeigepflichtig, weil gefahrunerheblich zitiert Ritter (Seite 357 HGZ 1905. 116) folgendes interessante richterliche Urteil: Laufende Güter-Vers. Gefahrunerheblich, daß dem VN „von seiner bisherigen Vers.-Gesellschaft mit Rücksicht auf die andauernden Großschäden an Faßverladungen nach Malaga die (laufende) Versicherung gekündigt" ist.

Umstände, die VN nach dem maßgebenden Zeitpunkt erfährt, braucht er nicht anzuzeigen, es sei denn, wenn dieser Umstand eine „Gefahrerhöhung" gegenüber der ursprünglich übernommenen Gefahr herbeiführt. Trifft dieses zu, so ist gemäß § 26 ADS die Gefahrerhöhung anzeigepflichtig.

In bezug auf die unterlassene oder falsche Anzeige bei Vertragsschließung muß VN das Verhalten „seines gesetzlichen Vertreters gegen sich gelten lassen."

„Bedient sich VN zur Erfüllung der Anzeige eines Dritten, läßt er insbesondere den Vertrag durch einen Vertreter schließen, so muß er das Verhalten des Dritten wie sein eigenes

vertreten. Hat z.B. der Prokurist des VN den Vertrag geschlossen und einen gefahrerheblichen Umstand nicht angezeigt, so haftet der Versicherer nur, wenn weder den Versicherten noch den Prokuristen ein Verschulden trifft. Hat der Prokurist über den gefahrerheblichen Umstand eine Falschanzeige gemacht, so ist der Versicherer ohne weiteres frei" (Ritter S. 338).
„Bei Versicherung für fremde Rechnung" kommt es regelmäßig nicht nur auf die Kenntnis des VN, sondern auch auf die Kenntnis des Versicherten an" (§ 57 1, 3, 4 – Ritter S. 363).

§ 20 ADS
Verletzung der Anzeigepflicht

Welche Folgen ergeben sich aus der Verletzung der Anzeigepflicht? Nach § 20 Abs. 1 ist V.rer von der Leistung *zur Zahlung eines Schadens frei*, wenn über einen erheblichen Umstand

a) Anzeige unterbleibt
b) eine unrichtige Anzeige (Falschanzeige)

gemacht worden ist.
„Das Gleiche" gilt, wenn VN den gefahrerheblichen Umstand *zufolge von grober Fahrlässigkeit nicht kannte.* („Grobe Fahrlässigkeit ist besonders schwere Außerachtlassung der im Verkehr erforderlichen Sorgfalt, „ganz besondere Sorglosigkeit", s. Ritter S. 371.)
Diese Bestimmung würde beispielsweise Anwendung finden, wenn VN ein Schreiben seines überseeischen Abladers absichtlich ungelesen läßt, um in Unkenntnis zu bleiben, weil VN vermutet, das Schreiben könnte präjudizierliche Nachrichten in bezug auf die anzumeldende Vers. enthalten, ihn also in seiner vermeintlichen Handlungsfreiheit beschränken würde. Aber genau das Gegenteil schreibt der Gesetzgeber dem Antragsteller vor: er hat die Verpflichtung, jede ihm zugegangene Mitteilung, die gefahrerheblich ist, seinem V.rer mitzuteilen.
§ 20, Abs. 2 bestimmt, daß die Verpflichtung des V.rers bestehen bleibt, wenn er selbst (der Versicherer) den nicht angezeigten Umstand oder die Unrichtigkeit kannte. Natürlich!
Das Gleiche gilt, also V.rer muß zahlen, wenn die Anzeige „ohne Verschulden" des VN unterblieben ist. Insoweit ist etwas anderes bestimmt, wie im § 20 Abs. 1 Satz 1 einschränkend festgelegt ist.
Es ist also wichtig zu wissen, daß das Gesetz bzw. die ADS unterscheiden:

a) die Nichtanzeige,
b) die unrichtige Anzeige (Falschanzeige)

Bei unrichtiger Anzeige (Falschanzeige) ist Versicherer in jedem Falle frei.
Der V.rer ist auch dann frei, wenn VN einen gefahrerheblichen Umstand „grob fahrlässig nicht kannte."
Ebenso bei „Nichtanzeige", es sei denn, diese Nichtanzeige ist „ohne Verschulden des VN" unterblieben.
V.rer wird also nicht frei in folgendem Beispielsfall:
Fischtran in drums ist lt. Konnossement von Hamburg nach Kopenhagen „im Raum" verladen und dementsprechend versichert. Vor Beginn der Reise entschließt sich der Kapitän „ohne Wissen des Verladers", die betreffende Partie Tran „auf Deck" zu stauen. Erst gelegentlich der Schadenfeststellung in Kopenhagen wird der Umstand bekannt, daß die versicherten Güter tatsächlich auf Deck verladen wurden. Unterbliebene Anzeige ohne Verschulden des VN – V.rer haftet.
Anders liegt der gleiche Fall, wenn VN von der Umstauung dadurch in Kenntnis gesetzt ist, daß Reederei durch schriftlichen Revers sich verpflichtet, für die aus der Decksverladung entstehenden Schäden aufzukommen, so weit nicht durch Versicherung gedeckt. In diesem Fall würde eine Unterlassung der Anzeige an V.rer den Verlust jeglichen Entschädigungsanspruches herbeiführen.
§ 20 Abs. 3: Bleibt die Verpflichtung des V.rers – wie in dem erstangeführten Beispiel für

Fischtran nach Kopenhagen dargestellt – bestehen, so gebührt dem V.rer eine der höheren Gefahr entsprechende höhere Prämie (Zuschlagprämie). Versicherungsschutz besteht also trotz Veränderung und Erweiterung des Risikos. VN hat lediglich eine dem höheren Risiko entsprechend zusätzliche Prämie zu leisten.

§ 21 ADS – gefahrerhebliche Umstände

Folgende 4 Beispiele, die § 21 aufführt, gelten „insbesondere" als „gefahrerhebliche" Umstände:

1. Umstände, die VN unrichtig angegeben hat, „wenn er die Richtigkeit der Anzeige zugesichert hat."
2. Umstände, die VN „absichtlich verschwiegen" hat.
3. Umstände, die VN „absichtlich unrichtig" angegeben hat.
4. Umstände, nach denen der V.rer ausdrücklich gefragt hat.

Wenn hiernach also VN

1. die Richtigkeit seiner Anzeige zugesichert hat, gilt die Unrichtigkeit unwiderleglich als objektiv „gefahrerheblich".
2. Ebenso, wenn VN absichtlich verschwiegen oder
3. absichtlich unrichtig angegeben hat.
4. Der V.rer hat nach Umständen ausdrücklich gefragt, der VN gleichwohl nicht oder unrichtig angezeigt. Der nicht angezeigte Umstand oder die „Unrichtigkeit" gilt als „objektiv gefahrerheblich". Aber . . . nur im Zweifel. Es handelt sich nur um eine Beweisregel, um die Verschiebung der Beweislast. *Der* VN *muß und kann (nicht nur beweisen, daß der Versicherer sich tatsächlich nicht hat beeinflussen lassen, sondern auch) beweisen, daß der Umstand oder die Unrichtigkeit objektiv gefahrunerheblich ist*" (Ritter S. 390).

§ 22 ADS

Anzeigepflicht bei Vertragsschließung durch Vertreter

Gemäß diesen Bestimmungen ist in bezug auf die Anzeigepflicht bei Vertragsschließung „durch Vertreter" festgelegt, daß nicht nur die Kenntnis und das Kennenmüssen des Vertreters für die Befreiung des Versicherers von der Verpflichtung zur Leistung in Betracht kommt, sondern auch die Kenntnis und das Kennenmüssen des VN.

„Wenn ein „Vertreter des VN" die Richtigkeit einer Anzeige zugesichert oder einen gefahrerheblichen Umstand arglistig verschweigt oder unrichtig angezeigt, oder wenn der Versicherer an ihn ausdrücklich eine Frage gestellt hat, ist § 21 – Gefahrerhebliche Umstände – anwendbar.

Ebenso natürlich, wenn der VN zwar nicht selbst abgeschlossen, aber selbst zugesichert oder absichtlich verschwiegen hat" (Ritter S. 393).

§ 27 ADS

Anzeigepflichtverletzung und Gefahränderung hinsichtlich eines Teiles der versicherten Gegenstände

Dieser Paragraph regelt die Anzeigepflichtverletzung hinsichtlich eines Teiles der versicherten Gegenstände. Ist V.rer wegen Verletzung der Anzeigepflicht „in Ansehung eines Teiles" der Gegenstände frei, so ist er in Ansehung des „übrigen Teiles nur frei", wenn anzunehmen ist, daß V.rer für diesen übrigen Teil allein den Vertrag nicht, oder zu gleichen Bedingungen geschlossen haben würde.

Aus den vorangegangenen Ausführungen haben wir ersehen, daß VN vor dem Abschluß des Vertrages alle Umstände anzeigen muß, die gefahrerheblich sind. Nach dem Abschluß muß VN „die Gefahr unverändert lassen", stehen lassen; deshalb spricht das Gesetz von einer „Gefahrstandspflicht".

§ 23 ADS
Gefahränderung

bestimmt nämlich, daß nach Abschluß des Vertrages VN nicht ohne Einwilligung des Versicherers die Gefahr ändern, insbesondere erhöhen oder die Änderung durch einen Dritten gestatten darf.
Auch hier zeigt im Vers.-Verkehr die Ampel wieder „rotes" Licht, denn

§ 24 ADS
Rechtsfolgen der Gefahränderung

bestimmt: „Verletzt der VN die Bestimmungen des § 23, so ist der V.rer, wenn später der Vers.-Fall eintritt, von der Verpflichtung zur Leistung frei", ausgenommen u. a., wenn die Gefahränderung durch ein Gebot der Menschlichkeit veranlaßt wurde oder wenn die Gefahränderung auf den Eintritt des Vers.-Falles oder auf den Umfang der Leistung des V.rers keinen Einfluß hat üben können.
Diese Bestimmungen der §§ 23 und 24 müßten noch eingehender Gegenstand unserer Erklärungen sein, wenn nicht abweichende Vereinbarungen in bezug auf die Gefahränderung in Deutschland die Regel sind.
In der Praxis gibt ein einsichtiger Verkehrsschutzmann den Weg frei, den die Ampel sperrt. Auf die Seeversicherung übertragen ist es die Gefahränderungs-Klausel Nr. 7 der Zusatz-Bestimmungen (1947), die das Gefahränderungsverbot nach §§ 23/24 ADS aufhebt, weil die besonderen Zusatz-Bestimmungen (1947) den ADS vorangehen.
Die Gefahränderungs-Klausel der Zus.-Best. (1947) Nr. 7 lautet wörtlich:
„Der VN darf die Gefahr ändern, insbesondere „erhöhen" und die Änderung einem Dritten gestatten. Dem V.rer gebührt im Falle der Änderung eine Zuschlagprämie, wenn er nach den ADS mit Rücksicht auf die Änderung von der Verpflichtung zur Leistung frei sein würde."
Durch diese Klausel fallen also für den VN alle diesbezüglichen Einschränkungen nach den ADS fort, und er hat lediglich nach

§ 25 ADS
Zuschlagprämie bei Gefahränderung

eine „Zuschlagprämie" dem V.rer zu zahlen, wenn durch die Gefahränderung der V.rer gegenüber dem ursprünglichen Risiko, also bei Schließung des Vertrages, eine „zusätzliche Gefahr" zu tragen hat. Jedoch ist diese Zuschlagsprämie nicht in jedem Falle einer Gefahränderung zu entrichten, sondern nur, wenn die Gefahränderung eine „Gefahrerhöhung" ist. Die Zuschlagprämie ist sofort fällig und zu zahlen, wenn die Gefahr geändert ist.
Ob und wieviel die Gefahr größer geworden ist, ist Tatfrage (Ritter Seite 447).
Schuldner der Zuschlagprämie ist der VN, auch im Falle einer Versicherung für „fremde Rechnung". Im Falle einer Veräußerung schuldet Veräußerer und Erwerber die Zuschlagsprämie. Wenn eine Police ausgestellt ist, schuldet nicht der Erwerber die Zuschlagsprämie, sondern der VN (Ritter S. 447).
Im Verhältnis zwischen Cif-Verkäufer und Cif-Käufer trägt der Käufer die Zuschlagprämie (HGZ 1916. 129 usw. zitiert von Ritter S. 447).
Wenn die Gefahr sich „vermindert", was u. U. durch die Gefahränderung eintreten kann, hat VN „keinen Anspruch auf Prämienrückgabe" (vgl. Ritter S. 449).

§ 26 ADS
Anzeige von Gefahrerhöhungen

Ungeachtet der erwähnten Gefahränderungs-Klausel der Zusatz-Best. (1947) Nr. 7 bleibt die „Verpflichtung zur Anzeige" der Gefahränderung bestehen, wenn es sich hierbei um eine „Gefahrerhöhung" handelt.
Die Anzeige an Versicherer hat „unverzüglich" zu erfolgen, denn V.rer hat aus rückver-

sicherungstechnischen Gesichtspunkten ein Interesse daran, solche Gefahrerhöhungen schnellstens zu erfahren, wie wegen der Zuschlagsprämie, die ihm gemäß § 25 gebührt. VN muß deshalb solche Gefahrerhöhungen richtig anzeigen.
Der VN muß anzeigen. Im Falle der Versicherung für „fremde Rechnung" muß an und für sich „nur" der VN mitteilen, nicht der Versicherte.
Bei einer laufenden Police, an der mehrere Versicherer beteiligt sind, genügt Anzeige an die „führende" Gesellschaft, doch sind hierzu die Bestimmungen der Anschluß-Klausel 30 der Zusatz-Bestimmungen 1947 (vgl. Seite 267) zu beachten.
Verletzt der VN vorsätzlich oder fahrlässig die Anzeigepflicht, muß er dem V.rer den dadurch verursachten Schaden ersetzen (BGB § 276 – Ritter S. 453).

Das Grundsätzliche der vorstehend behandelten Bestimmungen über „Obliegenheiten" des VN bei Schließung des Vers.-Vertrages und während der vers. Reise kann man – auf einen einfachen Nenner gebracht – dahingehend zusammenfassen, daß es im Verhältnis zwischen dem VN und seinem Versicherer

kein Versteckspielen

geben darf. – Versichern ist kein Pokern, bei dem „bluffen" erlaubt ist. Hier müssen alle Karten offen auf dem Tisch liegen. Jede „Verheimlichung" seitens des VN wird richterlich als „verwerflich" verurteilt, ebenso die „Falschanzeige". Beides – Verheimlichung bekannter gefahrerheblicher Umstände und Falschanzeige – machen den V.rer frei, nicht aber den VN, denn: *Seine Prämie bleibt auch bei Nicht- und Falschanzeige verfallen!*
Der VN ist hiermit also hinreichend gewarnt und unterrichtet!

Kapitel XV

§ 29 ADS – „GROSSE" ODER „GEMEINSCHAFTL. HAVAREI"
§ 30 ADS – (HAVARIE-GROSSE-)„BEITRÄGE"
§ 31 ADS – „AUFOPFERUNGEN" DES VERS. GEGENSTANDES
§ 32 ADS – „AUFWENDUNGSSCHADEN"

Bevor wir, wie im vorangegangenen Abschnitt bereits eingeleitet, das Thema „*Obliegenheiten*" fortsetzen, die sich auf solche „wichtigen Verpflichtungen" des VN beziehen werden, die bei Eintritt und während der Abwicklung von Schäden sowie nach Erhalt der Schadenzahlung vom VN zu beachten sind, wird es zweckmäßig sein – und wir befinden uns damit auch im Gleichschritt mit der Paragraphen-Folge der ADS – wenn wir uns nun zunächst mit den Bestimmungen bekannt machen, nach denen der VN im Vers.-Fall seinen Schaden durch den Versicherer ersetzt erhält; für den „Policen-Inhaber" bzw. VN also der interessanteste Teil der Seeversicherung.

Über Schäden wissen wir bereits, daß *Bagatell-Schäden* nicht ersetzt werden; ferner, daß *Beschaffenheits-Schäden* ebenfalls nicht oder nur nach besonderer Vereinbarung erstattungspflichtig sind.

Zu ersetzen sind dagegen „*Havarie-Schäden*" (englisch: average, französisch: averie). Das sind: „unterwegs durch See-Unfall entstandene Schäden" (Ritter S. 135).

Nach dem Seeversicherungsrecht sind zu unterscheiden:

a) große (oder gemeinschaftliche) Havarei (General Average, Averie grosse)
b) besondere Haverei (Particular Average, Avarie particuliere)

Ergibt sich also als erste Frage: „Was ist eine „große" oder „gemeinschaftliche Havarei"?

Die Antwort gibt zunächst das Gesetz, u.z. § 700 HGB:

> „Alle Schäden, die dem Schiff oder der Ladung oder beiden zum Zwecke der Errettung beider aus einer gemeinsamen Gefahr vom Schiffer oder auf dessen Geheiß vorsätzlich zugefügt werden, sind große Havarei und ebenso die für denselben Zweck aufgewendeten Kosten."

Solche Hav.-große-Schäden und -Kosten werden von Schiff, Fracht und Ladung – wie von einer Art „*Vers.-Gemeinschaft auf Gegenseitigkeit*" (Ritter S. 498) – „gemeinschaftlich" getragen u.z. im Verhältnis zu den „geretteten Werten" von Schiff, Ladung und Fracht.

Demonstrieren wir die wesentlichen Merkmale einer großen Havarei und deren versicherungstechnischen Auswirkungen an folgendem Beispielsfall:

D. „Isis" gerät auf der Reise von Bremen nach Hamburg an gefährlicher Stelle der Elbmündung auf Grund fest. Um das Schiff frei zu bekommen, entschließt sich der *Kapitän* der „Isis", Schlepperhilfe anzufordern. Der Abschleppversuch mit 3 Schleppern mißlingt; es werden deshalb vom *Kapitän* weitere 5 Schlepper angefordert. Dieser 2. Versuch mit insgesamt 8 Schleppern bringt das Schiff wieder flott, so daß D. „Isis" seine Reise nach Hamburg fortsetzen und dort beenden kann.

Zur Zeit des Unfalles ist die Ladung überwiegend bereits in Bremen gelöscht. An Bord der „Isis" befindet sich lediglich noch eine Ladung von Rohkaffee im Werte von Dollar 100 000,–, die für Hamburg bestimmt ist. – Der Dampfer hat bei der Grundberührung Bodenschaden erlitten. –

Durch dieses Unfallereignis ist ferner Seewasser in den Ladungsraum eingedrungen, so daß die Ladung Rohkaffee seewasserbeschädigt ist. –

Aufgrund des vorstehenden Schiffahrtsunfalles legt der Kapitän des D. „Isis" vor den Gerichten in Hamburg „Verklarung" ab, d.i. eine besondere gerichtliche Beweisverhandlung mit Zeugen der Schiffsbesatzung, bei der der Schiffer einen Bericht über den Hergang des Schiffsunfalles und zugleich über die von ihm veranlaßten Hav.-gr.-Maßnahmen amtlich zu Protokoll gibt.

Sofort nach Beendigung der Reise des Havaristen (= D. „Isis") in Hamburg einigen sich

Reeder und die Versicherer (von Kasko, Fracht und Ladung) über einen „Dispacheur", der als neutraler Sachverständiger eine „Dispache" aufmacht."

Die „Dispache" ist die von berufener Seite ausgestellte Urkunde über die Feststellung und Verteilung des (Hav.-gr.) Schadens (HGB 727, 728).

Sie enthält:

1. die Darstellung des Sachverhaltes (des Schiffahrtunfalles)
2. die Feststellung der Hav.-gr.-Schäden
3. die Feststellung der beitragspflichtigen Werte
4. die Errechnung der Vergütungen und Beiträge, die sich aus dem Verhältnis der Schäden und der Werte ergeben.

(Ritter S. 517/18)

Für den vorstehend dargelegten Schiffahrtsunfall würde die aufzumachende Dispache – in gekürzter Form – etwa folgendes festhalten:

a) den Bericht über den Unfallhergang bzw. Wiedergabe der gerichtlichen „Verklarung" des Kapitäns,

b) Zusammenstellung der entstandenen Havarie-Kosten, hier beispielsw.:

1. Schlepperhilfe für 3 Schlepper	DM 30 000,–
2. dto. für 8 Schlepper	DM 90 000,–
Hav.-gr.-Kosten zusammen (= Passivmasse)	DM 120 000,–

c) Zusammenfassung der Beitragswerte der Hav.-gr.-Gemeinschaft:

c1) D. „Isis" Taxe im beschädigten Zustand		DM 5 000 000,–
c2) Frachtgelder		DM 10 000,–
c3) Ladung Gesundwert	DM 420 000,–	
davon seewaaser-beschädigt 10%	DM 42 000,–	
beitragspfl. Wert der Ladung		DM 378 000,–
beitragspflichtiger Wert insgesamt (= Aktivmasse)		DM 5 388 000,–

Endrechnung:

Beitragsquote auf DM 5 388 00,– (Aktivmasse) und entstandene Hav.-gr.-Kosten DM 120 000,– (Passivmasse)

Formel: $\frac{\text{Passivmasse} \times 100}{\text{Aktivmasse}} =$

$\frac{120\,000 \times 100}{5\,388\,000,–} = 2,22727\%$ dies ist dann die HAVARIE-GROSSE-BEITRAGSQUOTE

Zusammenfassung:

Der Hav.-gr.-Beitrag beträgt also

a) für Schiff DM 5 000 000,– zu 2,22727%	DM 111 358,50
b) die Fracht DM 10 000,– zu 2,22727%	DM 222,74
c) Ladung DM 378 000,– zu 2,22727%	DM 8 418,76
die Hav.-gr.-Gemeinschaft (a, b und c) trägt zusammen	DM 120 000,—
	= entstandene Hav.-Kosten

Welche wesentlichen Merkmale einer Hav.-gr. entnehmen wir nun zunächst aus dem Schadenvorgang?

Havarie-große liegt vor,

wenn für Schiff und Ladung *eine gemeinsame Gefahr* besteht:

In unserem Beispiel hier: vorliegend durch das auf Grund Festgeraten des Dampfers „Isis" an gefährlicher Stelle der Elbmündung.

Die Gefahr muß „unmittelbar drohend" sein. Hier: Die Gefahr, daß Schiff und Ladung in dem Mahlsand der Strandungsstelle immer weiter versinken und damit der vollständigen Vernichtung preisgegeben sind, ist „bereits eingetreten".

Nur der „Schiffer" hat zu bestimmen, welche „Opfer" gebracht und/oder „welche Kosten im gemeinamen Interesse von Schiff und Ladung aufgewendet werden sollen".

Hier: Kapitän entscheidet sich für Schlepperhilfe (da Schiff mit eigener Maschinenkraft oder durch andere eigene Schiffsmanöver nicht freikommt – bejahendenfalls würde kein Hav.-gr.-Ereignis vorliegen, sondern nur „besondere Havarei", d.h. Schiff und Ladung haben etwaige Schäden infolge solchen Unfalles jeder für sich zu tragen).

Es entstehen hier Hav.-gr.-Kosten durch Berge- bzw. Hilfslohn:

Hier: zunächst DM 30 000,– für 3 Schlepper. Der Abbringungsversuch des Dampfers mißlingt. (Auch „erfolglos aufgewandte Rettungskosten" gehören zu den Hav.-gr.-Kosten, soweit der Kapitän sie für geboten halten durfte.)

Auf Geheiß des Kapitäns wird ein nochmaliger Abbringungsversuch mit den 3 Schleppern und zusätzlich weiteren 5 Schleppern gemacht. Es entsteht ein weiterer Hilfslohn für insgesamt 8 Schlepper von DM 90 000,–. Auch dieser Hilfslohn fällt unter Hav.-gr.-Kosten. Ohne Bedeutung, daß dieser 2. Versuch erfolgreich ist und Dampfer seine Reise bis zum Bestimmungshafen fortsetzen kann.

Aus dem Unfallhergang ist weiter ersichtlich, daß infolge des Aufgrundfestgeratens D. „Isis" Bodenschaden erlitten hat.

Hier: Die Reparaturkosten des Schiffes – für *Bodenschaden* sind keine Hav.-gr.-Kosten, sondern „besondere Havarei". Diese Schäden hat nur der Kasko-Versicherer des Schiffes allein zu tragen.

Die noch an Bord befindliche Ladung von D. „Isis" ist durch dieses Unfallereignis seewasserbeschädigt.

Hier: Diese Seewasserbeschädigung der Ladung zählt ebenfalls nicht zu den Hav.-gr.-Kosten, sondern ist Teil- oder Particularschaden oder (was dasselbe ist) „besondere Havarei", die nur den *Güter*-Versicherer angeht.

In bezug auf die Havarie-große interessiert die „besondere Havarie" des Schiffes und der Ladung jedoch insofern, als diese Teilschäden Berücksichtigung finden bei der Festsetzung der Beitragswerte. Schiff, Ladung und Fracht tragen nur in Höhe der geretteten Werte zur Havarie-große bei (das ist der Vers.wert ./. etwaigem Teilschaden).

In vorstehendem Beispielsfall entscheidet sich Kapitän als Maßnahme zur Errettung von Schiff und Ladung aus gemeinsamer Gefahr für die Inanspruchnahme von Schlepperhilfe. – Andere Situationen können den Kapitän u. U. veranlassen, zu dem gleichen vorgenannten Zwecke der eigenen Ladung seines Dampfers vorsätzlich dadurch Schaden zuzufügen, indem auf sein, d.h. Schiffers Geheiß Ladung (über Bord) geworfen, „aufgeopfert" wird, um das Schiff von der Strandungsstelle freizubekommen. –

Schäden, die so „durch die geworfene Ladung" entstehen, sog. „Aufopferungen des vers. Gegenstandes" sind von der Hav.-gr.-Gemeinschaft zu tragen. Das bedeutet: Die einzelnen VERLADER der „aufgeopferten" Güter erhalten Ersatz aus den Beiträgen, welche die *Havarie-große-Gemeinschaft für die geretteten* Sachen aufzubringen hat, müssen aber auch für ihre aufgeopferten Sachen (Güter) „den lt. Dispache festgesetzten Beitrag entrichten."

Nach dem eigentlichen Hergang eines Schiffahrtunfalles untersuchen wir nunmehr die weiteren Auswirkungen einer Havarie-große, indem wir uns mit den einzelnen Elementen der

Dispache

befassen.

Es ist hier bereits erwähnt, daß die Dispache eine von „berufener Seite" ausgestellte

Urkunde über die Feststellung und Verteilung des Havarie-große-Schadens auf die einzelnen Beteiligten von Schiff, Fracht und Ladung ist.
Eine solche „berufene Person" ist insbesondere der nach dem Gesetz dazu berufene „Dispacheur", der „ein für allemal" bestellt wird und „auf getreue Pflichterfüllung vereidigt ist" (Ritter S. 517/18).
Unter anderem sind auch die deutschen Konsulen im Ausland auf Antrag des Kapitäns befugt, eine Dispache aufzumachen. – In den Hansestädten ist es Brauch, daß aufgrund allgemeiner Vereinbarungen zwischen Reedern, Assecuradeuren und Verladern vielfach allgemein anerkannte Privat-Dispacheure wegen ihrer besonderen Sachkenntnis und Erfahrung mit der Aufmachung der Dispache beauftragt werden.
Der „Kapitän" hat zu veranlassen, daß eine Dispache aufgemacht wird, und hat nach dem Gesetz oder dem Ortsgebrauch den Dispacheur zu wählen. In der Regel bestimmen aber der Reeder und die beteiligten Versicherer darüber, wer die Dispache aufmachen soll.
Es ist ferner wichtig, wo die Dispache aufzumachen ist. In der Regel ist dieses bereits durch Konnossements-Bestimmungen im voraus festgelegt. Beispielsweise: „Dispache ist aufzumachen nach Wahl des Reeders in Hamburg oder Bremen". Sonst am „Bestimmungsort" oder wenn dieser nicht erreicht wird, „wo die Reise endigt".
Der Ort der Aufmachung des Dispache ist auch bestimmend für das (Landes-)Recht, nach dem die Dispache aufzumachen ist. In der Regel wird jedoch von der Hav.-gr.-Gemeinschaft im voraus vereinbart, daß die Dispache nach dem „Recht des Heimathafens", also dem Hafen, von dem aus die Seeschiffahrt mit dem Schiff betrieben wird, maßgeblich sein soll, oder daß die Dispache nach den *York Antwerp Rules* – ein Hav.-gr.-Recht aus dem Jahre 1890, auf das sich viele Länder „international" geeinigt haben und das 1924 und 1950 überarbeitet worden ist – aufgemacht werden soll.
Wenden wir uns nun den einzelnen Bestandteilen der Dispache zu:

1. Darstellung des Schiffahrtsunfalles bzw. Auszug der gerichtlichen „Verklarung" des Kapitäns

Dieser in der Regel eine Dispache einleitende Teil ist zwar gesetzlich nicht vorgeschrieben, aber üblich und sehr oft ein dramatischer Beitrag zu dem Kapitel *„Seefahrt ist Not"*, wie wir es durch *Gorch Fock* wissen.
Auch heute noch ist häufig genug das Ringen mit den Gefahren in der Seeschiffahrt von einer Härte, wie sie in dem Maße wohl kein anderer Beruf kennt, insbesondere für unsere Fischdampfer und kleinen und mittleren Frachter und Kümos (Küstenmotorschiffe), wie manche Dispache aus den nüchternen Worten einer „Verklarung" erkennen läßt.

2. Die Feststellung der Havarie-große-Schäden

In unserem vorstehend wiedergegebenen Dispacheauszug per D. „Isis" haben wir in dieser Rubrik lediglich die „Berge- und Hilfslöhne" aufgenommen, die „ohne Ausnahme zur Hav.-gr. gehören". (Auch Schwesterschiffe, die einem Dampfer gleicher Reederei Hilfe leisten, haben Anspruch auf Hilfs- und Bergelohn, der in Havarie-große zu verrechnen ist.)
In der Praxis fallen unter diese Rubrik – Feststellung der Hav.-gr.-Schäden – eine ganze Reihe von weiteren Positionen, nämlich *alle Aufopferungen von Sachen* und *Aufwendungen von Kosten zur Rettung von Schiff und Ladung* im weitesten Sinne, beispielsweise: Wert der geopferten Güter und Sachen, Kosten der Verklarung, Schadenfeststellungskosten, Dockkosten, Reisekosten der Sachverständigen, Vergütungen und Auslagen für Havarie-Kommissare, Aufmachungs- und Vervielfältigungskosten der Dispache usw.
Die Addition all dieser Posten ergibt die „Passivmasse".

3. Feststellung der Beitragswerte

„Beitragswerte" und Vers.-Werte bzw. Vers.-Summe decken sich in der Regel nicht.
Als „Beitragswert" für „unbeschädigte" Güter gilt deren *Marktpreis oder der durch Sachverständige ermittelte Preis im Entlöschungshafen am Ende der Reise* abzüglich etwaiger gesparter Kosten, insbesondere Zollkosten.
Als Beitragswerte für „beschädigte" Güter gilt der durch den Havarie-Kommissar oder „durch Sachverständigen ermittelte Verkaufswert" bzw. der bei Verkauf erzielte Erlös.
Alle Positionen der Beitragswerte der Güter, des Schiffes und der Fracht zusammen ergeben die „Aktivmasse" (andere Vers.-Interessen, insbesondere *imag. Gewinn.* Mehrwert-Versicherungen, Passagiergepäck, Mannschaftseffekten oder sonstige Reederei-Interessen sind nicht beitragspflichtig.)

4. Endrechnung und Zusammenstellung

Die Formel: $\frac{\text{Passivmasse} \times 100}{\text{Aktivmasse}} = \text{Beitragsquote}$ (hier: 2,22727%)
ist, wie im Auszug (S. 90) dargestellt, ohne weiteres verständlich.

Wir haben nun den Hav.-gr.-Fall im Zusammenhang mit dem eigentlichen Schiffahrtsunfall und der danach erstellten Dispache kennengelernt. Ziehen wir nun zum weiteren Studium dieses Schadenkomplexes die

§§ 29 und 30 ADS

heran, soweit sie bisher noch nicht zur Erklärung gelangt sind.
Nach § 29 ADS Abs. 1 umfaßt die Vers. „die von dem VN zu entrichtenden Beiträge zur Havarie-große". Der Versicherer hat also zu ersetzen, was der VN – als Partner der Hav.-gr.-Gemeinschaft – beizutragen verpflichtet ist.
Der Versicherer haftet jedoch nur dann, wenn ein ihm zur Last fallender Schaden durch Hav.-Maßnahmen abgewendet werden soll. (In unserem Beispielfall liegt ein Strandungsfall vor – Festgeraten des Schiffes auf Grund – also ein dem Versicherer sowohl nach der „Frei von 3-Klausel" wie nach der „beschränkten" Beschädigungsklausel: „frei von B. außer im Strandungsfall" § 114 ADS – „FPA" – zur Last fallendes Schadenereignis; mithin haftet Versicherer auch für den Havarie-große-Beitrag.)

Havarie-große-*Einschuß*

Nach § 29 Abs. 1, 2. Halbsatz kann VN verlangen, daß der Versicherer für die Entrichtung der Beiträge durch Übernahme der Bürgerschaft „Sicherheit leistet".
Ferner darf nach HGB § 730 das Schiff den „Bestimmungshafen nicht verlassen, ohne den Ladungsbeteiligten für seine Hav.-gr.-Beiträge Sicherheit geleistet zu haben."
Die Güter brauchen vom Reeder „nicht ausgeliefert" zu werden, bevor die darauf ruhenden Beiträge gezahlt oder sichergestellt sind. HGB 731 (Ritter S. 503).
Demzufolge fordern die Reedereien, ehe das Gut ausgeliefert wird, „vom Empfänger" die Zeichnung eines

Havarie-große-Verpflichtungsscheines (General Average Bond)

und ziehen gleichzeitig damit in der Regel auch einen

vorläufigen „Einschuß" in bar

auf den endgültigen Beitrag zur großen Havarei ein.
Der Hav.-gr.-Verpflichtungsschein ist die Anerkenntnis des Ladungsbeteiligten, den durch die Dispache endgültig ermittelten Beitrag an das Treuhandkonto der Hav.-gr.-Gemeinschaft zu zahlen.
Nach dem *Ladungsbeteiligten* zeichnet zufolge § 29 Abs. 1 ADS – siehe oben – auch der *Versicherer* den Havarie-große-Verpflichtungsschein gegen. Der Versicherer setzt regelmäßig folgenden Vermerk vor seine Zeichnung:

Für Hav.-gr.-Beitrag auf vers. Interesse in den Grenzen „policenmäßiger" Haftung (In respect of General Average contribution on insured interest within the limits of liability as per policy).

Soweit gleichzeitig mit dem Verpflichtungsschein „Einschüsse" zu leisten sind, müssen diese (Teil-) Beiträge „von den Verladern entrichtet" werden. Diese erhalten daraufhin eine sog.

Havarie-große-Einschußquittung

über den gezahlten Betrag, die vom VN „indossiert", d.h. auf der Rückseite der Einschuß-Quittung mit Unterschrift des VN versehen, dem Versicherer einzureichen ist, die dann vom V.rer üblicherweise dem VN in Höhe des geleisteten Einschusses erstattet wird, üblicherweise deshalb, weil eine rechtliche Zahlungsverpflichtung des V.rers erst nach *Fertigstellung der Dispache* auf Grund des Dispache-Auszuges gegeben ist. (Vgl. im folgenden § 30 ADS.)

Wenn „hohe Summen" als „Einschuß" gefordert werden, so sind zweckmäßig die Versicherer vom VN davon zu unterrichten, um ersteren Gelegenheit zu geben, evtl. auch in anderer Weise „Sicherheit" zu leisten als durch Bareinschuß.

Die „Höhe" der Einschußleistung – evtl. mehrere im Verlaufe der Erstellung der Dispache – wird insbesondere durch den Dispacheur nach Rücksprache mit dem Reeder festgesetzt, also „nach Schätzung", wobei häufig die so geforderten Einschußzahlungen den endgültigen Betrag lt. Dispache erheblich übersteigen.

Selbstverständlich kann eine vorläufige Schätzung der Aktiv- und Passivmasse nie so exakt sein, daß geforderter Einschuß und endgültiger Beitrag sich decken. Der *Saldo zwischen Einschuß und Beitrag* ist deshalb entweder aus dem *Treuhandkonto der Hav.-gr.-Gemeinschaft* (über das Dispacheur und Reeder „nur gemeinschaftlich" verfügen können) zurückzuzahlen, wenn Beitrag durch die Einschüsse überzahlt ist. Umgekehrt ist nachzuschießen gegen endgültige Beitragsquittung auf Vorlage des Dispacheauszuges, was zwischen vorläufigem Einschuß und endgültigem Beitrag fehlt. „Gegen Vorlage des Dispacheauszuges und Beitragsquittung des Dispacheurs" ist dann Versicherer verpflichtet, VN zu entschädigen, vorausgesetzt, daß der abgerechnete Hav.-gr.-Fall auf ein dem Versicherer zur Last fallendes Schadenereignis zurückgeht. – Bei „Überzahlung" durch Einschuß geht Rückvergütung an den *Inhaber der (indosierten) Einschuß-Quittung* zurück.

§ 30 ADS

Nach § 30 ADS Abs. 1 wird der „Umfang der Haftung" des Versicherers für die Beiträge durch die DISPACHE bestimmt. „Ohne" Dispache braucht Versicherer nicht zu entschädigen.

Im allgemeinen Vers.-Verkehr wird, wie vorstehend erklärt, anders verfahren, soweit es sich um „*Einschüsse*" handelt.

Nach unserem Beispiel beträgt der Hav.-gr.-Beitrag 2,22717%. Nach § 34 Abs. 2 haftet der Versicherer für „Beiträge zur großen Havarei... auch dann, wenn diese 3% des Vers.-Wertes nicht erreichen." Die Freigrenze (Franchise) von 3% kommt also für „Beiträge" nicht in Betracht.

Übersteigt der „Beitragswert" den „Vers.-Wert", so haftet der Versicherer für die Beiträge „nur im Verhältnis" des Vers.-Wertes zum Beitragswert (§ 30 Abs. 8).

Lagerkosten im Nothafen gehören allgemein zur Havarie-große. § 30 Abs. 4 bestimmt hierzu noch, daß Kosten, die dadurch entstanden sind, daß die in einem Nothafen ausgeladenen Güter für Rechnung der an der großen Havarei Beteiligten „gegen Feuersgefahr versichert" worden sind, dem Versicherer „auch dann" zur Last fallen, wenn sie nach den für die Aufmachung der Dispache maßgebenden Vorschrifen nicht zu berücksichtigen sind.

Nach § 30 Abs. 5 hat VN bei der Aufmachung der Dispache „das Interesse des Versicherers" (den Vorteil des Versicherers) wahrzunehmen, insbesondere dafür zu sorgen, daß bei der Auseinandersetzung der Hav.-gr.-Partner „keine unnötigen Kosten" entstehen,

denn diese Kosten gehören zur Havarie-große, werden also bei den Beiträgen auf die Hav.-gr.-Gemeinschaft mit umgelegt (Ritter S. 524).
Nach § 30 Abs. 6 ist die Dispache auch dann maßgebend – für VN und Versicherer –, „wenn die für ihre Aufmachung geltenden Vorschriften unrichtig angewandt oder wenn tatsächliche Unrichtigkeiten in ihr enthalten sind, „es sei denn", daß VN die Unrichtigkeit zu vertreten hat."
Die „unrichtige" Dispache ist also maßgebend, doch geht die „Maßgeblichkeit" nicht soweit, daß der VN vorbehaltlos zahlen darf, „wenn er die Unrichtigkeit der Dispache kennt", denn dann würde er nicht zurückfordern können, einen „Rückforderungsanspruch", den der VN wegen der Unrichtigkeit der Dispache gegen die übrigen Hav.-große-Genossen hat, aufgeben und damit den V.rer gemäß § 45 Abs. 2 ADS befreien.
Hat VN unter Vorbehalt gezahlt oder Einschuß geleistet und der V.rer ihn entschädigt, so geht der „Rückforderungs-Anspruch" auf den entschädigenden V.rer über, dem es dann überlassen bleibt, sich mit den übrigen Hav.-große-Partnern wegen der Unrichtigkeit auseinanderzusetzen, insbesondere das ihnen vom VN „zuviel Gezahlte" wieder herauszuverlangen (nach Ritter 526).

„Aufopferungen".
§ 31 ADS

Es ist bereits auf Seite 91 gesagt worden, daß u.U. „auf Geheiß des Kapitäns, also vorsätzlich, die „eigene Ladung geworfen oder auch vorsätzlich beschädigt wird, z.B. durch Fluten einzelner Ladungsräume, um Schiff und Ladung oder einen Teil derselben aus der gemeinsamen Gefahr zu retten. In solchem Fall spricht man von
„Aufopferungen".
Nach § 31 Abs. 1 haftet der Versicherer „für Aufopferungen des versicherten Gegenstandes wie nach den für seine Haftung im Falle einer „besonderen Havarei" geltenden Bestimmungen." Die Erklärung dieser Bestimmungen, betreffend „besondere Havarei" klammern wir hier noch aus und geben dieselbe dann, sobald wir uns mit denjenigen Vers.-Schäden befassen, die keine Hav.-große-Schäden sind.
In bezug auf die Aufopferungen der vers. Gegenstandes halten wir aber schon jetzt folgendes fest:
Der Versicherer entschädigt den VN direkt, also nicht erst, wie die eigentlichen Hav.-gr.-Kosten nach Aufmachung der Dispache. Nach § 31 Abs. 2 geht der Anspruch auf die dem VN zustehenden Vergütungen (aus der Hav.-gr.-Gemeinschaft) „mit seiner Entstehung" auf den Versicherten über.
Der Anspruch auf den Wert des „aufgeopferten Gegenstandes" an die *Havarie-große-Gemeinschaft, der aber regelmäßig mit dem Hav.-gr.-Beitrag belastet ist* (in unserem Beispiel 2,22727%) geht netto, schon bei seiner Entstehung auf den Versicherer über und nicht erst, wie bei dem Hav.-gr.-Schaden bei Zahlung aufgrund der Dispache.
Nach § 31 Abs. 2 soll Versicherer einen aus dieser Schadenausgleichart – nämlich Versicherer zahlt an VN und erhält Vergütung aus der Hav.-gr.-Gemeinschaft – einen Gewinn nicht erzielen.
Der Vergütungsanspruch geht an Versicherer zwar ganz über, also auch soweit die Vergütung größer ist als die Entschädigung. Das kann, zumal bei der Güter-Vers. leicht der Fall sein, wenn beispielsweise

der Beitragswert	DM 200 000,–
der Versicherungswert	DM 100 000,–
der Wert der geworfenen Güter	DM 80 000,–
der darauf ruhende „Beitrag"	DM 10 000,–

beträgt, so zahlt der Versicherer an VN:

DM 40 000,–

nämlich „im Verhältnis" des Vers.-Wertes zum Beitragswert, also wie 100 000,– Vers.-Wert zum Beitragswert DM 200 000,–, also 50% vom Wert der geworfenen Güter, taxiert DM 80 000,–.

Durch Übergang der Vergütungsansprüche mit ihrer Entstehung erhält jedoch Versicherer den Wert der geworfenen Güter

	=	DM 80 000,–
abzügl. darauf ruhenden Beitrag	=	DM 10 000,–
mithin		DM 70 000,–

Das ist unbillig. Deshalb soll der Versicherer die Differenz zwischen Entschädigung und Vergütung plus Inkassokosten herausgeben" (nach Ritter S. 531). –

Nach § 34 Abs. 2 haftet der Versicherer für Aufopferungen auch dann, „wenn diese 3% des Vers.-Wertes nicht erreichen."

Im übrigen finden auf den Übergang des Anspruches an Versicherer die Bestimmungen der §§ 45 (Übergang) und 46 (Schadenminderung nach Übergang) Anwendung, danach ist VN u. a. verpflichtet, dem Versicherer die zur Geltendmachung des Anspruches „erforderliche Auskunft" zu erteilen und ihm zum Beweis des Anspruches dienende Unterlagen, soweit sie sich in seinem Besitz befinden, auszuliefern, ihm auf Verlangen auch eine öffentlich beglaubigte Urkunde über den Übergang des Anspruches auszustellen, die zur Geltendmachung des Anspruches „erforderliche Hilfe" zu leisten, u. U. den Anspruch auch im eigenen (des VN) Namen gerichtlich geltend zu machen. Die Kosten hat der Versicherer zu tragen und auf Verlangen vorzuschießen.

Havarie-große-Beiträge für *Aufopferung von Deckladung*
§§ 85 und 62 ADS

Zufolge § 85 ADS haftet V.rer bei *Deckladung* u. a. für „Hav.-gr.-Beiträge". Der V.rer haftet jedoch nicht für Beiträge zur großen Havarei, „soweit auf Deck verladene Güter aufgeopfert sind" (§ 62 ADS).

Beschädigung und Verlust an Decksgütern bleiben im Hav.-gr.-Fall außer Ansatz, soweit nicht die Landesgesetze Deckladung gestatten (HGB § 708). Danach erhalten Decksgüter nur dann eine Hav.-große-Vergütung, wenn das Schiff in der *Küstenschiffahrt* verwendet wird und die Verladung auf Deck nach den Landesgesetzen zulässig ist. Nach herrschender Ansicht erhalten aber Decksgüter trotz § 708 HGB immer dann eine Havarie-große-Vergütung, wenn die Aufopferung mit der Verladung auf Deck „nicht zusammenhängt", wenn z. B. zur Errettung von Schiff und Ladung aus gemeinsamer Gefahr ein Teil der Deckladung zum Ersatz für die verbrauchten Kohlen verfeuert werden muß (Ritter S. 808/9).

Damit haben wir wieder einen „großen Fisch" und seine kleinen Trabanten – die „große Havarei" und die „Aufopferung" – erfolgreich an Land gezogen.

„Aufwendungs-Schäden"
gem. § 32 ADS

Nach § 28 ADS, aber auch bei „eingeschränkter Deckung" auf den Strandungsfall und was dem gleichzuerachten ist, haftet der V.rer grundsätzlich nur für den „Substanzschaden", also für den Schaden „am vers. Gut selbst", nur „ausnahmsweise" – zufolge „besonderer Bestimmungen" – auch für

„mittelbare Schäden".

Mittelbare Schäden sind nicht Schäden am vers. Gut selbst, keine Substanzschäden aber auch „Vers.schäden"
im weiteren Sinne" (Ritter S. 553).

So haftet also Versicherer als Ausnahme zufolge besonderer Bestimmungen für folgende mittelbare Schäden:

1) für Havarie-große-Kosten und -Beiträge gem. §§ 29 u. 30 ADS (Havarie-große-Schaden ist, wie wir gesehen haben, kein „Substanzschaden", dennoch „Versicherungs-Schaden")
2) für Nothafen-Kosten gem. § 95 Abs. 2, 3 (vgl. VIII Seite 46) sowie
3) für Schaden-Abwendungs- und Minderungskosten und die Schadenfeststellungskosten gem. § 32 ADS.

mit denen wir uns jetzt befassen wollen.

Es ist zunächst davon auszugehen, daß nach § 41 Abs. 1 VN „verpflichtet ist", bei *Eintritt des Versicherungsfalles* nach Möglichkeit für die *Abwendung und Minderung* des Schadens zu sorgen. Er hat dabei die Weisungen des Versicherers zu befolgen und, wenn die Umstände es gestatten, solche Weisungen einzuholen. Dieserhalb bestimmt

§ 32 ADS Aufwendungen

folgendes:

(I) Dem Versicherer fallen zur Last:

1. Die „Aufwendungen", die der Versicherungsnehmer „bei dem Eintritte des Versicherungsfalls" zur „Abwendung oder Minderung" des Schadens macht „und den Umständen nach für geboten halten" durfte;
2. die „Aufwendungen", die der Versicherungsnehmer bei dem Eintritte des Versicherungsfalles gemäß den „Weisungen des Versicherers" macht.
3. die „Kosten", die durch die „Ermittlung und Feststellung" des dem Versicherer zur Last fallenden" Schadens entstehen, „soweit" ihre Aufwendung den Umständen nach geboten war.

   Jedoch hat der Versicherer „die Kosten nicht" zu erstatten, die dem Versicherungsnehmer durch die Zuziehung eines Sachverständigen, eines „Beistandes oder eines sonstigen Beauftragten" entstehen, es sei denn, daß der Versicherungsnehmer nach dem Vertrage zu der Zuziehung „verpflichtet" war oder der Versicherer die Zuziehung „verlangt" hatte.

(II) Die im Absatz 1, Nr. 1 und 2 bezeichneten Aufwendungen fallen dem Versicherer auch dann zur Last, wenn sie erfolglos bleiben; der Versicherer hat den für die Aufwendunggen erforderlichen Betrag auf Verlangen des Versicherungsnehmers vorzuschießen. Ist ein Teil des Versicherungswertes nicht versichert und ist streitig, ob die Befolgung der Weisungen des Versicherers zur Abwendung oder Minderung des Schadens geboten erscheint, so hat der Versicherer den Betrag der durch die Befolgung entstehenden Aufwendungen auch insoweit vorzuschießen, als die Aufwendungen dem Versicherungsnehmer zur Last fallen; der Versicherer ist verpflichtet, die ganzen, gemäß seinen Weisungen gemachten Aufwendungen zu ersetzen, wenn er die Befolgung der Weisungen den Umständen nach nicht für geboten halten durfte und die Aufwendungen erfolglos geblieben sind."

In dem vorstehend wiedergegebenen § 32 ADS geht es also um zwei Dinge:

a) um die Schadenabwendungs- und Minderungskosten,
b) um die Ermittlungs- und Feststellungskosten von Vers.-Schäden.

Fassen wir „short and sweet" – kurz und bündig – zusammen, was zu merken ist:

a) Schadenabwendungs- und Minderungskosten

1. VN ist zur *Abwendung und Minderung* eines Vers.-Schadens „verpflichtet" (§ 41 ADS).
2. „bei Eintritt des Vers.-Falles", bei Eintritt eines *unmittelbar drohenden Schadenereignisses*".
3. *Versicherer trägt die Kosten*, die VN zur gänzlichen oder teilweisen VERHÜTUNG VON VERS.-SCHÄDEN aufwendet,

4. aber „nur solche" Aufwendungen bzw. Kosten, die „nach Sachlage verständigerweise" zu Abwendungs- oder Minderungszwecken „riskiert und gemacht werden müssen" (ohne damit gewagte Spekulationen eingehen zu müssen),
5. Versicherer trägt die Kosten auch dann, wenn diese, wie vorstehend aufgewandten Kosten erfolglos bleiben.
6. Versicherer haftet „auf jeden Fall" für die Kosten, die VN „gemäß den Weisungen des Versicherers" macht.
7. Aufwendungsschaden fällt Versicherer auch dann zur Last, wenn dieser unter 3% des Vers.-Wertes bleibt (§ 34 Abs. 2), zählt jedoch nicht bei der Berechnung der Franchise (3% nach § 34 Abs. 1 bzw. x% nach § 117) für den „Substanzschaden". (Bei 2% Aufwendungsschaden und 2% Beschädigungsschaden wird nur der „Aufwendungsschaden" ersetzt, nicht der Beschädigungsschaden, da Franchise von 3% (§ 34 ADS) nicht erreicht ist.)
8. Schadenabwendungs- und Minderungskosten hat der Versicherer „auf Verlangen" des VN „vorzuschießen", VN muß einen bestimmten Betrag verlangen.
9. Bei „Untervers." sind Aufwendungsschäden nur nach dem „Verhältnis der Vers.-Summe zum Vers.wert" zu ersetzen (§ 8 ADS).
10. Sonderregelung für den Fall, daß mehr als die Hälfte des Vers.-Wertes nicht versichert ist (vgl. § 41 ADS, Abs. 2, 2. Satz u. § 32 Abs. 2). Im Vers.-Verkehr selten.
11. Aufwendungen, die Versicherer gemäß § 32 ADS zu ersetzen hat, fallen ihm „ohne Rücksicht darauf" zur Last, *ob sie zusammen mit der übrigen Entschädigung die Vers.-Summe übersteigen* (§ 37 Abs. 2 – Grenzen der Haftung). – Sind Aufwendungen zur Abwendung oder Minderung gemacht, so haftet Versicherer für einen Schaden, der durch „späteren" Vers.-Fall verursacht wird, ohne Rücksicht auf die ihm zur Last fallenden „früheren" Aufwendungen und Beiträge (§ 37 Abs. 3).

b) Ermittlungs- und Feststellungskosten

1. Versicherer wie VN sind gleichermaßen an der ordnungsgemäßen Feststellung eines Schadens interessiert. Versicherer *übernimmt die Schadenfeststellungskosten als Aufwendungsschaden.*
2. Als Schadenfeststellungs- und Ermittlungskosten kommen in der Gütervers. in der Regel die Kosten des Hav.-Agenten für „die Aufmachung des Schaden-Zertifikates" (Havarie-Zert.) infrage, dazu ggfs. noch Sachverständigenkosten; Kosten für chem. Analysen, Fahrspesen, Telegrammkosten und dergl.
3. Die Schadenfeststellungskosten müssen dem Umstand nach „erforderlich gewesen" sein, nur dann und „insoweit" haftet Versicherer.
4. Schadenfeststellungskosten fallen Versicherer nur dann zur Last, wenn es sich um *einen Versicherungsschaden*, also um einen „dem Versicherer zur Last fallenden (Substanz- oder mittelbaren) Schaden" handelt.
5. Es werden keine Ermittlungskosten erstattet, wenn es sich darum handelt, „festzustellen", ob ein Vers.-Schaden entstanden ist. „Wird zum Beispiel kein Vers.-Schaden oder nur ein Schaden unter 3% ermittelt, so werden die Feststellungskosten nicht ersetzt" (anders im Havarie-große-Verband! Ritter S. 546).
6. Versicherer hat Kosten nicht zu ersetzen, die VN bei Feststellung des Schadens durch die Zuziehung eines (eigenen) Sachverständigen, eines Beistandes oder eines sonstigen Beauftragten" entstehen, es sei denn, daß VN nach dem Vertrage zu der Zuziehung verpflichtet war oder die Zuziehung „vom Versicherer verlangt wird."
7. Bei „Untervers." sind Schadenfeststellungs- und Ermittlungskosten nur nach dem „Verhältnis der Vers.-Summe zum Vers.-Wert" zu ersetzen.
8. Auch Schadenfeststellungskosten zählen nicht bei der Errechnung der Franchise für den Substanzschaden (den eigentlichen Vers.-Schaden).

9. Die Erstattung der Feststellungskosten kann VN erst verlangen, nachdem er dem Versicherer die „Schadenrechnung" sowie die vom Versicherer sonst noch „geforderten Belegc" beigebracht hat und seit der Erfüllung dieser Obliegenheiten „ein Monat verstrichen ist" (§ 44 Abs. 1 Aatz 1). –

Damit können wir das Kapitel

„mittelbare Schäden"

abschließen, d.h. über solche Schäden, die keine „Substanzschäden" sind, aber auch „Vercherungsschäden".

Kapitel XVI

OBLIEGENHEITEN (II) BEI „BESONDERER HAVAREI"
(Wichtige Verpflichtungen des VN nach Eintritt des Vers.-Falles, während und nach der Schadenabwicklung)

§ 40 ADS - Unfallanzeige
§ 41 ADS - Abwendung und Minderung des Schadens
§ 42 ADS - Andienung des Schadens
§ 43 ADS - Auskunfterteilung
§ 44 ADS - Schadensrechnung und Fälligkeit des Entschädigungsanspruches
§ 45 u. 46 ADS - Übergang von Schadensersatzansprüchen und Schadenminderung nach Übergang
§ 74 ADS - Feststellung von Teilschaden

Wir steuern nunmehr auf die Behandlung von Schäden der

„besonderen Havarei"

los.
Wir wissen bereits, was der Versicherer unter „Havarie-große-Schaden" versteht, wir wissen, daß solcher Schaden durch die DISPACHE festgestellt wird und daß der Entschädigungsanspruch des VN fällig ist bei Vorlage der „Dispache" bzw. des Dispache-Auszuges. „Besondere Havarei" dagegen ist jeder Vers.-Schaden – gewöhnlicher Vers.-Schaden und Aufopferungsschaden – der kein „Hav.-große-Schaden" ist, sowie derjenige Hav.-gr.-Schaden, der nach § 31 ADS (nämlich der „Aufopferungsschaden am vers. Gegenstand") wie „besondere Havarei" behandelt werden soll" (Ritter S. 673).
Danach sind also „besondere Havarei":

a) Schaden infolge Totalverlust	Beispiel: wenn versicherte Güter auf dem Transport gänzlich vernichtet werden oder verloren gehen durch Brand oder Untergang des Schiffes.
b) Schaden durch Teilverlust (auch partieller Verlust genannt)	Beispiel: wenn von versicherten 10 Baumwollballen 4 Ballen bei der Verladung aus der Schlinge in das Meer fallen.
c) Diebstahl	Diebstahl ganzer Kolli und Teildiebstahl.
d) Beschädigungsschaden	Beispiel: wenn Güter durch Seewasser beschädigt sind.
e) Teilbeschädigung	Beispiel: wenn von einem Gute nur „einzelne Bestandteile" oder „Zubehörteile" verloren gegangen oder beschädigt sind.
f) Aufopferungsschaden	Beispiel, wenn versichertes Gut ganz oder teilweise zwecks Rettung von Schiff und Ladung aus gemeinsamer Gefahr auf Geheiß des Kapitäns geworfen wird oder infolge Brandschaden an Bord des Schiffes vers. Güter löschwasserbeschädigt werden; d.s. an sich also „Hav.-gr.-Schäden", die aber nach der ausdrücklichen Bestimmung des § 31 ADS – wie wir gesehen haben – nach den geltenden Bestimmungen im Falle einer „besonderen Havarei" behandelt werden sollen.

Bei den Bestimmungen, die bei „besonderer Havarei" Geltung haben und die der VN bei Eintritt und während der Abwicklung seines Schadens und auch noch nachdem er bereits vom V.rer entschädigt ist, zu beachten hat, geht es um folgendes:
Als erstes wieder um eine *Anzeigepflicht*, hier um die

"Unfallanzeige" gem. § 40 ADS

§ 40 ADS besagt: „Der Versicherungsnehmer hat dem Versicherer den Versicherungsfall unverzüglich anzuzeigen sowie jeden Unfall, der das Schiff oder die Ladung trifft, auch wenn dadurch ein Entschädigungsanspruch für ihn nicht begründet wird, sofern der Unfall für die von dem Versicherer zu tragende Gefahr erheblich ist."
Zufolge dieser Bestimmungen hat also VN
1. Den „Vers.-Fall unverzüglich anzuzeigen",
2. ebenso „jeden anderen Unfall", der das Schiff oder die Ladung trifft, selbst dann, wenn kein Entschädigungsanspruch für ihn begründet wird, sofern der Unfall „erheblich" ist.

Die Nichterfüllung dieser Anzeigepflicht des VN – vorsätzlich oder fahrlässig – ermächtigt den Versicherer, den „dadurch verursachten Schaden" von der „Entschädigungssumme einzubehalten", d.h. um denjenigen Betrag, um den sich bei rechtzeitiger Anzeige der Schaden gemindert hätte.
Der VN ist verpflichtet, jeden Unfall „unverzüglich", d.h. ohne schuldhafte Verzögerung, anzuzeigen, denn der Versicherer ist aus „mehrfachen Gründen" daran interessiert, sobald wie möglich von einem Vers.-Fall zu erfahren. So kann nach Eintritt des Vers.-Falles der Versicherer sich gemäß § 38 ADS durch Zahlung der Vers.-Summe von allen weiteren Verbindlichkeiten befreien, beispielsweise von den oft großen Aufwendungskosten zur Rettung des vers. Gutes, die der V.rer nach § 32 ADS ggfs. auch über die Vers.-Summe hinaus sonst zu tragen hätte, gleich ob die Rettung Erfolg hat oder nicht. – Dieses sog. *Abandonrecht des Versicherers* erlischt, wenn es nicht binnen 5 Werktagen vom V.rer in Anspruch genommen ist. – Die Frist beginnt, wenn der V.rer von dem Vers.-Fall und seinen unmittelbaren Folgen Kenntnis erlangt. – Der Versicherer erwirbt durch die Zahlung keine Rechte an den vers. Gegenständen, dagegen gehen *Ersatzansprüche gegen Dritte* auf ihn (den V.rer) über (Ritter S. 629).
„Der Versicherer ist nach Unfallanzeige ferner „berechtigt", den Schaden und die Ursache so genau wie möglich „feststellen zu lassen", kann ferner „Weisungen zur Schadenabwendung" erteilen (§ 41, ADS). Die Anzeigepflicht gilt auch – bei Rechnung wen es angeht – für den Versicherten, wenn er der Versicherung zugestimmt hat.
„Verlangt der Versicherer Schadenersatz wegen Verletzung der Anzeigepflicht, so ist er „beweispflichtig", insbesondere ist zu beweisen, „welcher" Schaden dadurch entstanden ist, z.B. daß der Versicherer bei rechtzeitiger Unfallanzeige üblicherweise Rückversicherung genommen hätte" (Ritter S. 636).
Des weiteren hat der VN die Verpflichtung gemäß

§ 41 ADS Abwendung u. Minderung des Schadens

(Text vgl. Seite 227)
In Abschnitt XV (Seite 97) ist bereits erwähnt, daß der VN „verpflichtet" ist, bei Eintritt des Vers.-Falles nach (bester) Möglichkeit für die *Abwendung* und *Minderung* des Schadens zu sorgen. „Er hat dabei die Weisungen des Versicherers zu befolgen" und, wenn es die Umstände erlauben, solche „Weisungen einzuholen."
Nach Abs. 3 haftet Versicherer für einen Schaden *insoweit nicht*, als dieser durch eine „Verletzung der Verpflichtung zur Abwendung oder Minderung des Schadens verursacht" wird; es sei denn, daß die Verletzung nicht auf einem Verschulden des VN beruht. –
Jetzt die weitere wichtige Verpflichtung des VN nach Schadeneintritt:

§ 42 ADS - Andienung

(1) „Der Versicherungsteilnehmer hat einen Schaden, für den der Versicherer haftet, diesen binnen fünfzehn Monaten seit der Beendigung der Versicherung und, wenn das Schiff verschollen ist, seit dem Ablaufe der Verschollenheitsfrist durch eine schriftliche

Erklärung anzudienen. Durch die Absendung der Erklärung wird die Frist gewahrt.
(2) Der Entschädigungsanspruch des Versicherungsnehmers erlischt, wenn der Schaden nicht rechtzeitig angedient wird.
(3) Diese Bestimmungen finden auf die von dem Versicherungsnehmer zu entrichtenden Beiträge zur großen Havarei keine Anwendung."

Der VN hat einen Vers.-Schaden *binnen* **15** *Monaten* seit der „Beendigung der Vers." - wenn das Schiff verschollen ist, seit „Ablauf der Verschollenheitsfrist" (vgl. § 72 ADS, auf den wir noch zurückkommen werden) - schriftlich anzudienen.

„Zweck der Andienung ist, daß der Schaden so schnell wie möglich abgewickelt werden kann und verhindert werden soll, daß Kapital für längere Zeit festgelegt werden muß und der Schuldner (Versicherer) noch nach langer Zeit mit Ansprüchen überzogen wird, mit denen er nicht zu rechnen braucht (Ritter S. 653).

Die *Anzeigepflicht* nach § 40 ADS ist nicht dasselbe wie *Andienung des Schadens* nach § 42 ADS. Die Anzeige kann aber zugleich auch Andienung des Schadens sein. Die „Andienung" ist „die Erklärung des VN bzw. Versicherten, *daß Entschädigung verlangt wird.* Bei der Andienung braucht der VN die Höhe des Schadens noch nicht anzugeben. Der „Versicherer soll darauf vorbereitet werden, zu entschädigen.

Die Andienung muß „schriftlich", kann auch telegrafisch erfolgen.

Aus der Erklärung des VN muß *die Art des Schadens richtig zu erkennen sein.* Desgleichen, daß man „entschädigt sein will".

Nach Ablauf der 15 Monatsfrist erlischt der Entschädigungsanspruch gänzlich (für gewöhnlichen Schaden wie für Aufwendungsschaden), auch dann, wenn die Andienung nicht möglich war. *Die Andienungsfrist kann* auch *nicht gehemmt* oder *unterbrochen* werden.

Nur „Hav.-gr.-Beiträge" brauchen nicht angedient zu werden, da die Höhe der Hav.-gr.-Beiträge oft erst nach langer Zeit bekannt wird. Die Versicherer stellen für alle angezeigten Hav.-gr.-Fälle von sich aus Schaden„reserven" in ihre jährlichen Rechnungsabschlüsse ein (Nach Ritter S. 652–657). –

Weitere Verpflichtungen des VN:

§ 43 ADS - Auskunftserteilung

„Der Versicherer kann nach dem Eintritte des Versicherungsfalls verlangen, daß der Vers.nehmer jede Auskunft erteilt, die zur Feststellung des Versicherungsfalls oder des Umfanges der Leistungspflicht des Versicherers erforderlich ist. Belege kann der Versicherer insoweit fordern, als die Beschaffung dem Versicherungsnehmer billigerweise zugemutet werden kann; die Herbeiführung einer Verklarung kann er verlangen, wenn er an ihr ein berechtigtes Interesse hat."

Dem Versicherer gibt § 43 ADS für den Vers.-Fall ein „besonderes Recht auf Auskunft und Belege" (unabhängig von dem Recht der prozeßlichen Beweislast). „Es bedarf also nicht erst des „Einverständnisses des VN", sondern der Versicherer kann „jede erforderliche Auskunft" und „alle Belege" verlangen, soweit die „Beschaffung" dem VN billigerweise zugemutet werden kann. – Der VN darf nichts verschweigen, was erforderlich ist, um festzustellen, ob der Fall „ein Vers.-Fall", ob der „Entschädigungsanspruch dem Grunde nach berechtigt ist", soweit er vom Versicherer hierzu aufgefordert wird. Diese „Aufklärungspflicht" geht soweit, daß der VN nicht nur Belege, die in seinem Besitze sind, vorlegen muß, sondern auch „soweit er sie beschaffen kann" (Ritter S. 661).

„Die Auskunfterteilung muß wahr und vollständig sein. Der Versicherer kann ferner jede Auskunft „verlangen", die zur Feststellung des „Umfanges" des Vers.-Schadens erforderlich ist, jede Auskunft, die erforderlich ist, um festzustellen, „in welcher Höhe" der Entschädigungsanspruch berechtigt ist. Das gilt für den „gewöhnlichen Schaden" wie für den „Aufwendungsschaden".

Bis die Auskunft erteilt ist, kann der Versicherer die Entschädigung verweigern. (BGB § 273 und nach § 44 Abs. 1 ADS, der besagt, daß der Entschädigungsanspruch nicht fällig wird, bevor die Auskunft erteilt ist.)
Bei Vers. mit der Klausel „ohne weiteren Beweis, als diese Police", wird der Entschädigungsanspruch des VN insoweit ungeachtet § 44 Abs. 1 auch ohne Beibringung von Belegen fällig. Die „Auskunftspflicht" dagegen wird durch die Klausel nicht berührt, sie wegzubedingen, besteht auch für den redlichen Geschäftsverkehr kein Grund" (Ritter S. 668). –

§ 44 ADS - Schadensrechnung
- Fälligkeit des Entchädigungsanspruches -

(1) „Der Versicherungsnehmer kann die Zahlung nicht eher verlangen, als er dem Versicherer eine Schadensrechnung mitgeteilt sowie die von dem Versicherer geforderten Belege beigebracht hat und seit der Erfüllung dieser Obliegenheiten ein Monat verstrichen ist! Sind die Obliegenheiten bis zum Ablauf eines Monats seit der Andienung des Schadens infolge eines Umstandes, den der Versicherungsnehmer nicht zu vertreten hat, nicht erfüllt, so kann der VN in Anrechnung auf die Gesamtforderung die Zahlung von drei Vierteilen des Betrages verlangen, den der Versicherer nach Lage der Sache mindestens zu zahlen hat.
(2) Die Schadensrechnung muß eine geordnete Zusammenstellung der Beträge enthalten, die der Versicherer für die einzelnen Schäden und Aufwendungen zu entrichten hat. Im Falle einer besonderen Havarei ist sie auf Verlangen des Versicherers von einer nach dem Gesetze oder nach dem Ortsgebrauche dazu berufenen Person an dem Orte, wo die Entschädigung zu entrichten ist, aufzustellen."
Es müssen 3 Bedingungen erfüllt sein, bevor der VN „Zahlung zu beanspruchen hat", nämlich:
1. der VN muß eine *Schadensrechnung* einreichen.
2. Die vom Versicherer „geforderten Belege beibringen".
3. *Einen Monat warten*, nachdem die Schadensrechnung und geforderten Belege beigebracht sind.

Hav.-gr.-Beiträge sind, wie wir gesehen haben, durch den Versicherer zu entschädigen bei Vorlage der Dispache bzw. eines Dispacheauszuges. – „Handelt es sich um „besondere Havarie" oder „Aufopferungen des vers. Gegenstandes" gemäß § 31 Abs. 1
ist eine *Schadensrechnung* einzureichen, die eine geordnete Zusammenstellung der Beträge enthalten muß, die vom Versicherer als Schaden bzw. Aufwendungsschaden gefordert werden.
Bei „Teilschaden" – besondere Havarei – ist erst dann durch eine „berufene Person" Dispache aufzumachen, wenn es der Versicherer „ausdrücklich verlangt". In dem Falle soll der Dispacheur abweichend von den diesbezüglichen Hav.-gr.-Bestimmungen an dem *Orte* ansässig sein, wo die Entschädigung „zu entrichten" ist.
In der Vers.-Praxis „verzichtet Versicherer" jedoch in der Regel darauf, eine Havarie-part-Dispache („Havarie-part" dasselbe wie „besondere Havarei") und begnügt sich mit einer ordnungsgemäßen *Rechnungsaufstellung* des Schadens.
Die Kosten der Schadensrechnung hat der VN zu tragen, es sei denn, der Versicherer hat (ausnahmsweise) Aufstellung durch Dispacheur verlangt (§ 32 Abs. 1 Satz 3).
Der VN kann die Zahlung nicht eher verlangen... als er die vom V.rer „geforderten Belege" beigebracht hat.
Hierfür kommen regelmäßig in Frage:
1. das vom zuständigen Hav.-Kommissar (lt. Vers.-Zert.) ausgefertigte Havarie-Zertifikat – Survey Report –
2. Police bzw. Zertifikat (soweit ein solches für den betreffenden Transport ausgefertigt ist, sonst genügt Angabe der Vers.-Anmeldung/Deklaration)
3. Handelsfaktura

4. Konnossement
5. Berechnung des Schadens
6. Schriftwechsel wegen Haftbarmachung der Reederei bzw. des Transportunternehmens oder Lagerhalters.

Läuft nach Zustellung der vorstehenden unter 1–6 aufgeführten Schadensunterlagen „die Monatsfrist" ab, ohne daß der Versicherer „weitere Auskunft verlangt", so wird der Entschädigungsanspruch „ohne weiteres fällig".

Innerhalb dieser Frist ist der Versicherer berechtigt, weitere Auskünfte bzw. weitere Belege zu fordern, dann läuft die Monatsfrist „erst ab Beibringung" der „vervollständigten Unterlagen". Der Versicherer kann jedoch die Fälligkeit nicht dadurch wieder beseitigen, daß er nach Ablauf der Monatsfrist nachträglich Auskunft usw. verlangt.

„Durch die bloße „Fälligkeit" kommt der Versicherer jedoch noch „nicht in Verzug". Diese hat nur zur Folge, daß der Versicherer gemäß § 353 HGB Zinsen zahlen muß. Der VN muß den Versicherer „durch Mahnung in Verzug setzen" (§ 284 BGB).

Sind die Obliegenheiten bis zum Ablauf eines Monats seit der Andienung des Schadens infolge eines Umstandes, den der VN „nicht zu vertreten hat", nicht erfüllt, so kann der VN ¾ des Betrages verlangen, den der V.rer nach Sachlage „mindestens zu zahlen hat", d.h. „wenn der Schaden durch Belege so wahrscheinlich gemacht" ist, daß man im kaufmännischen Verkehr daraufhin zu zahlen pflegt" (Ritter S. 674).

Ist der Grund des Entschädigungsanspruches nicht gehörig belegt, kann der VN weder nach Satz 1 noch Satz 2 des § 44 Abs. 1 Entschädigung verlangen.

Wenn V.rer „¾ der Mindestentschädigung" zahlt und zuviel zahlt, kann der Versicherer „Rückzahlung" verlangen, denn die Zahlung ist nur „vorläufig, vorschußweise, unter Vorbehalt der Rückforderung desjenigen, wovon sich etwa später herausstellt, daß es dem Versicherten nicht gebührt" (Ritter S. 675).

Die Bestimmungen des § 44 ADS gelten auch im Falle des „Totalverlustes" und des „Abandons". (Auf diese beiden Begriffe gehen wir noch ein.)

§ 45 ADS - Übergang -

> „(1) Steht dem Versicherungsnehmer ein Anspruch auf Ersatz des Schadens gegen einen Dritten zu, so geht der Anspruch auf den Versicherer über, soweit dieser dem Versicherungsnehmer den Schaden ersetzt. Der Versicherungsnehmer ist verpflichtet, dem Versicherer die zur Geltendmachung des Anspruchs erforderliche Auskunft zu erteilen und ihm die zum Beweise des Anspruchs dienenden Urkunden, soweit sie sich in seinem Besitze befinden, auszuliefern, ihm auch auf Verlangen eine öffentlich beglaubigte Urkunde über den Übergang des Anspruchs auszustellen; die Kosten hat der Versicherer zu tragen.
>
> (2) Gibt der Versicherungsnehmer seinen Anspruch gegen den Dritten oder ein zur Sicherung des Anspruchs dienendes Recht auf, so wird der Versicherer von seiner Ersatzpflicht insoweit frei, als er aus dem Anspruch oder dem Rechte hätte Ersatz erlangen können."

Der VN kann sich wegen des Schadens zunächst an die Versicherer halten (HGB 822). Dem VN wäre nicht damit gedient, wenn er sich zunächst an den regelmäßig zahlungsunwilligen Dritten halten müßte. Hieraus folgt jedoch nicht, daß er sich „um Ersatzanspruch nicht zu kümmern braucht", weil die Ansprüche des VN auf Ersatz des Schadens, auf den entschädigenden V.rer übergehen. Vielmehr muß „der entschädigte VN" auf Verlangen den Ersatz für Rechnung des V.rers „einziehen". –

Was der VN vor der Entschädigung zur Ausgleichung des Schadens erlangt, muß er sich auf die Entschädigung durch die Versicherer anrechnen lassen.

Der Anspruch an den Dritten geht nach Abs. 1 „insoweit" auf den V.rer über, als dieser dem VN den Schaden ersetzt, rein zahlenmäßig beschränkt durch die Höhe der gezahlten

Entschädigung. Etwaige weitere Rechte (bei Unterversicherung beispielsweise) gegen den Dritten „verbleiben dem VN" (Ulrich 101).
Der 2. Satz von Abs. 1 bringt eine Reihe von Verpflichtungen zum Ausdruck, die der VN dem V.rer gegenüber zu erfüllen hat. Sie finden ihre Stütze in vorausgehenden Bestimmungen (§ 41) sowie in Vorschriften des HGB und BGB. Die Kosten hat der Versicherer zu tragen.
§ 45 Abs. 2 ist aus § 41 Abs. 3 zu verstehen, demzufolge der Versicherer für einen Schaden insoweit nicht haftet, als dieser durch eine Verletzung der Verpflichtung zur Abwendung oder Minderung des Schadens verursacht wird. Es sei denn, daß die Verletzung nicht auf einem Verschulden beruht (Ritter S. 688).
Hierzu noch Ulrich S. 102:
„Durch Abs. 2 ist in Übereinstimmung mit § 67 Abs. 1 Satz 3 des VVG vorgeschrieben, daß, wenn der VN „seinen Anspruch" gegen den Dritten oder ein zur Sicherung des Anspruches dienendes „Recht aufgibt", der V.rer von seiner Ersatzpflicht „insoweit frei" wird, als er aus dem Anspruch oder dem Recht hätte „Ersatz erlangen" können."

§ 46 ADS - Schadenminderung nach Übergang

„Der Versicherungsnehmer bleibt auch nach dem Übergange des Anspruchs verpflichtet, für die Minderung des Schadens, insbesondere durch Zurückbehaltung der Fracht, zu sorgen. Er hat, sobald er eine für die Geltendmachung des Anspruchs erhebliche Nachricht erhält, dem V.rer unverzügliche Anzeige zu machen und ihm auf Verlangen die zur Geltendmachung des Anspruchs erforderliche Hilfe zu leisten, insbesondere den Anspruch im eigenen Namen gerichtlich geltend zu machen. Die Kosten hat der V.rer zu tragen und auf Verlangen vorzuschießen."

Der VN bleibt verpflichtet, wenn der V.rer entschädigt hat, insbesondere, wenn Ersatzansprüche auf den V.rer übergegangen sind, für Minderung des Schadens durch Einziehung des Ersatzanspruches zu sorgen. Dies gilt nicht nur für den VN, auch für den Versicherten.
„Zur Verpflichtung für Minderung des Schadens zu sorgen, gehört natürlich auch, daß der VN dem Verfrachter oder dem Frachtführer, gegen den Ersatzansprüche bestehen, nach Möglichkeit" (§ 41 Abs. 1) die Fracht vorenthält, daß er dem Versicherer Nachrichten, die für die Geltendmachung des Anspruches erheblich sind, unverzüglich mitteilt und daß er dem Versicherer *bei Geltendmachung des Ersatzanspruches auf Verlangen, soweit erforderlich, hilft.*
Der VN (oder der Versicherte) muß „insbesondere (auf Verlangen) den Anspruch in eigenem Namen gerichtlich geltend machen" (Ritter S. 690).
„Die Kosten hat der Versicherer zu tragen, entsprechend § 32 Abs. 1, auch dann, wenn die Kosten erfolglos aufgewendet sind. – Die Kosten hat der Versicherer auf Verlangen vorzuschießen. Eine Vergütung „für die eigenen Bemühungen" kann der VN nicht verlangen" (Ritter S. 691).
Fassen wir die Pflichten des VN nach Eintritt des Vers.-Falles noch einmal kurz zusammen:

1. VN muß jeden Vers.-Fall sofort anzeigen, auch jeden anderen erheblichen Unfall, der das Schiff oder die Ladung betrifft, sonst läuft er Gefahr, daß sein Entschädigungsanspruch gekürzt wird um die Einbuße, die der Versicherer durch die nicht rechtzeitige Anzeige möglicherweise erleidet, was allerdings Versicherer nachzuweisen hat. (§ 40 ADS – Anzeige).
2. VN muß nicht nur anzeigen (dieses unverzüglich), sondern muß auch seinem Versicherer den Schaden binnen 15 Monaten nach Beendigung der Versicherung „andienen", d.h. muß schriftlich erklären, daß er aus dem und dem Grunde entschädigt sein will – Wird die Frist (Ausschlußfrist!) von 15 Monaten nicht vom VN gewahrt, sind seine Ansprüche aus der Police endgültig verwirkt! (§ 42 ADS).

Hat VN den Vers.-Schaden dem V.rer unverzüglich gemeldet (§ 40 ADS) und binnen 15 Monaten nach Beendigung der Versicherung zu erkennen gegeben, daß er entschädigt sein will (§ 42 ADS), verjähren nach § 48 ADS die Ansprüche aus dem Vers.-Verhältnis in 5 Jahren. – Die Verjährung beginnt mit dem Schlusse des Jahres, in dem die Vers. endigt oder die Verschollenheitsfrist abläuft.

3. VN ist verpflichtet, nach bester Möglichkeit für Abwendung und Minderung des Schadens zu sorgen, tunlichst nach eingeholter Weisung des Versicherers. Der Versicherer wird insoweit frei, als VN diese Abwendungs- und Minderungspflicht verletzt (§ 41 ADS).
4. Versicherer hat ein Recht auf wahre und vollständige Auskunft sowie auf Belege, um die Berechtigung des Entschädigungsanspruches dem Grunde und der Höhe nach feststellen zu können. Bis diese Verpflichtung entsprechend dem Verlangen des Versicherers – soweit zumutbar – seitens des VN erfüllt ist, kann der Versicherer die Entschädigung verweigern (§ 43 und 44 Abs. 1 ADS).
5. Der Entschädigungsanspruch ist fällig einen Monat nach Beibringung der „Schadensrechnung" und Belege, wenn innerhalb dieser Monatsfrist der Versicherer keine weitere Auskunft oder Unterlagen verlangt (§ 44 ADS).
6. VN kann sich wegen Schaden an seinen Versicherer halten, muß aber dafür sorgen, daß sein Anspruch gegen Dritte (Reederei, Frachtführer, Lagerhalter) gewahrt bleibt, ggfs. durch Einbehaltung der Fracht. Auf alle Fälle hat VN unverzüglich die Reederei usw. von dem Schaden schriftlich zu benachrichtigen und diese grundsätzlich für den Schaden haftbar zu machen (auch bei etwaigen Freizeichnungsklauseln des Reeders im Konnossement) (§ 45 ADS).
7. Auch nach Entschädigung durch den Versicherer bleibt der VN verpflichtet, dem Versicherer bei Geltendmachung des Ersatz-Anspruches auf Verlangen zu helfen, ggfs. sogar den Anspruch im eigenen Namen einzuklagen (natürlich auf Kosten und Risiko des Versicherers, § 46 ADS).

OBLIEGENHEITEN (III) BEI „BESONDERER HAVAREI"

§ 74 ADS – Teilschaden –

Weitere wichtige Verpflichtungen „obliegen" dem VN bei der Schaden-Feststellung, die in § 74 ADS festgelegt sind, den wir jetzt „auseinandernehmen" wollen.
§ 74 ADS ist überschrieben mit „Teilschaden".
Dieser Titel läßt aber den eigentlichen Inhalt des Paragraphen nicht erkennen, denn es geht hier nicht um den – in der Seeversicherung bedeutsamen – Begriff „Teilschaden", sondern um die

Feststellung von „Teilschaden"

Dazu müssen wir vorweg klarstellen, daß im Seevers.-Recht „Teilschaden" = *Beschädigungs- und Teilbeschädigungsschaden* ist, und wenn von dem vers. Gute nur „einzelne *Bestandteile* oder *Zubehörstücke* verloren oder beschädigt" worden sind – vgl. die Beispiele d) und e) XVI Seite 100 – zum Unterschied von *Total- und Teilverlust* des vers. Gutes (vgl. die Beispiele a) und b) XVI Seite 100). Weiteres in den folgenden Kommentaren zu den §§ 91–94 ADS in den Abschnitten XVII und XVIII. –
Damit zurück zu der Feststellung von Teilschaden gemäß § 74 ADS – Text siehe Seite 238 gedr. – der folgendes bestimmt:

Abs. 1 Teilschäden sind durch Sachverständige festzustellen.

Abs. 2 Jede Partei – VN und Versicherer – hat „unverzüglich" einen Sachverständigen zu ernennen.

Die Sachverständigen müssen „sachkundig", auch „unbefangen" und „weitgehendst unparteiisch" sein, „wenn auch eine gewisse Subjektivität auf Seiten der beiden, von jeder der Parteien ernannten Sachverständigen unvermeidlich sein wird" (Ritter S. 908).

Abs. 3 Können die Sachverständigen sich nicht einigen, so ernennen sie einen *Obmann* als 3. Sachverständigen, an den noch schärfere Maßstäbe hinsichtlich Unparteilichkeit und Unbefangenheit zu legen sind. – Beide Sachverständige – nicht die Parteien! – können sich aber auch bereits vor der Feststellung über einen Obmann einigen.

„Ist der Obmann „nicht sachverständig, nicht unbefangen" so, ist die Ernennung und das unter seiner Mitwirkung abgegebene „Gutachten unwirksam". Die Parteien müssen aber, wenn sie den Mangel in der Person des Obmannes kennen, „unverzüglich widersprechen"; sonst gelten sie als einverstanden (Ritter S. 910).

„Können die Sachverständigen der Parteien sich über den Obmann nicht einigen, so bezeichnet „jeder von ihnen" einen (nur „einen") 3. Sachverständigen. Unter den so Bezeichneten „entscheidet das Los." In welcher Weise das Los zu ziehen ist, bestimmen die Sachverständigen" (Ritter S. 910).

Sind die Sachverständigen der Parteien „zum Teil einig, nur zum Teil uneinig", so hat der Obmann es nur „mit dem Teil" zu tun, über den die Sachverständigen sich „nicht einigen" können.

Abs. 5 Wie hinsichtlich der Feststellung verfahren werden soll, bestimmen im allgemeinen die Sachverständigen selbst, nur in einigen Punkten bestimmen über das Verfahren die Abs. 5–7 des § 74 ADS. Über das Ergebnis ihrer Besichtigung und der Feststellung müssen die Sachverständigen ein „Gutachten erstatten" in der Form und des Inhaltes wie in § 74 Abs. 5 ADS unter 1–5 festgelegt ist.

Die Sachverständigen müssen die „Beteiligten", soweit tunlich, zur Besichtigung hinzuziehen."

Abs. 6 Kommt es nicht zu einem „gemeinschaftlichen" Gutachten, so ist gemäß § 74 Abs. 6 zu verfahren, d.h. *Stimmenmehrheit entscheidet.* – So auch, wenn es sich um Meinungsverschiedenheit „über Summen" handelt, wenn z.B. der Schaden von zwei Sachverständigen auf DM 50 000,– geschätzt wird, von dem einen dagegen auf DM 60 000,–, ist er „auf DM 50 000,–" geschätzt. Sind aber die drei Sachverständigen sämtlich verschiedener Ansicht über Summen, so ist die mittlere Summe maßgebend (nicht etwa der Durchschnitt). Schätzt der eine Sachverständige die Kosten auf DM 50,–, der 2. auf DM 55,– und der 3. auf DM 75,–, so sind 55,– maßgebend, nicht (50 + 55 + 75) : 3 = DM 60,– (Ritter S. 915).

Abs. 7 Das „Gutachten" ist „schriftlich" zu erstatten und von den Sachverständigen zu unterschreiben. Soweit ein Beauftragter des Versicherten an der Besichtigung teilgenommen hat, so muß auch dieser unterzeichnen, nicht zur Anerkennung der Verbindlichkeit des

Gutachtens, sondern nur zur Anerkennung seiner Beteiligung". Das Gutachten ist „beiden Parteien mitzuteilen".
Danach können die Sachverständigen ihr Gutachten nicht mehr aus eigenem Antrieb ändern, nur bloße Schreibfehler, Rechenfehler oder ähnliche offenbare Unrichtigkeiten können jedoch von den Sachverständigen berichtigt werden. Ebenso offenbare Unvollständigkeiten" (Ritter S. 915).

Abs. 8 Satz 1 u. 2

Die von den Sachverständigen getroffene Feststellung, *das Gutachten ist für die Parteien verbindlich.* – Nur in einem bestimmten Fall ist das Gutachten nicht verbindlich, nämlich wenn es offenbar von der wirklichen Sachlage „erheblich abweicht".
„Die Sachwidrigkeit muß jedoch „offenbar" sein", d.h. „nach Sachlage zweifellos", „in die Augen springend", „mit den Händen zu greifen". Nicht notwendig für jedermann, insbesondere für die Parteien oder den Richter, sondern für jeden „Sachverständigen". Die Sachwidrigkeit muß erheblich sein. Im großen und ganzen beeinträchtigen geringfügige Sachwidrigkeiten die Verbindlichkeit des Gutachtens nicht" (Ritter S. 918).
Das Gutachten ist schließlich „unverbindlich", wenn die Beteiligten es wegen *Irrtums, Drohung* oder *arglistiger Täuschung* mit Recht anfechten.
Wer sich auf die Unverbindlichkeit des Gutachtens wegen Sachwidrigkeit oder Anfechtung beruft, muß beweisen (Ritter S. 930).

Abs. 9 Satz 1

„VN kann nach § 44 ADS Zahlung der Entschädigungssumme nicht eher verlangen, als er dem Versicherer eine „Schadensrechnung" mitgeteilt hat. *Eine der wesentlichsten Grundlagen der Schadensrechnung bildet das Gutachten der Sachverständigen.* Solange der Schaden nicht gemäß § 74 Abs. 1–8 festgestellt ist, ist der Entschädigungsanspruch des VN jedenfalls nicht fällig" (Ritter S. 921).

Abs. 9 Satz 2

Ist die „gehörige Feststellung" infolge eines Umstandes unterblieben, den der VN „nicht zu vertreten" hat, so kann der VN nicht ohne weiteres Entschädigung verlangen, sondern muß den Schaden, soweit tunlich, auf dessen Ursache und die Beseitigungskosten in „anderer geeigneter Weise" feststellen lassen (etwa durch „urkundliche Erklärungen des Schiffers, sonstige Zeugen und unbeteiligte Sachkundige); bis dahin braucht der Versicherer nicht zu entschädigen (Ritter S. 922).

Abs. 10

Der für den Bezirk des „Havarie-Ortes" (des Ortes, an dem der Schaden festzustellen ist) bestellte *Havarie-Kommissar* gilt als „vom Versicherer bevollmächtigt".

An dieser Stelle schwenken wir jetzt auf die

im Vers.-Verkehr geübte Schadenfeststellung

ein, denn in der Güterversicherung ist es „auch rechtswirksam", wenn zwischen den Parteien hinsichtlich der Schadenfeststellung von § 74 ADS „Abweichendes" vereinbart wird.

– In dieser Beziehung enthält nun jede Güter-Police (Zertifikat, vgl. auch Musterpolice 2711) folgende Bestimmung:
„*Schadenfeststellung – auch bei Diebstahl und anderem Teilverlust*, falls mitversichert – *durch*... (hier folgt der Name und die Anschrift des für den Bestimmungsort des vers. Gutes zuständigen Havarie-Kommissars), „*ohne dessen Havarie-Zertifikat kein Schadenanspruch anerkannt wird*". – Damit ist diese Bestimmung „zum Bestandteil des Vertrages gemacht" und die anders lautenden Bestimmungen des § 74 ADS sind in bezug auf die Schadenfeststellung damit aufgehoben.
Zunächst die Frage: Wer bestellt, ernennt den *Havarie-Kommissar*, der „bevollmächtigt" ist?
Die Bestellung des Havarie-Kommissars geht von den *Deutschen Seeversicherungs-Vereinen* aus. So hat der *Verein Hamburger Assecuradeure* und der *Verein Bremer See-Versicherer* für alle wichtigen Seeplätze der Erde Havarie-Kommissare – auch *Havarie-Agenten* genannt – ernannt und bestellt.
Mitglieder des *Vereins Hamburger Assecuradeure* sind die Vorstände *Hamburger Versicherungs-Gesellschaften* und *Hamburger Privat-Versicherer*, die *Transport*-Versicherung betreiben, sowie die Inhaber von (Versicherungs-)Firmen, die bevollmächtigt sind, „als Agenten-Transport-Vers. zu zeichnen." Durch sie gehören zum *Verein Hamburger Assecuradeure* die deutschen Vers.-Gesellschaften und die in Deutschland die Transport-Vers. betreibenden ausländischen Vers.-Gesellschaften, welche durch Mitglieder des Vereins vertreten werden."
Mitglieder des *Vereins Bremer See-Versicherer* sind die in *Bremen* die *Transport-Versicherung betreibenden Vers.-Gesellschaften.*
Die von diesem Gremium ausgehende Bestellung des Havarie-Kommissars erstreckt sich *auf die Feststellung von Schäden* an Gütern (oder Schiffen). Die Vollmacht erstreckt sich nicht auf die „Anerkennung und Auszahlung" von Schäden.
Havarie-Agenten, die „gleichzeitig" auch als „*Zahlungs-Agenten*" fungieren, müssen eine Sondervollmacht der betreffenden Vers.-Gesellschaft haben, für die sie – in ihrer Eigenschaft als „Zahlungs-Agent" – Schäden anerkennen und auszahlen sollen.
Die Havarie-Kommissare arbeiten nach „grundsätzlichen Anweisungen der Seeversicherungs-Vereine". – Es ist für das Wesen der See-Versicherung sehr aufschlußreich, diese Anweisungen für die Havarie-Agenten zu kennen, die insbesondere auf „die empfindsamen Stellen" der ADS eingehen. –
Aus der Instruktion für die Havarie-Kommissare I. Teil – Güter-Schäden vom Januar 1953 des VHA und des VBS seien auszugsweise hier folgende Anweisungen der Versicherer zitiert:
„Werden Sie (der Hav.-Kommissar) zu der Besichtigung eines Güter-Schadens gerufen, der durch seinen „Umfang" oder seine „Begleitumstände ungewöhnlich" ist, so soll der Versicherer sofort telegrafisch verständigt und um „seine Weisungen gebeten" werden. Dasselbe gilt bei einer „Häufung" von Schäden „gleicher Art".
„Zweck Ihres (des Hav.-Kom.) Eingreifens bei Güterschäden ist, die *Ursache und den Umfang* des Verlustes oder der Beschädigung und deren ART, z.B. Seewasser- oder Süßwasserbeschädigung festzustellen sowie die *Höhe des Schadens* zu bestimmen."
„Soweit Ihre (des Hav.-Kom.) „eigene Sachkunde nicht ausreicht", ist sofort ein geeigneter „Sachverständiger hinzuzuziehen."
Es ist notwendig, daß Sie (Hav.-Kom.) *von dem Warenempfänger unverzüglich hinzugezogen* werden und daß Sie die Besichtigung der Güter *sofort nach Benachrichtigung* vornehmen. Bei „verspäteter" Hinzuziehung ist das „genaue Datum" Ihrer Beauftragung und der Grund der Verzögerung anzugeben."
„Die Besichtigung ist, wenn möglich, gemeinsam mit dem Warenempfänger oder seinem Vertreter durchzuführen. Etwaige „Meinungsverschiedenheiten" über den Umfang bzw. die Höhe des Schadens können „durch sofortige Aussprache" während der Besichtigung besser geklärt werden als später."

„Vorlage der *Police* oder des Zertifikates ist erforderlich, um zu ermitteln, ob der Schaden, der festgestellt werden soll, durch Vers. „gedeckt ist"; ist das nicht der Fall, so ist der Warenempfänger zu befragen, ob er trotzdem die dann zu seinen Lasten gehende Schadensfeststellung wünscht."

„Ferner sind die „Verschiffungsdokumente" zu prüfen, besonders das Konnossement, um festzustellen, ob es „rein" gezeichnet ist oder ob es einen „Vorbehalt" trägt. Bei Verdacht der Verschiffung der Güter im „beschädigten" Zustand ohne entsprechenden Vermerk im Konnossement muß der Reeder oder der Vertreter des Reeders befragt werden, ob der Ablader einen REVERS gezeichnet hat."

„Schließlich ist die Einsichtnahme in die Faktura für eine genaue Feststellung des Schadens unerläßlich."

„Wenn die beschädigten Güter besichtigt sind, ist die Höhe des Schadens festzustellen, dabei ist eine *Trennung* des *Beschädigten vom Unbeschädigten* durchzuführen. Nur mit dem „beschädigten" Teil hat sich der Hav.-Kommissar zu beschäftigen... Alle Maßnahmen sind zu ergreifen, um den Schaden nicht größer werden zu lassen. Der „Warenempfänger" hat hierbei „mitzuwirken" (Schadenabwendungs- und Minderungspflicht § 41 ADS).

Bei „beschädigten" Gütern ist eine „prozentuale Abschätzung" des Schadens vorzunehmen, die durch „Vergleich des Gesundwertes des Guten" und seines „geschätzten Wertes im beschädigten Zustand" (Krankwert) am „Ablieferungsort" zu ermitteln ist. Wenn eine „Trennung" des beschädigten Teiles der Ware vom unbeschädigten Teil nicht vorgenommen werden kann oder nicht zweckmäßig ist, so daß geschätzt werden muß, welches Quantum beschädigt ist, muß der Grad der Entwertung für dieses Quantum besonders festgestellt werden, z.B. Nettogewicht des einzelnen Stückes 100 kg, davon beschädigt 20 kg – Entwertung dieser 20 kg 40%, im übrigen vgl. § 93 ADS."

„Zu beachten ist, daß der Versicherer, u.z. nur *dieser allein* das Recht hat, „Verkauf in öffentlicher Auktion zu verlangen", ferner, daß der Verkauf zu erfolgen hat:

„Für Rechnung wen es angeht und zur Feststellung des Minderungswertes". Der „Erlös" steht dem über die Ware „Verfügungsberechtigten" zu und ist ihm „unverzüglich auszuhändigen". Zum „freien" Verkauf ist in jedem Falle *die Zustimmung der Versicherer* erforderlich."

„Unter Umständen ist es möglich, zu verhältnismäßig niedrigen Kosten den ursprünglich (guten) Zustand der Güter „wieder herzustellen". Dieses muß in geeigneten Fällen versucht werden; auch wenn der ursprüngliche Zustand nicht wieder erreicht werden kann, ist es doch häufig möglich, die Entwertung der Güter „wesentlich zu mindern", z.B. durch „Trocknen, Darren, Lüften, Sieben, Reinigen, Abputzen und ähnliche Maßnahmen."

„Gelegentlich wird insbesondere von Firmen, die mit „neuen Maschinen" handeln und sie nicht für den „eigenen" Gebrauch importiert haben, versucht, neben den Reparaturkosten auch noch einen „prozentualen Minderwert" für die Maschinen zu beanspruchen, mit der Begründung, daß eine reparierte Maschine nicht mit einer neuen zu vergleichen sei. Derartiges geht nur dann zulasten des Versicherers, wenn sie den „Wert der Maschine wesentlich beeinträchtigt". „Schönheitsfehler" tragen die Versicherer nicht."

„Im Falle von Bruchschäden ist grundsätzlich zu versuchen, die „zerbrochenen Teile am Bestimmungsort zu ersetzen" oder zu reparieren; ist das nicht möglich, so ist zu prüfen, ob es zweckmäßig ist, Ersatzteile vom Hersteller senden zu lassen. Bei wertvollen Maschinen kann auch eine „Rücksendung der Maschinen" in Frage kommen; deswegen ist stets beim Versicherer anzufragen. Wichtig ist es, die „Ursache des Schadens zu ermitteln", insbesondere auch, wann und wo der Schaden entstanden ist. Im Hav.-Zert. ist der „Gesundwert der Maschine am Bestimmungsort anzugeben."

„Für Schäden infolge „mangelhafter Verpackung" haftet der Transport-V.rer nicht... *Der Versicherer wünscht zu wissen, ob bei der Verpackung die Sorgfalt eines ordentlichen Versenders angewandt wurde*, ob das zutrifft, ist im Hav.-Zert. zu vermerken."

„Manche „Beschädigungen" oder „Wertminderungen" versicherter Güter sind auf deren

„natürliche Beschaffenheit" zurückzuführen. Der Transportversicherer hat hierfür nicht einzustehen. Ein Schaden kann auf verschiedene Weise durch die natürliche Beschaffenheit des Gutes hervorgerufen sein, in erster Linie durch „inneren Verderb" des Gutes (inherent vice, vice propere), z.B. durch Fäulnis, Gärung u. dergl. Ein „innerer Verderb" kann auch im „Zusammenwirken mit Klimawechsel, langer Dauer des Transportes oder der Lagerung" sich ergeben, auch können die „üblichen Erschütterungen" während der Beförderung mitwirken. Auch in solchen Fällen ist die Haftung des Transportversicherers durch § 86 ADS ausgeschlossen. Ferner haftet der Transportversicherer nicht für „Gewichtseinbuße durch Verdunstung oder Eintrocknen", für *Schwinden, Selbstentzündung, Erhitzung, Ratten-* oder *Mäusefraß* sowie für *gewöhnliche Leckage, gewöhnlichen Bruch* oder *Beschädigung durch Rost oder Oxidation, sofern nicht einzelne dieser Gefahren ausdrücklich durch die Police in die Versicherung eingeschlossen wurden,* wie z.B. durch die Rost-Klausel (Ziffer 10 der Zusatzbestimmungen zu den ADS)".

„Bei Sackgut kann „Mindergewicht" oder „Fehlmenge" verschiedene Gründe haben, z.B. Diebstahl, Hakenriß, Bruch der Säcke in den Ladeschlingen oder im Schiffsraum oder mangelhafte Beschaffenheit der Säcke. Bei Säcken ist anzugeben, ob es sich um Jute- oder Papiersäcke handelt, oder ob alte Säcke benutzt wurden. Bei Papiersäcken ist der Typ der verwandten Säcke „genau zu beschreiben" (z.B. sechsfache Natron...)."

„Anzugeben ist im Hav.-Zert., ob es sich um „Raum- oder Decksladung" handelt. Ist das Gut auf Deck verladen gewesen, ohne daß ein dahingehender „Vermerk im Konnossement" enthalten ist, so muß dies „im Hav.-Zert." erwähnt werden. In Hav.-gr.-Fällen ist es erforderlich, zu ermitteln, ob die Deckslast über Bord gespült oder geworfen worden ist, da in letztem Fall „Vergütungsansprüche" bestehen können."

„Ein „wegen Beschädigung verbilligter Zollnachlaß" ist im Hav.-Zert. zu erwähnen."

Bei eingetretenen Güterschäden ist der Frage besondere Beachtung zu schenken, ob ein „Rückgriff gegen den Reeder, den Landfrachtführer oder gegen den Lagerhalter durchführbar" ist. Die Schadenersatzansprüche sind von „demjenigen" geltend zu machen, der „konnossementsmäßiger Empfänger" ist. Besonders ist hierbei die „Frist zu beachten", in der die Ansprüche gemäß Konnossementsvorschrift oder nach den sonst in Betracht kommenden Vorschriften geltend gemacht werden müssen. Die Ansprüche sind „auch dann" gegen den Reeder zu erheben, wenn das Konnossement „weitgehende Freizeichnungs-Klauseln" enthält. *Die Entscheidung der Frage, ob trotz der Freizeichnungs-Klauseln der Anspruch weiter verfolgt werden soll, ist dem Versicherer zu überlassen!*

„Der Hav.-Kommissar hat den „Warenempfänger zu beraten", der dem V.rer gegenüber „die Verantwortung für ordnungsgemäße Regreßwahrung trägt." *Trotzdem muß Havarie-Kommissar dafür sorgen, daß der Empfänger sogleich nach Bekanntwerden eines Schadenfalles den Reedern schriftlich verantwortlich macht. Durchschlag des diesbezüglichen Schreibens und die Antwort des in Anspruchgenommenen sind dem Hav.-Zert. beizufügen.*"

„Auch bei allen anderen Regressen ist es die „Aufgabe des Hav.-Kommissars", dafür zu sorgen, daß „zur Sicherung des Anspruches das Erforderliche geschieht". In Fällen, in denen ein Rückgriff gegen einen Dritten in Betracht kommt, ist der Frachtführer bzw. der Lagerhalter oder sein Vertreter aufzufordern, „einen Besichtiger zu beauftragen", der sich von dem „Tatbestand überzeugt" und an der Besichtigung teilnimmt."

Der Hav.-Kommissar ist nicht berechtigt, einen *Havarie-große-Verpflichtungsschein für den Versicherer zu zeichnen* und ist auch nicht berechtigt, für den Warenempfänger hinsichtlich der Entrichtung des Hav.-gr.-Beitrages namens des Versicherers „durch Übernahme der Bürgschaft Sicherung zu leisten".

Wir erkennen in der vorstehend auszugsweise wiedergegebenen „Instruktion" die praktischen Auswirkungen im Vers.-Verkehr von einer Reihe – noch nicht allen – uns bereits bekannten Paragraphen der ADS, hier aus der Warte des „Havarie-Kommissars" bzw. des V.rers gesehen, die aber auch für den VN bzw. Versicherten in gleicher Richtung verlaufen. Welche „speziellen" Aufgaben dem VN bzw. V.ten in der Behandlung von Schäden

zufallen – soweit dies bisher noch nicht geschehen ist –, wird abschließend in den folgenden Kapiteln XVII und XVIII aufgezeigt. –
Zusammenfassend halten wir hier noch einmal folgendes fest:
Abweichend von den Bestimmungen des § 74 ADS und gültig für jeden Vers.-Schaden und Aufwendungsschaden ernennt also im allgemeinen Vers.-Verkehr in der Güter-Versicherung der in der Seevers.-Police angegebene *Havarie-Agent* – und nicht jede der Parteien (wie im § 74 ADS festgelegt) – einen Sachverständigen und auch nur dann, wenn die eigene Sachkunde des Hav.-Agenten für den betreffenden Schadenfall nicht ausreicht, beispielsweise bei solchen havarierten Gütern, deren Schadenursache nur nach chemischer Analyse festgestellt werden kann.
Über die entsprechend den obigen Richtlinien vorgenommene Schadenfeststellung hat der Hav.-Agent „auf vorgedrucktem Formular der Seeversicherungsvereine" schriftlich seinen Bericht zu machen, das sog.

Havarie-Zertifikat – (Survey-Report)

auszufertigen und dieses seinem Auftraggeber gegen Zahlung der Kosten auszuhändigen.
Dieses Hav.-Zert. tritt an die Stelle des „Sachverständigengutachtens" gemäß § 74 Abs. 7. Im übrigen schließt das Hav.-Zert. mit dem ausdrücklichen Vermerk:
„Ohne Verbindlichkeit für die Haftung der Versicherer."
Das Hav.-Zert. ist jedoch in der Art verbindlich, die „der Wirkung des Gutachtens im Vers.-Prozeß" entspricht; es ist außerdem die wesentlichste Grundlage der „Schadenrechnung, die nach § 44 ADS verlangt wird, sowie nach dem ausdrücklichen Wortlaut der Police (Vers.-Zert.), „ohne *das kein Schadenanspruch anerkannt wird.*"
Es kann der Fall eintreten, daß hinsichtlich des „Feststellungsergebnisses" durch den Hav.-Agenten bzw. des durch ihn bestellten Sachverständigen dem Grunde oder der Höhe nach „Meinungsverschiedenheiten auftreten". Kommt es zwischen den Parteien bei der gemeinsamen Feststellung (auch der Warenempfänger bzw. dessen Vertreter hat nach Möglichkeit dabei zu sein) „zu voneinander abweichender Beurteilung" des Schadens, so wäre seitens des Warenempfängers eine Regelung anzustreben, daß gemäß § 74 ADS beide Parteien je einen Sachverständigen ernennen und notfalls das *Obmann-Verfahren* gemäß § 74 ADS durchgeführt wird. – In der Regel kommen jedoch in der Güter-Vers. beide Parteien hinsichtlich der Schadenfeststellung durch den zuständigen Hav.-Agenten am schnellsten und unter niedrigstem Kostenaufwand zu ihrem vollen Recht.
Für den Vers.-Verkehr wäre noch zu bemerken, daß die Versicherer hinsichtlich der „Schadenfeststellung" in der Weise eine (stillschweigende) Konzession machen, daß seitens des Versicherers auch ein Hav.-Zertifikat, ausgestellt von den

„Lloyd's Agents"

(d.s. ebenfalls Havarie-Agenten, die durch die englischen Versicherer von *Lloyd's Underwriters* ernannt sind) als „ordnungsgemäße Feststellung" akzeptiert wird.

Kapitel XVII

BESONDERE HAVAREI
Behandlung von Totalverlust und Teilverlust – §§ 91, 71, 92 ADS

Zum Hauptthema „besondere Havarei" (vgl. XVI) wissen wir bisher, daß der VN „verpflichtet ist, anzuzeigen, anzudienen, Schaden abzuwenden und zu mindern, Auskunft zu erteilen, Schaden „gehörig" feststellen zu lassen, Rückgriffsrecht gegen „Transportführer" bzw. Lagerhalter sicherzustellen, „Schadenrechnung" einzureichen und bis zur Fälligkeit der Entschädigung einen Monat zu warten.

Wir haben weiter bereits erfahren, daß im Falle *besonderer Havarei* zu unterscheiden sind:

a) *Total-* und *Teil-Verlust*
b) *Teilschaden* (vgl. XVI S. 106),

denn:

Totalschaden und Teilschaden sind *„einander ausschließende Begriffe und Tatbestände"* (Ritter S. 902)

die hinsichtlich BERECHNUNG der ENTSCHÄDIGUNG und hinsichtlich der *Schaden-Feststellung* nach unterschiedlichen Bestimmungen der ADS zu behandeln sind.
Bei Totalschaden, partiellem Totalschaden (Teilverlust) und damit auch bei Diebstahlschaden (vgl. Beispiele a, b, c XVI S. 100) kann der VN nach

Verlust-Grundsätzen

die *Versicherungssumme* oder bei Teil-Verlust einen TEIL der VERS-SUMME verlangen, ohne an die Feststellung des Schadens durch „Sachverständige" gebunden zu sein. (Aber das HAVARIE-ZERTIFIKAT des zuständigen Havarie-Kommissars ist auch bei TEIL-VERLUST erforderlich, weil es die besondere Bestimmung der „Seevers.-Police" vorschreibt, ggfs. auch dessen Feststellungen, „daß die Güter in ihrer ursprünglichen Beschaffenheit zerstört sind"). Näheres bestimmen die §§ 91 – Totalverlust, Abandon und 92 – Teilverlust in Verbindung mit § 71 „Totalverlust des Schiffes" und § 72 ADS – Verschollenheit – und § 73 – Verfügung von Hoher Hand, Nehmung durch Seeräuber
Damit ist unsere nächste Route abgesteckt, also zunächst

§ 91 ADS „Totalschaden Abandon" Abs. 1 Satz 1

„Im Falle des „Totalverlustes" finden die Bestimmungen des § 71 über den „Totalverlust des Schiffes" entsprechende Anwendung."

Was bestimmt (entsprechend für die Güter-Vers.):

§ 71 ADS „Totalverlust" Abs.1, Satz 1

„Im Falle des Totalverlustes kann der VN „die Vers.-Summe verlangen."
Der VN kann die Vers.-Summe verlangen, vorausgesetzt, daß ein „Vers.-Fall" nach den Bedingungen der Police gegeben ist.
§ 71 ADS bestimmt „nicht über den Grund" des Entschädigungsanspruches, sondern über die Höhe der Entschädigung.
Der VN kann „die Vers.-Summe verlangen", ohne weiteres, „ohne nachweisen zu müssen", daß der Vers.-Schaden der Vers.-Summe entspricht, insbesondere, daß der Vers.-Wert ebenso groß ist wie die Vers.-Summe (oder größer). Eine Vers.-Summe braucht nicht vereinbart zu sein. Dann gilt im Vers.-Verkehr die „Taxe als Vers.-Summe". Zahlung der Vers.-Summe kann VN natürlich nicht sofort, sondern nur „gem. § 44" verlangen" (Ritter S. 861).

§ 71 ADS – Abs. 1 Satz 2 und 3

„Er muß sich jedoch den Wert der – vor Zahlung der Vers.-Summe – „geretteten Sachen" und „desjenigen anrechnen" lassen, was er anderweitig zur Ausgleichung des Schadens erlangt" hat. Der Wert der geretteten Sachen ist auf Verlangen des Versichrers durch öffentliche „Versteigerung festzustellen".
Selbstverständlich muß sich der VN vom V.rer anrechnen lassen, was er anderweitig zur Ausgleichung des Schadens erlangt hat. Er muß sich ferner den „Wert des Geretteten" anrechnen lassen, u.z. wird der „gemeine Wert", also der „Verkäuflichkeitswert am Ablieferungsort" maßgebend sein müssen z.Z. der „Zahlung der Vers.-Summe. Falls eine Einigung zwischen den Parteien über den Wert des Geretteten nicht erzielt werden kann, muß endgültig das Gericht entscheiden. Jedoch ist der Versicherer berechtigt, den Wert der geretteten Sachen „durch öffentliche Versteigerung feststellen" zu lassen. VN ist bei Verlangen des V.rers dazu verpflichtet, versteigern zu lassen. – Versteigerungserlös wird von der „Vers.-Summe ganz abgezogen". Die Versteigerungskosten sind „Schadenfeststellungskosten" und gemäß § 32 ADS Abs. 1 Nr. 3 vom V.rer zu tragen" (Ritter S. 868).

§ 71 ADS – Abs. 2

„Als „total verloren" gilt das Schiff auch, wenn es dem VN „ohne Aussicht auf Wiedererlangung" entzogen, insbesondere „unrettbar gesunken", oder wenn es „in seiner ursprünglichen Beschaffenheit zerstört ist."
„Das Schiff ist auch total verloren, wenn es zwar noch da, aber dem VN *ohne Aussicht auf Wiedererlangung* entzogen ist. – *Keine Aussicht auf Wiedererlangung* muß bestehen. Insbesondere wird der Fall angeführt, daß das Schiff (die Güter) unrettbar gesunken" ist (sind) (Ritter S. 856/57.
Hierzu ein Beispiel aus der Rechtssprechung „RG 77302 HGZ 910.280" zitiert von Ritter S. 859:
„Das Schiff strandet und zerbricht. Bei der Bergung der Stückgutladung kommt das vers. Antimon nicht zum Vorschein. „Nach monatelangem Bergungsversuch" kam man zur Überzeugung, daß das Antimon nicht zu bergen sei. Die Vers.-Summe wurde bezahlt. Bald darauf wird das (inzwischen im Wert gestiegene) Antimon doch geborgen. Es war dem VN „ohne Aussicht auf Wiedererlangung" entzogen gewesen."
Das Schiff (die Güter) ist (sind) nicht verloren, „wenn der VN es freiwillig weggibt". Namentlich nicht, „wenn er es veräußert" (Ritter S. 856).
„VN muß beweisen", daß das Schiff (bzw. die Güter) total verloren sind, und wenn er behauptet, daß es ihm ohne Aussicht auf Wiedererlangung entzogen ist, beweisen, daß dies der Fall war, als er die Vers.-Summe verlangte oder nunmehr der Fall ist" (Ritter S. 868 – Beweislast).
„Wenn VN die „Vers.-Summe verlangt", weil die Güter ohne Aussicht auf Wiedererlangung entzogen sind, hat VN gewählt. Das Verhältnis ist „neu" gestaltet, V.rer und VN sind daran gebunden. Der VN kann z.B. die Vers.-Summe „nicht unter der Bedingung verlangen", daß das ohne Aussicht auf Wiedererlangung entzogene Schiff (bzw. die Güter) „nicht wider Erwarten wieder erlangt wird."

„In ihrer *ursprünglichen Beschaffenheit zerstört* ist eine Sache, wenn sie zwar noch da, aber „nicht mehr das ist, was sie sein soll"; versicherungsrechtlich: wenn sie nicht mehr das ist, „als was sie versichert ist" (vgl. hierzu auch § 91 Abs. 1 Satz 2 Seite 116).

§ 71 Abs. 3

„Hat der Versicherer den Versicherungsnehmer „befriedigt", so gehen die Rechte des VN an dem Schiffe auf den Versicherer über. Der VN ist „verpflichtet", dem V.rer die zur Geltendmachung der Rechte „erforderliche Auskunft zu erteilen" und ihm die zum Beweise der Rechte dienenden „Urkunden", soweit sie sich in seinem Besitz befinden, „auszuliefern", ihm auch auf Verlangen eine öffentlich beglaubigte Urkunde über den Übergang der Rechte auszustellen; die „Kosten" hat der Versicherer zu tragen".

„Wenn Versicherer den VN befriedigt hat, gehen die Rechte des VN an den Gütern „auf den Versicherer über". War „nicht zum vollen" Wert versichert, so gebührt dem Versicherer *nur ein verhältnismäßiger Teil des Geretteten* der Rechte an der Ladung. So ausdrücklich HGB § 859 Abs. 3. Es folgt für die ADS aus § 8 „*Unterversicherung*". Befriedigt der Unterversicherer den VN, so besteht *Bruchteilsgemeinschaft,* insbesondere ggfs. Bruchteilseigentum (Ritter S. 873).

Der Versicherer zahlt die ganze Vers.-Summe „und übernimmt Gerettetes". Hiervon macht § 71 Abs. 1 Satz 2 eine Ausnahme insofern, als der Wert der vor Zahlung der Vers.Summe „geretteten" Sachen auf die Vers.-Summe bei der Entschädigung „angerechnet" wird.

Abs. 3 Satz 2 entspricht dem § 45 Abs. 1 Satz 2 (vgl. XVI S. 104). VN darf nach § 45 Abs. 2 „Ersatzansprüche gegen den Dritten" oder ein „zur Sicherung des Anspruches dienendes Recht nicht aufgeben", sonst wird der Versicherer im „entsprechenden" Umfang frei".

§ 71 Abs. 4

§ 71 Abs. 4 besagt: „Der VN bleibt auch nach dem Übergange der Rechte verpflichtet, für die „Minderung" des Schadens zu sorgen, soweit der Versicherer hierzu nicht imstande ist. Er hat, sobald er eine für die Geltendmachung der Rechte „erhebliche Nachricht" erhält, dem Versicherer „unverzüglich Anzeige" zu machen und ihm auf Verlangen die zur Erlangung und Verwertung des Schiffes „erforderliche Hilfe" zu leisten. Die Kosten hat der Versicherer zu tragen und auf Verlangen vorzuschießen."

Abs. 4 entspricht im wesentlichen dem § 46 ADS (vgl. XVI). „Abweichend" von § 46 und im Anschluß an § 870 Abs. 1 HGB bestimmt § 71 Abs. 4, daß VN für Schadenminderung nur zu sorgen hat, „soweit Versicherer hierzu nicht imstande ist" (Ritter S. 874).

Soweit § 71 ADS „Totalverlust des Schiffes", der in der Gütervers. entsprechende Anwendung findet. – Nun schalten wir zurück auf

§ 91 ADS
Totalverlust
Abandon

Bei der auf die „Güter" sich beziehenden Versicherung ist (in Anlehnung an die Versicherung von imaginärem Gewinn und Güter-Provision geltenden Grundsätzen) in § 850 HGB weiter

bestimmt, daß der V.rer nur haftet, „wenn die Güter... den Bestimmungshafen nicht erreichen." Versicherer haftet regelmäßig nicht nur im Falle des Totalverlustes der Güter, sondern *schon dann, wenn die Güter nicht am Bestimmungsort ankommen* (Ritter S. 876), oder anders ausgedrückt: V.rer haftet regelmäßig für *Nichtauslieferung* der vers. Güter.
Die Güter sind z.B. auch dann „total verloren", wenn der Kapitän die Güter (vorsätzlich oder fahrlässig) „an einen nicht Empfangsberechtigten ausgeliefert hat" und die Güter infolgedessen dem VN *ohne Aussicht auf Wiedererlangung entzogen* sind (Ritter S. 1071). Totalverlust des „Schiffes" ist noch kein Totalverlust der „Güter". Ist das Schiff unrettbar gesunken, brauchen dem Güter-Versicherten die Güter nicht ohne Aussicht auf Wiedererlangung entzogen sein. Werden in solchem Falle „ungeborgene", aber „nicht verlorene" Güter verkauft, so haftet der Versicherer nur gemäß § 96 ADS „Verkauf der Güter", nämlich: für den *Unterschied zwischen Vers.-Summe und Erlös.*

§ 91 ADS Abs.1.Satz 2

„Daß die Güter in „ihrer ursprünglichen Beschaffenheit zerstört" sind, kann jedoch der VN nur geltend machen, „wenn dieser Umstand durch Sachverständige festgestellt ist"; auf die Feststellung finden die Bestimmungen des § 74 Abs. 2–10 entsprechende Anwendung."
„Sind die Güter in ihrer ursprünglichen Beschaffenheit zerstört (§ 71 Abs. 2), so kann der VN die Vers.-Summe nur verlangen, „wenn dieser Umstand durch Sachverständige festgestellt ist". – Im Vers.-Verkehr tritt an die Stelle der Sachverständigen lt. Bestimmungen des Vers.-Zert. der zuständige Hav.-Agent. – „Die Güter sind in ihrer ursprünglichen Beschaffenheit zerstört, wenn sie zwar noch da, aber „nicht mehr das sind, was sie sein sollen", „als was sie versichert sind". Wenn z.B. Früchte, Weizen oder Häute „so verdorben sind", daß sie „weggeworfen" werden müssen oder nur zu Zwecken verwendet werden können, „zu denen verkehrsgemäß andere Güter verwendet werden, etwa zur Destillation oder zum Düngen, sind sie „total verloren" (Ritter S. 1072). Kommen Reis, Tabak, Seide, Erbsen, Zucker, Weizen am Bestimmungsort „beschädigt" an, daß sie nur noch etwa 80% ihres früheren Wertes oder weniger wert sind, so sind sie doch nicht in ihrer ursprünglichen Beschaffenheit zerstört, „nicht total verloren", wenn sie überhaupt noch Reis, Tabak usw. darstellen" (Ritter S. 1013).
„Der VN kann in solchen „Fällen starker Entwertung" die Güter auch nicht dem Versicherer zur Verfügung stellen" (nicht „abandonieren") oder versteigern. Solcher Schaden ist nur nach *Beschädigungs-Grundsätzen* zu behandeln gemäß § 93 „Beschädigung" (vgl. anschließendes Kapitel Beschädigung).
„Wenn die vers. Güter „mit anderen Gütern", sei es solchen des VN, sei es solchen Dritter, „so vermischt" werden, daß sie nicht oder nur mit „unverhältnismäßig hohen Kosten" von den anderen Gütern „wieder geschieden" werden können, so sind sie an und für sich „nicht verloren". Sie sind ja doch da und der Nachteil, daß sie nicht ausgeschieden werden können, ist kein Verlust..., Ver-

mischung kann Beschädigung sein oder noch „wie Beschädigung wirken" und muß ihr deshalb „gleichgestellt" werden."
So etwa, wenn vers. Roggen mit Gerste vermischt wird. Solche Verschmutzung kann zum Verlust führen, wenn nämlich die Güter infolge davon in ihrer Beschaffenheit zerstört sind (Ritter S. 1072). Geht ein Teil der Güter verloren, so finden § 91 Abs. 1 gemäß § 92 ADS sinngemäße Anwendung. Ist der Teil „besonders taxiert", so findet § 91 Abs. 1 „unmittelbare" Anwendung (§ 7 „besondere Taxe", Ritter S. 1074).

§ 91 Abs. 2

„Ist das Schiff verschollen oder werden die Güter durch Verfügung von Hoher Hand angehalten oder zurückgehalten oder durch Seeräuber genommen, so finden die Bestimmungen der §§ 72 und 73 entsprechende Anwendung."
(Die §§ 72 „Verschollenheit" und 73 „Verfügung von Hoher Hand. Nehmung durch Seeräuber" siehe im 2. Teil dieses Abschnittes – XVII –).

§ 92 ADS
„Teilverlust"

„Im Falle eines Teilverlustes finden die für den Totalverlust geltenden Bestimmungen entsprechende Anwendung."
„Geht ein Teil der Güter verloren, von 10 Ballen Baumwolle beispielsweise 4 Ballen, so kann der VN *den entsprechenden Teil der Vers.-Summe* verlangen, also *„ebenso viele Prozente" der Vers.-Summe „als Prozente" des Vers.-Wertes* (im Vers.-Verkehr regelmäßig der Vers.-Taxe) *verloren gegangen sind*" (vgl. Ritter S. 1077).
Geht ein Teil der Güter verloren, so bedarf es im Vers.-Verkehr der besonderen Bestimmung, der Seevers.-Police zufolge der Feststellung durch den zuständigen *Havarie-Agenten!*

Abandon des VN nach § 91 Abs. 2 ADS

§ 72 ADS – Verschollenheit
§ 73 ADS – Verfügung von Hoher Hand, Nehmung durch Seeräuber

Wir haben soeben gesehen, daß § 91 ADS die Überschrift trägt
„Totalverlust. Abandon"
Während Abs. 1 des § 91 ADS den „Totalverlust" behandelt, betrifft der bereits wörtlich zitierte § 91 ADS Abs. 2 (XVII S. 117) die Fälle von
a) Verschollenheit des Schiffes (§ 72 ADS)
b) Festhaltung durch Verfügung von Hoher Hand oder Nehmung durch Seeräuber (Piraterie, § 73 ADS).

– Abandon –

Sind die nachstehend noch näher erklärten Voraussetzungen gegeben, so kann in Fällen – und nur in diesen – von
Verschollenheit des Schiffes
und Verfügung von Hoher Hand
oder Nehmung durch Seeräuber
der VN „abandonieren".
Nach den ADS ist der „Abandon" *die Hingabe des vers. Gegenstandes* seitens des VN *zur Erlangung der Vers.-Summe*, unter *gleichzeitigem Übergang des vers. Gegenstandes* – oder die Rechte daran – *auf den Versicherer.*

Mit dem „Verlangen des VN" nach der Vers.-Summe gehen die Rechte an dem vers. Gegenstand auf den Versicherer über. Nicht erst, wie nach § 71.3 ADS mit der „Befriedigung des VN", sondern mit der Abandonerklärung, genauer: in dem Zeitpunkt, „in dem die Abandonerklärung dem Versicherer zugeht". –
Die Abandonerklärung ist „unwiderruflich" und darf „an keine Bedingung" gebunden sein. Der VN und der V.rer sind an die Erklärung gebunden. Die Rechtslage wird dadurch neu gestaltet. Kommt das verschollene Schiff (oder die Ladung) später wieder zum Vorschein, oder wird das festgehaltene Schiff oder Ladung unvorhergesehen wieder freigegeben, so wird die frühere Rechtslage nicht wieder hergestellt, es sei denn, „durch freiwillige Vereinbarung der Parteien". Was nach der Abandonerklärung *gerettet wird, wird dem Versicherer gerettet.*
Von der Abandonerklärung an trägt der *Versicherer* als Eigentümer der Güter „auch die Gefahr des inneren Verderbs". Bis dahin trägt er sie natürlich nicht (§ 86 ADS). Waren die Güter „schon z.Z. der Abandonerklärung" ganz oder teilweise verdorben, so hat der Versicherer nicht die ganze Vers.-Summe zu zahlen, sondern gar nichts oder nur einen entsprechenden Teil".
Totalverlust verschlingt keinen Teilschaden, der Abandon noch weniger einen Total- oder einen Teilschaden. Hatten die Güter schon z.Z. der Abandonerklärung infolge Verderbs den „Todesstoß" erhalten, waren sie schon z.Z. der Abandonerklärung in einem Zustand, der sie dem sicher „unvermeidlichen Totalverderb" zuführte, so haftet der Versicherer gleichfalls nicht (Ritter S. 896).
Was der VN „anderweitig zur Ausgleichung" des Schadens erhält, muß er sich auf die Vers.-Summe „anrechnen" lassen.
Der VN muß „Auskunft erteilen", Beweisurkunden ausliefern, insbesondere auch eine Urkunde „über den Rechtsübergang", hier

„Abandon-Revers"

genannt, geben.
Das Abandonrecht „erlischt", wenn vor seiner Ausübung, d.h. bevor die Abandonerklärung dem Versicherer zugeht, „eine Nachricht vom Schiff eingeht", d.h. eine solche Nachricht, daß das Schiff nicht mehr als verschollen betrachtet werden kann.
Es besteht in Kreisen der VN vielfach Unklarheit darüber, wann gegen Hingabe des vers. Gegenstandes die Vers.-Summe verlangt werden kann. Deshalb hier noch einmal ganz präzise die Antwort: der VN hat das Abandonrecht nur in den Fällen der §§ 72, 73 ADS, insbesondere nicht in den Fällen der Reparaturunfähigkeit oder Reparaturunwürdigkeit. – Welches sind nun die Fälle der §§ 72, 73?

§ 72 ADS - Verschollenheit

(I) Der Versicherungsnehmer kann auch dann die Versicherungssumme verlangen, wenn das Schiff verschollen ist. Das Schiff ist verschollen, wenn innerhalb der Verschollenheitsfrist das Schiff den nächsten Bestimmungshafen nicht erreicht hat und keine Nachricht von dem Schiffe eingegangen ist. Die Verschollenheitsfrist beträgt das Dreifache der Zeit, die das Schiff von dem Orte aus, von dem die letzte Nachricht eingegangen ist, unter gewöhnlichen Verhältnissen zur Zurücklegung des Weges bis zum nächsten Bestimmungshafen gebraucht haben würde, jedoch bei Dampfschiffen mindestens zwei, bei Segelschiffen mindestens drei Monate. An die Stelle der zweimonatigen und der dreimonatigen Frist tritt eine solche von sechs Monaten, wenn der Eingang von Nachrichten infolge eines Krieges verzögert sein kann.
(2) Das Verlangen kann nicht unter einer Bedingung oder einer Zeitbestimmung erklärt werden.
(3) Durch die Erklärung gehen die Rechte des Versicherungsnehmers an dem Schiffe auf den Versicherer über (Abandon). Die Bestimmungen des § 71 Abs. 3 Satz 2 und Abs. 4

über die Unterstützung des Versicherers bei Geltendmachung der Rechte finden entsprechende Anwendung.

(4) Das im Absatz I Satz 1 bezeichnete Recht erlischt, wenn vor seiner Ausübung eine Nachricht vom Schiffe eingeht."

Hiernach kann also der VN auch die „Vers.-Summe verlangen", wenn das Schiff „verschollen" ist, obwohl es nicht in dem Sinne „Totalverlust" ist, daß mit „Bestimmtheit" gesagt werden kann, daß das Schiff verloren ist. Es kann „untergegangen sein, kann vernichtet, kann ohne Aussicht auf Wiedererlangung entzogen sein." Man weiß es nicht. Die *Ungewißheit* ist das Charakteristikum, das Eigentümliche der Verschollenheit.

Deshalb gibt es keine Rechtsordnung, die ohne weiteres unterstellt, ein verschollenes Schiff sei verloren. Wirtschaftlich gesehen wirkt die durch die Verschollenheit verursachte Ungewißheit nicht anders als die Ungewißheit im Falle der Entziehung „ohne Aussicht auf Wiedererlangung". Deshalb hat man von jeher *den VN berechtigt, den Zustand der Ungewißheit zu seinen Gunsten in Gewißheit zu verwandeln,* ihn auf den Versicherer abzuwälzen. Der VN kann deshalb:

Entweder die vers. Sache - oder die Rechte an ihr - an den Versicherer abtreten, die Sache „abandonnieren" und dagegen die Vers.-Summe verlangen,

oder man macht aus dem Tatbestand eine „Fiktion des Totalverlustes", d.h. man nimmt die „auf Wahrscheinlichkeitsgründen beruhende Vermutung" - Präsumtion - als gegeben an.

Versicherungsrechtlich ist das Schiff „verschollen", wenn

a) die Verschollenheitsfrist verstrichen ist,

b) „keine Nachricht" in der Verschollenheitsfrist vom Schiffe eingegangen ist.

Zu a) die Verschollenheitsfrist beträgt:

1. das „Dreifache" der Zeit, die das Schiff von dem Orte aus, von dem die letzte Nachricht eingegangen ist, „unter gewöhnlichen Verhältnissen" zur Zurücklegung des Weges bis zum nächsten Bestimmungshafen gebraucht haben würde. Die „letzte" Nachricht muß eine Nachricht „von dem Schiffe" gewesen sein. DIE LETZTE ZUVERLÄSSIGE NACHRICHT setzt die Verschollenheitsfrist in Lauf.
2. „mindestens" 2 Monate bei Dampfschiffen,
   „mindestens" 3 Monate bei Segelschiffen.
   Anstelle vorgenannter Fristen tritt eine „sechsmonatige" Frist, wenn der Eingang von Nachrichten infolge eines Krieges verzögert sein kann.

Der VN kann Vers.-Summe verlangen. Zahlung der Vers.-Summe kann VN natürlich nicht sofort, sondern nur gemäß § 44 ADS (vgl. Seite 103) verlangen.

Der VN kann Vers.-Summe verlangen, er braucht sie nicht zu verlangen. Der „Ablauf der Verschollenheitsfrist macht das Rechtsverhältnis „nicht fest". Zur Ausübung seines „Wahlrechts" ist keine Frist gesetzt.

§ 73 ADS – Verfügung von Hoher Hand – Nehmung durch Seeräuber

„Die Bestimmungen des § 72 ADS über die Verschollenheit des Schiffes finden entsprechende Anwendung, wenn das Schiff durch Verfügung von Hoher Hand angehalten oder zurückgehalten oder durch Seeräuber genommen wird. Jedoch tritt an die Stelle der Verschollenheitsfrist eine Frist von zwei Monaten."

Vorweg die Begriffs-Bestimmung „Verfügung von Hoher Hand", „Anhaltung" und „Zurückhaltung":

Verfügung von Hoher Hand sind Anordnungen der „öffentlichen Gewalt", durch die über Personen oder Gegenstände, sei es aus Gründen des öffentlichen Wohls, sei es im Einzelinteresse, „Beschränkungen verhängt" werden.

Anhaltung ist ein dem Völkerrecht eigentümlicher Ausdruck. Man versteht darunter die „gewaltsame Beendigung der Reise" eines unterwegs befindlichen Schiffes zur Ausübung des Visitationsrechtes (Recht zur Untersuchung des Schiffes oder der Ladung). Gegensatz: Aufbringung, Nehmung, Beschlagnahme.

Zurückhaltung ist die „gewaltsame Behinderung der Abfahrt oder Abbeförderung". – Nach § 73 kann also VN auch die „Vers.-Summe verlangen", wenn das Schiff durch „Verfügung von Hoher Hand angehalten" oder „zurückgehalten und binnen zwei Monaten nicht freigegeben wird". Die „Unwahrscheinlichkeit", die Sachen wiederzuerlangen oder die „Ungewißheit" ist das Eigentümliche dieser Fälle.
§ 73 betrifft in erster Linie Fälle, in denen die Wiedererlangung bloß „unwahrscheinlich" oder „ungewiß", das „Schiff" also „nicht total verloren ist".
§ 73 ist auch anwendbar, wenn nach der „Festhaltung keine Aussicht auf Wiedererlangung besteht". Der VN kann in diesem Falle wählen, ob er „gemäß § 71 ADS „Totalverlust" oder gemäß § 73 ADS „Verfügung von Hoher Hand. Nehmung durch Seeräuber" die Vers.-Summe verlangen will.
Er muß wählen, denn die „Rechtswirkungen" sind in dem einen Falle anders als im anderen. Verlangt er die Vers.-Summe gemäß § 71 *Totalverlust*, so muß er sich „bis zur Befriedigung Gerettetes auf die Vers.-Summe anrechnen lassen, gehen die „Rechte am später Geretteten erst mit seiner Befriedigung auf den „Versicherer" über. (Ist die Vers.-Summe niedriger gewesen als der Vers.-Wert bzw. die Taxe, gebührt dem Versicherer nur ein „verhältnismäßiger Teil" des nach Befriedigung des VN Geretteten – Bruchteilsgemeinschaft. Verlangt er die Vers.-Summe „gemäß § 73", so gehen die Rechte an der versicherten Sache „mit der Abandonerklärung" über *und Gerettetes wird danach nur dem Versicherer gerettet).*
Der VN kann die Vers.-Summe aber erst verlangen, wenn „seit der Festhaltung 2 Monate" bzw. wenn das Schiff von einer „kriegsführenden Macht oder einer anderen ihr gleichstehenden Macht" angehalten, aufgebracht, genommen, zurückgehalten, angefordert oder beschlagnahmt wird, 6 Monate verstrichen sind (in Übereinstimmung mit § 121 ADS Abs. 6 „Nur für Kriegsgefahr" und der DTV-Kriegsklausel 1955).
Von weiteren Voraussetzungen ist der Abandon des Paragraphen 73 ADS nicht abhängig. Die ADS gehen damit über das deutsche Gesetzesrecht – und über das englische Recht – hinaus. Es kommt nur „darauf" an, daß die Sache durch Verfügung von Hoher Hand festgehalten wird, daß der Versicherer die Gefahr dieser Verfügung von Hoher Hand (nach § 73 ADS) trägt und daß die Festhaltungsfrist verstrichen ist.
Der VN „kann" die Vers.-Summe „verlangen", er „braucht" sie nicht zu verlangen. Er kann „auch warten, ob das Schiff nicht wieder freigegeben wird". Er kann wählen.

DTV – Kriegsklausel 1955 für Gütertransporte zur See

Die §§ 72 und 73 ADS haben uns bereits mit dem Kriegsrisiko in Berührung gebracht. und auch in unserer M.P. 2711 ist der Einschluß der Kriegs-, Minen- und Torpedogefahr lt. „DTV-Kriegsklausel 1955" dokumentiert (DTV = Deutscher Transportversicherungs-Verband, in dem die in Deutschland arbeitenden Transportversicherungs-Gesellschaften zusammengeschlossen sind). Wortlaut der Klausel siehe Teil III Seite 270 ff.
Das aktuelle Interesse des VN an dem Einschluß dieser *Kriegs-Klausel* liegt bereits darin, daß er gemäß I (2) Vers.-Schutz hat gegen die Gefahren, die sich – unabhängig vom Kriegszustand – aus der *Verwendung* und dem *Vorhandensein* von Minen, Torpedos, Bomben und anderen *Kriegswerkzeugen* ergeben.
„Deutsche (sowohl wie englische) Kriegsklauseln bestimmen, daß der Versicherer, einerlei ob Krieg, ein kriegsähnlicher Zustand oder Frieden besteht, den Schaden an der kriegsversicherten Ware zu ersetzen hat, der durch das Vorhandensein von Kriegswerkzeugen verursacht wird.
Hiermit ist gleichzeitig gezeigt, daß es sich dabei „nicht nur" um „alte" Kriegsschäden, also solche, die aus dem „Nochvorhandensein" der Kriegswerkzeuge herrühren, zu handeln braucht; auch der Fall eines „Munitionstransportes im Frieden" gehört hierher. Explodiert also in einem Hafengelände jetzt noch eine Fliegerbombe aus dem 2. Weltkrieg, und werden dadurch an Bord von Schiffen befindliche Waren beschädigt, so hat der

Kriegsversicherer dieser Waren einzutreten. Ebenso ist es, wenn eine treibende oder am Boden liegende Mine zur Explosion kommt und dadurch an Bord eines Schiffes befindliche Waren beschädigt bzw. vernichtet werden. Schließlich haftet der Kriegsversicherer auch, wenn an Bord eines Schiffes befindliche Granaten durch unsachgemäße Behandlung oder durch schweres Wetter zur Explosion kommen und dadurch die sonstige Ladung des Schiffes beschädigt wird. Hier ist also überall „nur auf die *Gefährdung* abgestellt", die von den *Kriegswerkzeugen* als solche ausgeht." (Zitiert aus den „Schriften zur Transport-Versicherung" der Firma Jauch & Hübener I. Teil Kriegs-, Minen- und Beschlagnahme-Versicherung, wie auch die folgenden diesbezüglichen Abschnitte.)

Auf diese Gefahrtragung, die also – gegenwärtig – nur einen sehr begrenzten und übersehbaren Gefahrenkomplex darstellt, ist „auch die gültige Kriegsprämie abgestellt, die z.Z. – marktmäßig abgestimmt mit allen europäischen Versicherungsbörsen – nur den Bruchteil eines Promilles beträgt, nämlich 0,375‰, mit geringen Abweichungen für regional gefährdetere Zonen.

Diese Situation kann sich natürlich durch politische Entwicklungen, insbesondere bei Ausbruch eines Krieges, eines Bürgerkrieges oder schon bei kriegsähnlichen Ereignissen „schlagartig ändern", und der Versicherer hat dann nach obiger Kriegsklausel ein sehr viel weitergehendes Risiko zu tragen.

In dem Augenblick muß auch der Versicherer die Möglichkeit haben, sich den „veränderten Verhältnissen anzupassen", zunächst durch entsprechende Festsetzung der *Kriegsprämienrate*, die auch tatsächlich jeder ernsteren politischen Spannung folgt. Deshalb bestimmt die obige Kriegsklausel, daß die Vers. von Kriegs-, Minen- und Torpedogefahr mit 2-tägiger Kündigungsfrist vor Beginn der Vers. jederzeit kündbar ist.

Die 2-Tage-Frist erfaßt die vollen 2 Tage, die auf den Tag folgen, an der die Kündigung von den Versicherern ausgesprochen ist. Die Kündigung bedarf „keiner" schriftlichen Form, sie kann auch mündlich oder durch Presse oder Rundfunk erfolgen.

Was nach dieser 2-Tage-Frist „nicht an Bord des Seeschiffes" ist, ist nicht mehr kriegsversichert, es sei denn, es werden neue Vereinbarungen hierüber zwischen den Parteien getroffen.

Denn:

Die kurzfristige „Kündigungsmöglichkeit" ist nicht unbedingt gleichbedeutend mit dem Aufhören jeder weiteren Versicherungsmöglichkeit. Die interessierte Kaufmannschaft hat tatsächlich „während des ganzen letzten Weltkrieges" Kriegsvers.-Schutz für ihre Seetransporte durch die Versicherer gehabt. Diese Probleme waren durch die gewaltige Zusammenballung der Gefahren, insbesondere in den Seehäfen und im Hinblick auf den Luftkrieg durch die private Versicherungswirtschaft nicht mehr zu lösen, weder prämienmäßig noch rückversicherungstechnisch. Um das Problem zu meistern, bedurfte es, wie in fast allen Ländern in dieser Situation, der staatlichen Hilfe.

So ist im letzten Weltkrieg die *Deutsche Kriegsversicherungs-Gemeinschaft* (DKG) entstanden, eine Gemeinschaft, in der die Transportversicherer und der Staat zusammengefaßt waren als gemeinsame Träger der anfallenden Kriegsversicherung.

Im Versicherungsverkehr wurden die Kriegs-Prämien und die Kriegs-Schäden mit dem oder von dem Versicherer abgerechnet, der auch die See-Versicherung gezeichnet hat. Während die „Transportgefahren" auch im Kriege weiterhin allein von dem Versicherer bzw. den Versicherern zu tragen waren, gingen die Kriegsprämien seitens der Versicherer an den „Kriegspool", an die DKG; ebenso kamen die Schadenszahlungen für Kriegsschaden aus dem gemeinsamen Topf, aber über den Versicherer bzw. über den führenden Versicherer, der die „Police gezeichnet" hatte.

Dieser Zustand war immer noch vorzuziehen als wenn die Deckung der „politischen" Risiken „ganz allein in die Hände des Staates" gelegt worden wäre. Immerhin hat diese Zeit bereits gezeigt, was es für die Kaufmannschaft bedeuten würde, wenn einmal die Versicherungswirtschaft gänzlich „verstaatlicht" werden sollte.

Gegenwärtig besteht eine solche Kriegsversicherungsgemeinschaft nicht. Die z.Z. anfallenden Kriegsvers.-Prämien reichen aus, um die gegenwärtig unter die Kriegsklausel fallenden Schäden zu decken und die darüber hinaus einen Grundstock bilden, „ein allzuschnelles Ansteigen der Kriegsprämien bei Verschärfung einer politischen Situation zu verhindern". (Wir wollen hoffen, daß diese Situation in dem Bereich der Kriegsrisiken noch lange die gleiche bleibt.)
Mit der Darstellung der „gegenwärtigen" Situation ist der Inhalt der Kriegsklausel nicht erschöpft. Merken wir uns hierzu noch folgende Hauptpunkte:

1. Umfang der Kriegsdeckung. Die Versicherung deckt die Gefahren des *Krieges*, des *Bürgerkrieges* und *kriegsähnlicher Ereignisse*, verursacht durch „kriegerische Handlungen", Maßnahmen einer „anerkannten" oder „nicht anerkannten Macht". Was Krieg ist, wissen wir. Im völkerrechtlichen Sinne ist Krieg das letzte Mittel der Selbsthilfe, die gewaltsame Rechtsbehauptung unter unabhängigen Staaten oder doch staatlich organisierten Parteien. Krieg ist versicherungsrechtlich auch der „dem Krieg ähnliche Gewaltzustand". Hierzu gehören insbesondere „Bürgerkrieg, revolutionäre Erhebungen und Aufruhr", der mit den Mitteln der Gewalt organisierte Kampf der Regierten gegen die gesetzmäßige Regierung. Als Krieg ist hiernach insbesondere nicht ein durch bloß „wirtschaftliche" Bewegungen (z.B. Streiks, Arbeiteraussperrungen hervorgerufener Gewaltzustand) anzusehen. (Diese Gefahren werden nach § 28 ADS erfaßt: Plünderung, andere Gewalttätigkeiten.) Anders jedoch, wenn die Bewegung die „Grenzen des Wirtschaftslebens überschreitet" und sich, wenn auch nur mittelbar, gegen die Staatsgewalt richtet" (Ritter S. 585/86).
2. Verursacht durch kriegerische Handlungen und Maßnahmen. Als solche werden beispielsweise genannt: Vernichtung durch Kriegswaffen, durch Blockade, Sperrungen, Beschlagnahme, Anhaltung, Aufbringung, Zurückhaltung.
Kriegerische Maßnahmen und Handlungen können auch von der „eigenen" Regierung ausgehen, wenn beispielsweise ein Schiff durch die eigene Nation versenkt wird, um so eine Flußmündung oder Hafeneinfahrt zu sperren.
Die Maßnahmen, welche die Ladung treffen, müssen von einer anerkannten oder nicht anerkannten Macht stammen, „dabei ist nicht nur auf den Ausdruck „nicht anerkannt," sondern auch auf den Ausdruck „Macht" (nicht – Staat) Gewicht zu legen" (Ritter S. 585).
Die Maßnahmen können also auch schon von einem „Partisanenheer" ausgehen, um als Kriegsschaden im Sinne der Klausel zu gelten.
3. Gedeckt sind nur Substanzschäden, also Kriegsschäden an der Ware selbst, keine Kosten.
4. Nur an Bord eines *Seeschiffes* ist die Ware kriegsversichert. Bei Post- und Lufttransporten gilt diese Beschränkung nicht, hierfür gilt als Beginn und Ende der Kriegsvers. die Übergabe an und die Auslieferung des vers. Gutes durch die Post bzw. Luftreederei. Weitere Ausnahmen vgl. Punkt 6 und eingeschränkt Punkt 7.
5. Die Kriegsversicherung endet:
   a) im Bestimmungshafen mit von Bord scheiden,
   b) spätestens 15 Tage nach Ankunft des Schiffes.
6. Bei Umladung von Seeschiff zu Seeschiff gilt Kriegsdeckung „auch für die Zeit zwischen Löschung und Wiedereinladung". Etwaige Lagerung und Transporte während der Umladung bleiben unter Kriegsvers.-Schutz, längstens jedoch 15 Tage nach Ankunft im Löschhafen. Von da ab ruht die Versicherung; sie tritt wieder in Kraft, wenn die Güter „an Bord" des Seeschiffes zur „Weiterbeförderung" gebracht sind. Voraussetzung des Deckungsschutzes: „Anzeige an Versicherer und Zahlung der Prämienzulage" für Gefahrerhöhung.
7. Wenn Vor- oder Nachreise der Güter zu Wasser, also mittels „Binnenschiff" erfolgt, sind vom „Abladeort" bis zum Seeschiff bzw. vom Seeschiff bis zum „Bestimmungsort" die

Gefahren „durch Minen oder treibende bzw. gesunkene Torpedos" mitversichert, beginnend mit der Einladung bzw. endend mit der Ausladung Binnenschiff.

8. Ausgeschlossene Schäden und Kosten.

a) Beschaffenheitsschäden (vgl. XII).
b) Schaden durch Verzögerung der Reise bzw. Nichtantritt derselben,
c) keine Haftung für Lagergelder oder Nothafenkosten, die dadurch entstehen, daß die Güter ausgeladen, ausgelagert oder anderweitig weiterbefördert werden, es sei denn, daß „echter" Havarie-große-Fall nach York-Antwerp-Regeln vorliegt (vgl. XV).

Ausgeschlossen sind ferner Schäden durch Beschlagnahme von „Bannware" oder sonstige durch Gesetz oder Verordnung verbotene Güter.

9. Auch für die Kriegsversicherung haben die ADS nebst Zusatzbestimmungen 1947 Geltung. Die Änderungen betreffen

a) die „Verschollenheitsfrist" nach § 73 ADS. Sie beträgt im Kriege 6 Monate, und
b) es ist Zulageprämie zu zahlen, falls sich infolge Reiseänderung die vom Versicherer übernommene Gefahr erhöht.

10. „Abweichende" Vereinbarungen, die der DTV-Klausel 1955 entgegenstehen, sind *rechtsunwirksam!*

11. *Die Kriegsklauseln aller wichtigen Länder stimmen inhaltlich nahezu völlig überein!*

Kapitel XVIII

BESONDERE HAVAREI
BEHANDLUNG VON TEILSCHADEN
§ 93 ADS – Beschädigung
§ 94 ADS – Teilbeschädigung

Wir wiederholen zunächst noch einmal:
„Im Falle „besonderer Havarei" ist zu unterscheiden, ob es sich nach dem Tatbestand um a) Totalverlust bzw. Teilverlust oder um b) Teilschaden handelt."
Im vorangegangenen Abschnitt XVII haben wir uns mit den a) Total- und Teilverlust-Schäden befaßt, die nach Verlust-Grundsätzen zu behandeln sind, d.h. gemäß den §§ 91, 71, 92, 72 und 73. –
Nunmehr geht es um

b) Teilschaden,

das ist – um es noch einmal klar herauszustellen:

Beschädigungsschaden
oder wenn „einzelne Bestandteile" oder
„Zubehörstücke" des vers. Gutes
entweder verlorengegangen oder
beschädigt sind.

Bei „Teilschaden" sind

Beschädigungs-Grundsätze

anzuwenden, u.z. gemäß den §§ 93 und 94 ADS.
Gewisse Schäden der „besonderen Havarei" können einmal „Verlust-Schaden" sein, ein anderes Mal „Teilschaden", entscheidend ist der Tatbestand. Solche Schäden sind:

A) Aufopferungsschaden

am vers. Gegenstand – an sich ein Tatbestand der „Hav.-große", aber zufolge § 31 ADS nach den Bestimmungen der „besonderen Havarei" zu behandeln –, der

a) nach *Verlust*-Grundsätzen zu ersetzen ist gemäß den §§ 91 bzw. 92, wenn das vers. Gut ganz oder teilweise auf Geheiß des Kapitäns geworfen wurde;
b) nach *Beschädigungs*-Grundsätzen gemäß den §§ 93 bzw. 94, beispielsweise bei Beschädigung von Baumwollballen durch Flutung des Laderaumes infolge Schadenfeuers an Bord des Schiffes.

B) Vers.-Schaden nach der DTV-Kriegsklausel 1955

a) Verlust-Schaden zu ersetzen gemäß § 91 ADS, wenn beispielsweise das (kriegs-) vers. Gut mit dem von einer Mine getroffenem Schiff total verloren geht;
b) nach *Beschädigungs*-Grundsätzen (§§ 93, 94), wenn aus dem durch Minentreffer gestrandeten Schiff das (kriegs-)vers. Gut „seewasserbeschädigt" geborgen werden konnte.

C) Bruchschaden

kann „Verlustschaden" sein oder „Beschädigungsschaden", es kommt auf den „Tatbestand" an.

a) *Verlust*-Schaden, wenn beispielsweise eine Kiste Glas- oder Porzellanwaren bei der Verladung aus der Schlinge in die Schiffsluke fällt. In diesem Fall wird es sich regelmäßig um Verlust handeln.
b) *Beschädigungs*-Schaden, wenn beispielsweise bei Glas- oder Porzellanwaren „einzelne Stücke" zerbrechen infolge rauher Behandlung der Kiste während des Transportes.
   Ist Bruch-Verlust, so ist der Schaden gemäß § 91 bzw. § 92 in Verbindung mit § 71 zu ersetzen.
   Ist Bruch-Beschädigung, so gelten die Grundsätze nach den §§ 93 bzw. 94 ADS.

Damit sind wir endgültig bei den

Beschädigungs-Grundsätzen

zunächst nach

§ 93 ADS – Beschädigung

Abs. 1 Satz 1 u. 2:
„Im Falle einer „Beschädigung" ist der „gemeine Handelswert" und in dessen Ermangelung der gemeine Wert zu ermitteln, den die Güter im „unbeschädigten" Zustand am *Ablieferungsort* haben würden *(Gesundwert)*, sowie der Wert, den sie dort im „beschädigten" Zustande haben. Ein dem „Verhältnis des Wertunterschiedes" zum „Gesundwert entsprechender Bruchteil" des „Versicherungswerts" gilt als Betrag des Schadens."

Hierzu Kommentar Ritter S. 1078–1099:
„Im Falle einer „Beschädigung" der Güter ist also zu ermitteln:

a) der Wert, den die Güter am „Ablieferungsort" im „unbeschädigten Zustand haben würden" (= „*Gesundwert*", sound value oder valeur saine) und
b) der Wert, den die Güter am „Ablieferungsort" im „beschädigten" Zustand haben (= Schadenswert – das ist also nicht der „Schadensbetrag" – deshalb besser, da unmißverständlich = *Krankwert*, damage value).

Maßgebend ist der „gemeine Handelswert", das ist der allgemeine „Verkäuflichkeitswert", also der Preis, zu dem die Güter von dieser Art und Beschaffenheit „im allgemeinen" und ohne Rücksicht auf die besonderen Beziehungen der Beteiligten „verkauft werden können", ungenau auch: der „Neubeschaffungswert" (aber wenn VN einen bestimmten „Handelsverkehrskreis" angehört – beispielsweise „Verein der Getreidehändler der Hamburger Börse e.V." – gilt der gemeine Handelswert dieses Verkehrskreises, evtl. auch „Börsen- oder Marktpreis").

Den „Ablieferungsort" – Ort, an dem die Güter an den Empfänger abgeliefert werden – kann der VN wählen. Er braucht die Güter nicht an ihren „Bestimmungsort weiter befördern zu lassen, insbesondere nicht, wenn sie „beschädigt" sind." –

„Wenn am Ablieferungsort der Gesundwert der beschädigten Güter 1000, der Schadenswert (Krankwert) 250 beträgt, ersetzt der Versicherer nicht ohne weiteres 750. *Der Schaden wird ins Verhältnis zum Vers.-Wert* (zur Taxe) gebracht, „*auf die Taxe der Police*, respective den *Vers.-Wert reguliert.*"

Beträgt der „Vers.-Wert" (oder Taxe) auch 1000 wie der „Gesundwert", so erhält der VN nach folgender Gleichung 750:

Gesundwert	=	1000
Krankwert	=	250
Unterschied	=	750

pro rata versichert: $\frac{750 \text{ (Unterschied)} \times 1000 \text{ (= V.-Wert/Taxe)}}{1000 \text{ (= Gesundwert)}} = 750$

Beträgt der Vers.-Wert/Taxe 900, so erhält der VN:

$$\frac{750 \times 900}{1000} = 675$$

Beträgt der Vers.-Wert/Taxe 1 100, so beträgt die Entschädigung

$$\frac{750 \times 1\,100}{1\,000} = 825$$

Abs. 1 Satz 2: „Der Unterschied zwischen „Gesundwert" und „Schadenswert" (Krankwert) ist nicht der Betrag der „Entschädigung", sondern nur ein „Faktor" für die „Berechnung der Entschädigung". Gesundwert und Schadenwert („Krankwert") haben nur „die Bedeutung von Vergleichszahlen" und müssen als solche „auf der gleichen Grundlage beruhen" (RG 4423). Als solche Grundlage kann nur der „Bruttowert", d.h. der Wert mit *Einschluß von Fracht, Landungskosten und Abgaben, insbesondere Zoll* oder der Nettowert in Betracht kommen (vgl. § 93 Abs. 2, 3. Satz).

Man hat im „hansestädtischen" Rechtsverkehr eine „Ausnahme von dem Grundsatz" gemacht. daß der Entschädigung die „Bruttowerte" zugrundezulegen sind. Falls am „Verkaufsort" auch ein Marktpreis „exclusive Zoll üblich", so ist die Feststellung des Preises üblicherweise ohne Zoll zu machen.

„Solange der „Zoll nicht entrichtet" ist und die Güter „zollfrei wieder ausgeführt" werden können, soll nach „abgabefreien" Werten geschätzt werden."

Wenn der „Gesamt-Vers.wert taxiert" ist, die „einzelnen" Güter aber nicht besonders taxiert" sind (vgl. § 7), muß die „Gesamttaxe" zunächst nach dem Verhältnis des wirklichen Vers.-Wertes geteilt werden.

Beträgt für die vers. Woll- und Baumwollwaren die „Gesamttaxe 1800, der wirkliche Vers.-Wert der „Baumwollwaren 900" und der wirkliche Vers.-Wert der „Wollwaren 1350", so gelten als Taxe der Baumwollwaren 900 : 2 250 oder 2/5 von 1 800, also 720, als Taxe der Wollwaren 1350 : 2 250 oder 3/5 von 1 800, also 1 080,–.

Der Teil des Vers.-Wertes, „der *im Verhältnis* des Unterschiedes zum Gesundwert und Schadenwert (Krankwert) entspricht", gilt als Betrag des Schadens und hiermit auch als Betrag der Entschädigung (Abs. 1 Satz 2). Vgl. obige Beispiele.

Diesen Betrag kann der VN „verlangen", u. U. aber auch nur weniger, oft mehr. „Weniger", wenn z. B. „Erspartes" abzuziehen ist, wenn etwa der Zoll mitvers. war und Zoll erspart ist, oder wenn der VN „anderweitig", z. B. vom Verfrachter (Reeder) etwas zur „Ausgleichung des Schadens" erlangt hat. Regelmäßig mehr, weil Versicherer auch die „Schadenfeststellungskosten" zu ersetzen hat.

Der Vers.-Wert (Taxe) ist auch dann „maßgebend", wenn er „größer" ist als der „Gesundwert".

Unrichtig ist, daß der Grundsatz, VN könne nur Ersatz des „wirklich erlittenen Schadens verlangen", als ein „ausnahmsloser" hingestellt wird. Es gibt keinen „ausnahmslosen Rechtssatz, daß ein Unfall in seinen tatsächlichen Konsequenzen niemals zu einem Glücksfall für den Versicherten ausschlagen darf" (RG 36134 etc.).

Eine der „wesentlichsten Ausnahmen" bildet gerade die „Anerkennung des festen Vers.-Wertes". Gibt man dem VN im Falle des „Totalverlustes" die „ganze Vers.-Summe", im Falle des „Teilverlustes" den „entsprechenden Teil" der Vers.-Summe, selbst wenn der Marktpreis der Güter inzwischen um die Hälfte „gesunken" ist, *so muß man auch im Beschädigungsfall auf der Grundlage des „Vers.-Wertes" regulieren.*

§ 93 ADS „Beschädigung" Abs. 2

„Die Beschädigung sowie der „Gesundwert" und der Wert der „beschädigten" Güter sind „durch Sachverständige festzustellen". Auf die Feststellung finden die Bestimmungen des § 74 Abs. 2 bis 10 entsprechende Anwendung. Die Werte müssen die von den Gütern zu entrichtenden „öffentlichen Abgaben, insbesondere die Zollabgaben" umfassen. Sind von den Gütern nur „einzelne beschädigt oder sind von einem Gute nur „einzelne Teile verloren oder beschädigt", so sind, soweit tunlich, die „beschädigten" Sachen von den „unbeschädigten" zu trennen"; dies gilt insbesondere auch bei zusammen verpackten Gütern."

„Beschädigung", „Gesundwert" und „Schadenwert" (Krankwert) sind durch „Sachverständige festzustellen". § 74 Abs. 2–10 findet entsprechend sinngemäße Anwendung: die Sachverständigen haben also nicht die zur Beseitigung der Beschädigung erforderlichen Kosten festzustellen (§ 74 Abs. 5 Nr. 5), sondern dafür eben Gesundwert und Krankwert. (Im Vers.-Verkehr fallen diese Feststellungen in das Aufgabenbereich des im Vers.-Zert. genannten zuständigen Havarie-Agenten.)

Nach § 93 und § 74 Abs. 9 muß Versicherer zahlen, wenn der Schaden „gehörig", d. h. auf die in § 93 Abs. 2, § 74 Abs. 2–8 (bzw. durch Havarie-Agenten) bestimmte Weise festgestellt ist, sonst nicht; mag die Ungehörigkeit wesentlich oder unwesentlich sein. Nur wenn die gehörige Feststellung infolge eines Umstandes unterblieben ist, den der VN nicht zu vertreten hat, kann der VN den Schaden in „anderer geeigneter Weise" feststellen lassen

(§ 74 Abs. 9 Satz 2). Zu vertreten hat der VN insbesondere Umstände, die auf ein Verschulden derjenigen beruhen, deren er sich bei der „Erfüllung seiner Verpflichtung, bei der Schadenfeststellung mitzuwirken", bedient.

Tatsächlich werden in den meisten Fällen Beschädigung, Gesundwert und Schadenswert (Krankwert) der Güter lediglich vom Hav.-Kommissar des Versicherers „unter Mitwirkung des Empfängers" festgestellt. Dieses Verfahren wird durch § 93 Abs. 2, § 74 Abs. 10 gedeckt. Ob die Feststellung für die Parteien „verbindlich" sein soll (sei es als Vereinbarung über Ursache und Höhe des Schadens, sei es als eine Feststellung, die nur dann unverbindlich ist, wenn sie „offenbar von der wirklichen Sachlage erheblich abweicht", sei es in anderer Weise), hängt vom Inhalt der„ Vereinbarung" des „Hav.-Kommissars" mit dem VN ab. „Im Zweifel" wird sie „nicht als verbindlich" zu betrachten sein. –

„Nach alter seeversicherungsrechtlicher Regel soll der VN im Falle der Beschädigung bis zur Besichtigung tunlichst alles unverändert lassen" (vgl. § 93 Abs. 4).

„Bei der „Besichtigung" (BSVB § 60 Abs. 1 Nr. 3) erst muß das Seebeschädigte vom Unbeschädigten respective Nicht-Seebeschädigten „getrennt werden".

Nicht etwa, damit der Schaden nicht größer wird. Die „Schadenabwendungspflicht" des VN geht seiner Verpflichtung, alles unverändert zu lassen, vor (§ 93 Abs. 4). Sondern damit man sicher *Ursache und Umfang* der Beschädigung feststellen kann. Das ist die Bedeutung des § 93 Abs. 2 Satz 3: Sind von den Gütern nur einzelne beschädigt oder sind von einem Gute nur einzelne Teile verloren oder beschädigt, so sind, soweit tunlich, die beschädigten Sachen „von den unbeschädigten zu trennen".

„Von den vers. Gütern können „einzelne" beschädigt sein, z. B. von 1000 Ballen Baumwolle 100, dann sind 100 zu trennen, die übrigen 900 kommen nicht in Betracht, mag auch etwa die ganze Menge den „einheitlichen Gegenstand eines Kaufvertrages" gebildet haben und der Rest „durch die Trennung" (und durch die auf Verlangen des Versicherers erfolgende Versteigerung) an Wert verlieren. Ob die einzelnen Ballen „besonders taxiert" sind oder nicht (vgl. § 7), ist in diesem Fall „ohne Bedeutung".

Von einem Gute können „einzelne Teile" (oder „Zubehörstücke"), z. B. von einer Maschine ein Gatter „verloren gegangen" sein, insbesondere in ihrer „ursprünglichen Beschaffenheit zerstört sein, ohne daß das ganze Gut beschädigt ist. Auf diesen Fall findet nicht § 93, sondern § 92 „Teilverlust" Anwendung; denn § 93 ist nur „im Falle einer Beschädigung" anzuwenden (Abs. 1).

Von einem Gute können „einzelne Teile" (oder Zubehörstücke) beschädigt sein, z. B. von einer Maschine eine Kurbel. Dann sind die einzelnen Teile zu trennen, selbst wenn die Beschädigung des Teiles Beschädigung des Ganzen ist. Der Versicherer entschädigt gemäß § 94 Abs. 1 nur für den Teil. Anders, wenn die Ausbesserung des Gutes „nicht" oder nur mit „unverhältnismäßig hohen Kosten" zu beschaffen ist (§ 94 Abs. 2).

„Insbesondere (d. h. beispielsweise) ist zu „trennen", wenn Güter „zusammen verpackt" sind, wenn von dem Inhalt eines „Kollo" einzelne Stücke beschädigt sind, wenn z. B. von... einem Tabakballen ein Teil der Blätter, von einem Ballen Tuche „einige Stücke beschädigt" sind. Der VN „muß" trennen (bei Vers. für fremde Rechnung auch der Versicherte: § 52). Er ist dazu „verpflichtet". Es gehört zu seiner Verbindlichkeit, bei der Schadenfeststellung mitzuwirken. Er muß daher auch das „Verschulden Dritter" gemäß § 278 BGB „vertreten". Er kann aber andererseits, weil es sich um Schadenfeststellung handelt", „auch Ersatz der Trennungskosten" verlangen (§ 32 Abs. 1 Nr. 3).

Der VN braucht nur „soweit tunlich" zu trennen. Der VN wird schon dann nicht zu trennen brauchen, „wenn überwiegend eigene Interessen" die Trennung verbieten. Und nur insoweit dies nach dem „Urteil der Sachverständigen" geschehen sollte, „ohne den vollen Wert" des „gesund gebliebenen Teiles zu beeinträchtigen."

Die Feststellung des Schadens ist nicht „gehörig", wenn das Beschädigte nicht, soweit tunlich, vom Unbeschädigten getrennt ist: Versicherer kann die Zahlung verweigern, bis der Schaden gemäß den vorstehenden Bestimmungen festgestellt ist (§ 74 Abs. 9).

§ 93 ADS „Beschädigung" Abs. 3

„Der Versicherer kann verlangen, daß der Wert der beschädigten Güter „durch öffentliche Versteigerung festgestellt" wird, es sei denn, daß der Betrag der für die beschädigten Güter am Ablieferungsorte zu entrichtenden öffentlichen Abgaben den von den Sachverständigen festgestellten Wert der beschädigten Güter mit Ausschluß der öffentlichen Abgaben übersteigt; das Recht, die Feststellung des Wertes durch Versteigerung zu verlangen, erlischt, wenn es nicht „binnen einer Woche nach Erstattung des Gutachtens der Sachverständigen ausgeübt" wird. Wird der Wert durch öffentliche Versteigerung festgestellt, so tritt der „Bruttoerlös" an die Stelle des Wertes der „beschädigten Güter". Hat nach den „Versteigerungsbedingungen" der „Verkäufer vorzuleisten", so steht der Versicherer für die Zahlung des Kaufpreises ein, falls er den „Versteigerungsbedingungen zugestimmt" hat."

Der Versicherer kann „verlangen", daß die „beschädigten" Güter „öffentlich versteigert werden!" Nur der „Versicherer" kann verlangen!

Ein Recht zur Mitwirkung (bei der öffentlichen Versteigerung) ist dem Versicherer hier nicht besonders eingeräumt, aber aus der... Schadenabwendungspflicht des VN ergibt sich ohne weiteres, daß der VN dem Versicherer, wenn tunlich, Ort und Zeit der Versteigerung mitteilen muß, u. z. so früh, daß der Versicherer sich an der Versteigerung beteiligen kann. – (Der Versicherer, der nur mitbietet, damit die Franchise nicht erreicht wird, verletzt die besonderen Pflichten der Vers.-Treue: § 13 ADS.)

Das Gebot (bei der Versteigerung) „braucht kein Bargebot zu sein". Es handelt sich ja auch nur um die „Feststellung des Wertes der beschädigten Güter" in bestimmter Form. Der Versicherer haftet natürlich nicht für den Eingang des Kaufpreises.

Versicherer steht aber für die Zahlung des Kaufpreises ein, wenn Verkäufer nach den Versteigerungsbedingungen zugestimmt hat (§ 93 Abs. 3 Satz 3).

Der VN muß auf Verlangen versteigern lassen. Er ist dazu verpflichtet. Unterbleibt die Versteigerung infolge eines Umstandes, den der VN zu vertreten hat, so braucht der Versicherer gemäß § 93 Abs. 2 und § 74 Abs. 9 Satz 1 nicht zu entschädigen. Der VN ist aber nur und erst verpflichtet versteigern zu lassen, wenn der Versicherer „es verlangt". Vorher ist er... in der Verfügung über die Güter nicht beschränkt, abgesehen von seiner Verpflichtung bis zur Schadenfeststellung, nichts zu ändern und bei der Schadenfeststellung das Beschädigte vom Unbeschädigten zu trennen. –

VN kann aber auch aufgrund seiner „Schadenabwendungspflicht" verpflichtet sein, die beschädigten Güter „zu veräußern" (§ 41 ADS), dann hat der Versicherer, sei es nach allgemeinen Grundsätzen (§ 32 ADS), sei es gemäß § 96 Abs. 2 „Verkauf der Güter", „die Vers.-Summe weniger dem Erlös" zu zahlen. –

Der „bei der Versteigerung erzielte Bruttoerlös" tritt an die Stelle des „Wertes der beschädigten Güter", an die Stelle des Schadenwertes (Krankwertes), der entweder von den Sachverständigen bereits geschätzt oder gemäß § 74 Abs. 9 Satz 2 anderweitig festgestellt ist oder noch zu schätzen wäre, wenn Versicherer nicht Versteigerung verlangt hätte. Der „Bruttoerlös" ist also vom geschätzten (oder anderweitig festgestellten) „Gesundwert abzuziehen". Die „Differenz" wird gemäß § 93 Abs. 1 Satz 2 „auf den Vers.-Wert reguliert". Die „Versteigerungskosten" sind „Schadenfeststellungskosten" und deshalb vom Versicherer gemäß § 32 Abs. 1 Nr. 3 „besonders" zu ersetzen; natürlich nur, soweit die Versteigerung „beschädigte" Güter betrifft und wenn die Beschädigung dem Versicherer zur Last fällt. –

Mit dem Übergang der Gefahr auf den Ersteigerer endigt die Versicherung.

Das Recht des Versicherers, Versteigerung zu verlangen, erlischt, wenn es nicht „binnen einer Woche nach Erstattung des Gutachtens der Sachverständigen" (bzw. Hav.-Agenten) ausgeübt wird (§ 93 Abs. 3 Satz 1).

Ausnahme: Der Versicherer kann nicht Versteigerung verlangen, wenn der von den Sachverständigen festgestellte „Schadenswert" (Krankwert) nach Abzug der am Ablieferungsort zu entrichtenden öffentlichen Abgaben, insbesondere des Zolles, „kleiner" ist „als die Abgaben" sind. Öffentliche Abgaben sind alle, lediglich im öffentlichen Interesse erhobenen öffentlich rechtlichen Abgaben (Steuern, Zölle, Gebühren), nicht nur Finanzabgaben, sondern z.B. auch statistische Gebühren, dagegen „nicht Kaigebühren", die vielmehr zu den Landungskosten zählen.

§ 93 ADS „Beschädigung" Abs. 4

„Bis zur Feststellung der Beschädigung darf der Versicherungsnehmer ohne Einwilligung des Versicherers Änderungen, insbesondere die Öffnung der Verpackung, nur insoweit vornehmen, als es zur Abwendung oder Minderung des Schadens oder im öffentlichen Interesse geboten ist."

Der VN darf „bis zur Feststellung" der Beschädigung durch Hav.-Agenten nichts ändern, insbesondere „die Verpackung nicht öffnen". Bei der Feststellung der Beschädigung soll der „Tatbestand so rein wie möglich vorliegen". Der VN (auch der Versicherte bzw. Erwerber) ist verpflichtet, alles unverändert zu lassen. Er muß daher insbesondere auch das „Verschulden Dritter vertreten", deren er sich zur Erfüllung dieser Verbindlichkeit bedient und dafür sorgen, daß alles unverändert bleibt.

Ausnahmen:

a) Wenn und soweit der Versicherer einwilligt (seine Zustimmung ist rechtserheblich). „Agenten" des Versicherers sind nicht ohne weiteres ermächtigt, einzuwilligen, wohl aber *Havarie-Kommissare.* Die „Einwilligung" kann auch „nachträglich erteilt" werden.
b) wenn und soweit die Änderung zur „Abwendung oder Minderung des Schadens" geboten ist. § 41 ADS verpflichtet den VN sogar zu ändern. Der VN muß beweisen.
c) wenn und soweit die Änderung „im öffentlichen Interesse" (etwa aus zoll- oder feuerpolizeilichen Gründen) geboten ist. Der VN muß beweisen.

Rechtsfolgen des Verstoßes gegen § 93 Abs. 4: wenn der VN vertretbar – vorsätzlich oder fahrlässig – gegen § 93 Abs. 4 verstoßen hat, kann der Versicherer nur „gemäß § 276 BGB Schadenersatz" verlangen.

– Wenn VN erst bei der Änderung, insbesondere *erst nach Öffnung der Verpackung die Beschädigung bemerkt* und zu bemerken braucht, kann natürlich von einem Verschulden keine Rede sein. –

§ 94 ADS - Teilbeschädigung

§ 94 ADS „Teilbeschädigung" – Abs. 1

„Sind von einem Gute nur „einzelne Bestandteile" oder „Zubehörstücke verlorengegangen oder beschädigt", so kann der Versicherungsnehmer „nur in Ansehung dieser Teile oder Zubehörstücke Entschädigung verlangen."

Sind von einem Gute nur (einzelne, wesentliche oder unwesentliche) Bestandteile oder Zubehörstücke verlorengegangen oder beschädigt, so kann der VN nur für diese Teile oder Zubehörstücke Entschädigung verlangen.

„Wenn ein „wesentlicher Bestandteil" einer Sache „verlorengeht", etwa der wertvolle Einband eines Buches oder von einem Gesamtwerk ein Band gestohlen wird, so ist das „Ganze beschädigt" und nicht nur dies, die Sache ist „in ihrer ursprünglichen Beschaffenheit zerstört". Die Sache ist „total verloren" (§ 71 „Totalverlust").

Wenn ein „nicht wesentlicher Bestandteil" einer Sache „verlorengeht", etwa der zu einer elektrischen Beleuchtungsanlage gehörende Kupferdraht gestohlen wird, so kann das „Teilverlust" sein. Es kann aber auch „Beschädigung des Ganzen" sein... wenn etwa aus einer nach bestimmten Gesichtspunkten geordneten und deshalb wertvollen Sammlung „ein Teil gestohlen" ist. Auch in solchen Fällen kann die „Beschädigung des Ganzen"

Verlust, u.z. „Totalverlust" sein, wenn nämlich das Ganze durch den Teilverlust in seiner „ursprünglichen Beschaffenheit zerstört ist", wenn z.B. der übriggebliebene Teil der Sammlung als solcher „keinen oder einen verhältnismäßig nur ganz geringen" Wert hat.
Wenn eine Kolbenstange oder ein Zahnrad „zerbricht", könnte VN geltend machen, daß ein „wesentlicher Bestandteil" der Maschine verlorengegangen ist... daß die Maschine keine Maschine mehr ist... die vers. Sache mithin in ihrer ursprünglichen Beschaffenheit zerstört, total verloren ist. *Dieser Überspannung oder Ausnutzung des Totalverlust-Begriffes* traten die Versicherer mit der sog. „*Maschinen-Klausel*" Nr. 14 (Zusatzbestimmungen 1947) entgegen:
„Bruchschäden im Strandungsfall und solche Schäden, die lt. Police auch in anderen Fällen mitgedeckt sind, müssen unverzüglich nach Ankunft und Öffnung der Kisten unter Hinzuziehung des in der Police aufgeführten Havarie-Kommissars festgestellt werden. Die Versicherer haften nur für die „Kosten der Reparatur" oder des „Ersatzes" des „zerbrochenen" oder „abhanden gekommenen Teiles" der Maschinen, jedoch nicht über die Vers.-Summe hinaus und nur im Verhältnis der Vers.-Summe „zum Gesundwert" des vers. Gegenstandes im Sinne des § 93 Abs. 1 ADS. Der beschädigt oder abhanden gekommene Teil ist am „Bestimmungsort zu reparieren" oder zu „ersetzen". Sollte dieses nicht angängig oder mit unverhältnismäßigen Kosten verbunden sein, ist Ersatz „durch Nachsendung von der Fabrik" zu beschaffen.
Ein „Verkauf der zerbrochenen Teile" oder der ganzen Maschine ist nur „im Einvernehmen mit dem Versicherer" gestattet."

§ 94 ADS „Teilbeschädigung" – Abs. 2

„Die Bestimmung des Absatzes 1 findet „keine Anwendung", wenn durch „Sachverständige festgestellt" ist, daß infolge des Versicherungsfalls die „Ausbesserung" des Gutes „unmöglich" ist oder einen den „Versicherungswert des Gutes übersteigenden Aufwand erfordern" würde. In diesem Falle finden auf die „Feststellung" die Bestimmungen des § 74 Abs. 2 bis 10, auf die „Ermittlung" des Schadens die Bestimmungen des § 93 „entsprechende Anwendung."

Der VN kann „ausnahmsweise" wegen des Teilverlustes oder der Teil-Beschädigung nach *Totalbeschädigungs*-Grundsätzen Entschädigung verlangen:

a) wenn die „Ausbesserung" des Gutes entweder „unmöglich" ist oder
b) einen den Vers.-Wert des Gutes „übersteigenden Aufwand erfordern" würde.

Ausnahme 1: Die Ausbesserung muß „unmöglich", das Gut entsprechend „reparaturunfähig" sein. Ist ein „Bestandteil" oder „Zubehörteil verlorengegangen", so besteht die Ausbesserung des Gutes in der „Ersetzung des Verlorengegangenen". Ist nur ein „Zubehörstück verlorengegangen oder beschädigt", so wird es sich ohnehin regelmäßig nur um „Teilverlust oder Teilbeschädigung" handeln, der VN ohnehin nur für die „Zubehörstücke Entschädigung" verlangen können.
Auf nur „unvollständig mögliche" Ausbesserung braucht der VN „sich nicht verweisen zu lassen. Andererseits ist zu berücksichtigen, daß „ausgebesserte" Gegenstände regelmäßig „nicht restlos unausgebesserten" gleichen; „Unebenheiten" muß der VN gemäß § 13 ADS hinnehmen.
Daß die Ausbesserung, insbesondere die Ersetzung, „längere Zeit in Anspruch nimmt", bei Export-Gütern namentlich „Ersatzteile aus dem Ursprungsland beschafft" werden müssen, kann der VN nicht einwenden. § 94 Abs. 2 macht nur noch für den anderen Fall eine „Ausnahme", daß die Ausbesserung „unverhältnismäßig hohe Kosten" verursacht, nicht auch für den Fall, daß die Ausbesserung unverhältnismäßig „lange Zeit in Anspruch nimmt", aber eine Ausbesserung, die „unverhältnismäßig lange" Zeit in Anspruch nimmt, wird gerade deswegen „auch unverhältnismäßig hohe *Kosten für Lagerung, Instandhaltung* usw. verursachen. –

Eine Ausbesserung, die „übermäßig lange Zeit" in Anspruch nehmen würde, wird nach § 13 ADS einer „unmöglichen gleichzustellen" sein.
So wenig, wie der VN einwenden kann, daß Ersatzteile „aus dem Ursprungland" beschafft werden sollen, kann er einwenden, daß das Gut „ zur Ausbesserung nach dem Ursprungsland" gebracht werden muß.
Ausnahme 2: Die Ausbesserung muß:

a) einen „Aufwand erfordern", der den „Vers.-Wert des Gutes übersteigt", das Gut muß „reparaturunwürdig" sein. Der Aufwand muß, wenn der Vers.-Wert taxiert ist, „die Taxe übersteigen".
Ob das Gut inzwischen im Werte gestiegen oder gefallen ist, gilt gleich. *Taxe und Ausbesserungskosten* sind zu „vergleichen". Zu den „Ausbesserungskosten" werden ggfs. auch „Lagerung, Instandhaltung, Bearbeitungs-, Vers.-Kosten" zu rechnen sein.
b) und wenn die *Reparaturunfähigkeit* oder *Reparaturunwürdigkeit* des Gutes „durch Sachverständige (Hav.-Agenten) festgestellt" ist.

Wenn die Ausbesserung des Gutes „unmöglich" ist oder „einen Aufwand erfordern würde, der den Vers.-Wert übersteigt", kann das Gut „total verloren" sein. Der VN kann gleichwohl nicht gemäß § 91 ADS *nach Total-Verlust-Grundsätzen* die „Vers.-Summe verlangen". Der Versicherer kann erst recht nicht dem VN die „Vers.-Summe mit der Wirkung anbieten", daß der Fall nunmehr „nach § 91 (Totalverlust) zu behandeln" ist, also insbesondere mit der Befriedigung des VN die „Rechte am Gute auf den Versicherer übergehen". (Der VN kann aber natürlich das Angebot mit dieser Wirkung annehmen.)
„Reparaturunmöglichkeit" und „Reparaturunwürdigkeit" kann „Totalverlust" sein, gleichwohl kann der VN nur Entschädigung gemäß § 93 ADS, d.h. nach „Beschädigungsgrundsätzen" verlangen, also: Feststellung des „Gesundwertes" und des „Krankwertes" durch den zuständigen Havarie-Agenten, davon „Unterschiedsbetrag" im Verhältnis zur „Vers.-Taxe" gesetzt, ergibt den Betrag der Entschädigung (vgl. Formel XVIII S. 125) – Der Versicherer kann, wenn er die Verwertung des beschädigten Gutes wünscht, gemäß § 93 Abs. 3 Versteigerung verlangen.

Kapitel XIX

DIE PROBE AM BEISPIEL „DER VERSICHERUNGSFALL"

Wir befinden uns nun – wie zu Beginn – bei dem Eingang der „Vers.-Aufgabe" wieder im Büro des

VERSICHERUNGSMAKLERS

Wir haben bereits gesehen, daß es zu den Aufgaben eines Vers.-Maklers zählt, dafür zu sorgen, daß der Auftraggeber, also der VN – „selbst in Versicherungsdingen meist nur wenig erfahren" – Vers.-Scheine, hier Seevers.-Policen erhält, die genau auf dessen „besondere Bedürfnisse zugeschnitten" sind und für die der Makler ausdrücklich zu bestätigen hat, daß die Policen/Zertifikate entsprechend den erhaltenen Vers.-Aufgaben „richtig ausgefertigt" sind (vgl. *Musterpolice* 2711: „Diese Police ist nur gültig, wenn sie zur Kontrolle der richtigen Ausfertigung von der Firma – hier folgt der Name des Maklers – gegengezeichnet ist"). (Selbstverständlich unterschreibt auch der Assecuradeur in Vollmacht der von ihm vertretenen und beteiligten Gesellschaften bzw. die Vers.-Gesellschaft selbst das Versicherungsdokument.)
Der Makler sorgt weiter für die „Festsetzung der angemessenen, d.h. der Marktlage entsprechenden Prämien", denn der Vers.-Kaufmann selbst hat kaum oder doch nur eine sehr beschränkte Möglichkeit des Vergleiches, ob die von dem Versicherer geforderte Prämienrate preisgünstig für ihn ist. Denn um dies richtig einschätzen zu können, bedarf es sehr spezieller Kenntnisse und großer Erfahrungen, die eben nur der Makler in seinem Fachgebiet haben kann.
So betreut der Vers.-Makler die Vers.-Verträge „während ihrer ganzen Laufzeit", verrechnet die „Prämien" zwischen VN und beteiligten Versicherern formularmäßig (durch sog. Deklarationen) sowie buchhalterisch und bankmäßig; er sammelt bei „Schäden" die Unterlagen ein, prüft die Schäden vor, „dispachiert" dieselben, d.h. er übernimmt es, eine geordnete Zusammenstellung über die geforderten Schadensbeträge aufzumachen und zieht dann in der Regel auch den Schaden von den Versicherern ein und verrechnet die Schadensbeträge mit seinem Kunden.
„Es ist immer echte Maklerart gewesen, eine ausgleichende und damit beiden Teilen – d.h. sowohl dem VN wie dem Versicherer – dienende Tätigkeit zu entfalten. So ist also der Vers.-Makler niemals als „reiner Interessenvertreter der Kundenseite" anzusehen. Bereits die Hamburger Assekuranz- und Havarey-Ordnung von 1731 enthält die Bestimmung, daß die Makler „den Assekuradeuren sowohl als den Assekurierten treulich dienen sollen". Diese Auffassung hat sich in jahrhundertelanger Tradition bis heute in den führenden Vers.-Ländern erhalten." (Entnommen „Der Begriff des Versicherungs-Maklers" Druckschrift des VHV = Vereins Hamburger Vers.-Makler, heute: Verein der Versicherungsmakler e.V.) In England beispielsweise laufen praktisch alle Versicherungen nur über den Makler.
Es ist schon gesagt worden, daß der VN während der ganzen Laufzeit der Seevers.-Police die Betreuung übernimmt, so selbstverständlich auch im „Vers.-Fall", im „Schadensfall". Diese gleiche Funktion – und so ist es zumeist an allen deutschen Handelsplätzen außerhalb der Hansestädte Hamburg, Bremen, Lübeck – kann auch der bevollmächtigte Vertreter der Vers.-Ges. *(Generalagent*/Bezirksdirektion) oder eine federführende Vers.-Gesellschaft selbst übernehmen.
Um bei unserer *Seeversicherungs*-Police Nr. 2711 zu bleiben, gehen wir davon aus, daß mit heutiger Post bei der Firma Carsten Möller in Hamburg folgendes Schreiben ihrer Geschäftsfreunde der „Übersee-Handels-Ges. mbH" eingegangen ist:

Firma
Carsten Möller
2 Hamburg 1
Fischertwiete 2

Abteilung Export I
Betr.: Unsere Ref.-Nr. 0.10 77

Separate Policy 2711 v. 19. 11. 63
per M/S „Hannover" – 10 Kisten
Werkzeugmaschinen und 5 drums
Maschinenöl nach Bangkok

Sie erhalten anliegend folgende Unterlagen:
1. Hav.-Zert. 7661/552 Bangkok
2. Original-Vers.-Zert. 2711
3. Handelsrechnung
4. Konnossements-Kopie
5. und 6. Schriftwechsel mit der Reederei

Wir bitten Sie, den Schaden von den Versicherern für uns einzuziehen und wie gewohnt mit uns abzurechnen.

Hochachtungsvoll
Übersee-Handels-Gesellschaft mbH.
gez. Unterschrift

Anlagen erwähnt

Dieses Schreiben der VN bekommt nun der Schaden-Sachbearbeiter der genannten Versicherungsfirma in die Hände. Dieser prüft zunächst einmal die Schaden-Belege auf ihre Vollständigkeit hin oder – mit den Worten der ADS-Bestimmungen (§ 74 ADS Abs. 9) -, inwieweit der Schaden „gehörig festgestellt" ist. In dieser Beziehung liegen hier folgende Unterlagen vor:
1. das Hav.-Zertifikat (Survey-Report) des in der Police genannten Hav.-Agenten, „ohne welches kein Schadenanspruch anerkannt wird" (wie es der – gedruckte – Text der Seevers.-Police bestimmt).
2. das Original der – von uns oft zitierten – Seevers.-Police (Certificate) Nr. 2711 (vgl. S. 12ff.), auf der Rückseite indossiert von unserem VN (vgl. S. 22),
3. die Handelsfaktura (Invoice) der Übersee-Handels-Ges. mbH. an ihren Kunden der Thailand Engineers Comp. Ltd., Bangkok,
4. eine Konnossements-Kopie (= Schiffsfrachtbrief) und
5. der Schriftwechsel des Empfängers mit der Reederei wegen Haftbarmachung und Antwort der Reederei.

Auf den ersten Blick sieht dies alles nach einer ordentlichen Belegung des Schadens aus. Es ist auf jeden Fall die nach den ADS § 42 geforderte *Andienung* des Schadens, die erkennen läßt, daß der VN „entschädigt sein will". Diese „Andienung" – die nach § 42 ADS binnen fünfzehn Monaten seit Beendigung der Vers. zu erfolgen hat – (sehr wichtig, da „Ausschlußfrist" vgl. S. 101ff.), ist hiermit rechtzeitig erfolgt.
Die Höhe des geforderten Schadens braucht noch nicht angegeben zu sein. Die „Verjährungsfrist" läuft nunmehr (§ 48 ADS vgl. S. 106) erst in 5 Jahren ab. Aber zur *Schadensrechnung* gehört auch lt. § 44 Abs. 2 „eine geordnete Zusammenstellung der geforderten Beträge" (vgl. S. 103), ohne die VN die Zahlung eines Schadens nicht verlangen kann.

Die Versicherer würden also in vorliegendem Fall auf entsprechende Ergänzung der Schadenunterlagen bestehen können.
Ist ein Vers.-Makler in die Versicherung – wie hier – eingeschaltet, übernimmt dieser die „Dispachierung", d.h. die genaue Errechnung des Schadens, wie wir noch sehen werden.
Nach dieser Vorweg-Prüfung interessiert den Schaden-Sachbearbeiter als erstes das

Havarie-Zertifikat (Nr. 7661/552)

des Hav.-Agenten aus Bangkok.
In einem solchen Schadenbesichtigungs- und Feststellungsbericht sind die vorgedruckten Fragen des Hav.-Zertifikates von dem Hav.-Agenten beispielsweise wie folgt beantwortet:

Fragen im Survey Report und Antworten des Hav.-Agenten:	Prüfungsbefund des Schaden-Sachbearbeiters und Erklärungen des Verfassers
1. Name des Schiffes? M/S „Hannover"	Verschiffung erfolgte mit Dampfer wie aufgegeben und wie in der Police dokumentiert. Direkte Verladung. Bei „Umladung" wäre ein zweiter Dampfername hier von Hav.-Agenten vermerkt. Umladung wäre ein „anzeigepflichtiger Umstand" gewesen, da diese eine „Gefahrerhöhung" bedeutet, für die Versicherer Prämienzulage zu erhalten hat. (Seite 87).
2. Name des Empfängers? „Thailand Engineers Comp. Ltd., Bangkok"	Hiernach ist a) Vers.nehmerin: die Übersee Handels Ges Hamburg b) Versicherte: die Thailand Engineers Comp. Ltd, Bankok. Durch Einlösung der Dokumente, d.h. die Bezahlung des Fakturenbetrages an die VN seitens der Thailand Engineers sind auf letztere Firma die Rechte (und bestimmte Pflichten – nicht die Prämienzahlung –) aus der vorliegenden Vers. „für Rechnung wen es angeht" übergegangen. Bei Aufgabe der Versicherung war es unbestimmt, ob eigenes oder fremdes Interesse vers. gelten soll, deshalb: „für Rechnung wen es angeht". Versichert soll derjenige sein, der im Schadensfall ein „Interesse am vers. Gut hat, dessen Schaden wiedergutgemacht werden soll. Wenn der Käufer die Ware bezahlt hat (und damit auch in den Besitz der Seevers.-Police gelangt), liegt das „Vers.-Interesse" bei ihm, bis zu dieser Zeit bei dem Cif-Verkäufer. Typisches Beispiel für eine Versicherung für Rechnung wen es angeht" (§ 52 Abs. 3 ADS – Kapitel III S. 25). Eine Police ist ausgestellt, Schaden ist bestimmungsgemäß zu zahlen „an Inhaber der Police", hier also an die Übersee-Handels-Gesellschaft, die zusammen mit den übrigen Belegen auch die Seevers.-Police Nr. 2711 vorlegt und den Schaden reklamiert (S. 22).
3. Marke, Nummer, Art und Inhalt der Kolli? „EBH 53670/1–10 10 Kisten Werkzeug-Maschinen EBH 6875/11–15 = 5 drums Motoröl"	Markierung stimmt überein mit der Policendokumentierung, der Handelsfaktura und dem Konnossement. Prüfung ist erforderlich „zur Identifizierung", daß es sich hier „um die vers. Güter" handelt.

4. 5. 6. 7. 8. Ankunft des Schiffes: 21. 2. 64 Datum der Entlöschung: 24. 2. 64 Wann in die Lagerräume des Empfängers geschafft? 2. 3. 64 Datum des Besichtigungsantrages: 3. 3. 64

In Änderung der von Haus zu Haus-Klausel (Seite 35) gilt nach Pol. 2711 die Feststellungsfrist auf 30 Tage nach Entladung der Güter in Bangkok ausgedehnt. Feststellungsfrist läuft hier also vom 24. 2. 64 – 24. 3. 64 (innerhalb dieser Frist darf Empfänger die Abnahme der Ware auch verzögern, S. 36).
Durch nebenstehende Daten sind authentisch belegt:
a) die Feststellungsfrist von 30 Tagen wurde nicht überschritten,
b) der Empfänger hat gemäß seiner Verpflichtung nach § 40 ADS den Schaden „unverzüglich" angezeigt. (Die Güter sind am 2. 3. 64 an die Stelle gebracht, die zu ihrer „endgültigen Aufbewahrung bestimmt" war, Besichtigungsantrag 3. 3. 64.) Hiernach fällt der Schaden zeitlich in die Dauer der Versicherung.

9. 10. Datum der Besichtigung und Ort der Besichtigung? „5. 3. 64 im Lager des Empfängers Parliament Street. Letzte Besichtigung 8. 4. 64, da die Aufstellung der insgesamt 5 Maschinen einige Wochen in Anspruch nahm".

Die Schadenfeststellung durch den zuständigen Hav.-Agenten ist prompt vorgenommen (XVI S. 109).

11. Waren die Güter im Raum oder auf Deck verladen? „Die Kisten 1–6 im Raum, Luke 3, Kisten 7–10 Luke 5, 5 drums Motoröl auf Deck"

Die „Decksverladung" war bei Aufgabe der Vers. durch VN angezeigt und ist lt. Police 2711 als solche versichert. „Nichtanzeige" bei Vers.-Aufgabe, daß die Fässer auf Deck verladen wurden, hätte nach § 20 ADS „Verlust des Entschädigungsanspruches" bedeuten können, es sei denn, die Decksverladung wäre ohne Wissen unserer VN – oder ihres Beauftragten erfolgt (Seite 85).

12. Art und Umfang der Beschädigung? „A – 2 Maschinen in den Kisten 7–10, gestaut in Luke 3, sind mehr oder weniger rostig. Die chemische Analyse ergab: Maschinen sind mit Seewasser in Berührung gekommen. Gemeinsam mit

Schaden – A –
Beschädigung durch Seewasser. Lt. Police 2711 (und in Änderung des § 86 ADS, Seite 69) durch „große Rostklausel" (Seite 65) mitversichert. Bei gleichem Tatbestand läge bereits der „Vers.-Fall" vor, wenn nur die „kleine Rostklausel" vereinbart wäre (Seite 64).
Schaden – B –
= 1 Faß über Bord gespült.
Es handelt sich um Vers.-Schaden, da lt. Sonderklausel der Police 2711 die Vers. *einschl. Werfen und Überbordspülen*" versichert gilt.
Schaden – C –
= Leckageverlust von 140 kg lt. Sonderklausel der Police 2711 mitvers., „frei von dem ersten Prozent, jedes Kollo (Faß) eine Taxe" (Seite 66). Der über 1% hinausgehende Leckageverlust des Fasses Nr. 15 ist „Vers.-Fall" und zu ersetzen.

dem Empfänger wurden die Wiederinstandsetzungskosten mit 7,5% (siebeneinhalb Prozent) auf den Gesundwert jeder der beiden Maschinen festgesetzt.
B – Faß Nr. 13 über Bord gespült.
C – Faß Nr. 15 leckgeschlagen, Abladegewicht 220 kg brutto. Ankunftsgew. 80 kg brutto Verlust 140 kg.

13. War die Verpackung für Art und Dauer der Reise ausreichend? Falls nicht, genaue Beschreibung der Mängel. „Starke, seemäßige Kisten, keine Mängel. Drums für Art der Reise ausreichend."

Diese Begutachtung des Hav.-Agenten an Ort und Stelle ist für den VN von entscheidender Bedeutung, da nach § 86 ADS der V.rer von jeglicher Leistungsverpflichtung frei ist, wenn der Schaden durch „mangelhafte Verpackung" verursacht ist (S. 67).

14. Angabe über den Marktwert der Güter, wenn sie unbeschädigt angekommen wären, u.z. einschl. Zoll. „sound market value (Gesundwert) = Ticals 205260,– pro Werkzeugmaschine"

Von diesem Verkäuflichkeitswert am Ort und zur Zeit des Schadens einschl. Zoll ist also bei der Berechnung des Beschädigungsschadens auszugehen (S. 125ff.).

15. Ist ein Zollrabatt beantragt worden? „Kein Zollrabatt wird gewährt, ausgenommen bei short landed

Nach den §§ 91/71 ADS kann VN bei Totalverlust die Vers.-Summe verlangen, muß sich jedoch anrechnen lassen, was er „anderweitig zur Ausgleichung des Schadens erlangt" hat, mithin in diesem Fall den Zollrabatt von Ticals 360,– (Seite 114).

(nicht ausgelieferten) Kolli. Zollrabatt für Faß 13 Ticals 360,–"	
16. Wurde im Falle des Diebstahl besonders des Diebstahl ganzer Kolli u/o des Schadens infolge eines sonstigen Verschuldens der Transportführer der Regreß gegen diese seitens der Empfänger bzw. deren Auftraggeber gewahrt, mit welchem Erfolg? „Schriftwechsel mit der Reederei ist beigefügt"	Aus dem beigefügten Schriftwechsel ist zu entnehmen, daß die Empfängerfirma die Reederei für die vorliegenden Schäden haftbar gemacht hat (entsprechend ihrer Verpflichtung nach § 45 ADS, S. 105). Die Reederei verweist in ihrer Antwort darauf, daß das M/S „Hannover" auf der Reise von Aden nach Karatschi im Indischen Ozean in einen Orkan geriet und durch übergehende See verschiedene Ladeluken eingeschlagen wurden. Hierdurch ist außergewöhnlich viel Seewasser in die Laderäume des Schiffes eingedrungen. Der Kapitän des Dampfers hat infolgedessen vor dem deutschen Konsul in Karatschi „See-Protest" abgelegt, demzufolge das Schiff nicht für die durch diesen Unfall entstandenen Schäden aufkomme. Eine Haftbarmachung des Reeders scheidet also für die vorliegenden Schäden aus, für die Haftung der Versicherer dem VN gegenüber jedoch ohne Bedeutung.
17. Wechselkurs: 1 Tical = DM –,20	Wird benötigt für die „Schadensberechnung" (Gesundwert, Zollrabatt, Feststellungskosten) (Seite 138, 139).
18. Besichtigungskosten: 500 Ticals	Schadenfeststellungs- und Ermittlungskosten sind „Aufwendungs-„Schaden" gemäß § 32 ADS, demnach „auch Vers.-Schaden" zu Lasten der V.rer, wenn, wie hier, und insoweit versicherter „Substanzschaden" vorliegt. (XV S. 98).
datiert, Bangkok, 8. 6. 1964	

(Ohne Verbindlichkeit für die Haftung der Versicherer)
gez. Unterschrift
(Hav.-Agent des *Vereins Hamburger Assekuradeure)*

Nun ein kurzer Blick auf die vorliegende Konnossements-Kopie. Diese trägt den Vermerk: „5 drums machineoil loaded on deck", sonst keine besonderen Vorbehalte. Das Konnossement ist also „rein" gezeichnet, d.h. die Reederei bescheinigt, daß die Güter bei Verladung in Hamburg ohne äußerlich erkennbare Mängel übernommen worden sind (wichtig für etwaige Regreßansprüche gegen die Reederei).

Soweit hat die Prüfung also folgendes ergeben:

1. Ein versicherbares Interesse ist nachgewiesen.
2. Die Obliegenheiten des VN bzw. des Empfängers – insbesondere Unfallanzeige, Schadenfeststellung, Sicherung etwaiger Regreßansprüche gegen Reederei – sind erfüllt.
3. Die „Schaden-Andienungsfrist" (= 15 Monate nach Beendigung der Vers.), hier ab 2. 3. 64, wird gewahrt.
4. Es liegt dem Grunde nach „Vers.-Schaden" vor:
   – A – Beschädigungsschaden
   – B – partieller (teilweiser) Totalverlust
   – C – Leckageverlust
5. Die Vers. war zur Zeit des Eintrittes der festgestellten Schäden in Kraft.
6. Es fehlt noch die „Schadenrechnung", die „eine geordnete Zusammenstellung der

Beträge enthalten muß, die der Versicherer für die einzelnen Schäden und Aufwendungen zu entrichten hat" (§ 44 ADS – Seite 103).
Hierzu benötigen wir noch die Fakturenwerte lt. vorliegender Handelsfaktura in Verbindung mit den versicherten Summen bzw. Taxen der Pol. 2711.

Nun zur „geordneten Zusammenstellung" der reklamierten (geforderten) Schadensbeträge und Aufwendungen:

Zu Schaden – A – (Beschädigungsschaden durch Seewasser):

1. Nach der eingereichten Handelsfaktura sind es insgesamt 5 Werkzeugmaschinen gleicher Type und Größe mit einem *Fakturenwert* von je DM 28 275,– cif Bangkok (II S. 21).
2. Versichert bzw. taxiert lt. Seevers.-Pol. 2711 mit je DM 31 100,– einschl. imag. Gewinn – imaginary profit – (Seite 29).
   (Die Gesamttaxe lt. Police von DM 155 500,– ist also pro Maschine nur durch 5 zu teilen, da alle Maschinen gleichwertig sind – anders vgl. Seite 126).
3. Die „Taxe" hier = „Vers.-Summe" steht also im angemessenen Verhältnis zum Fakturenwert und ist „unanfechtbar" (Seite 29), Fakturenwert DM 28 275,– ist versichert mit DM 31 100,–.
4. Es handelt sich um „Teilschaden" (u.z. Beschädigungsschaden, Seite 124).
5. Schaden ist also nach § 93 ADS (Seite 125) wie folgt zu errechnen:
   Gesundwert lt. Hav.-Zert. Nr. 14 je Maschine Ticals 205 260,– umgerechnet in die vers. Währung zum Kurse von 0,20 = DM 41 052,–.

2 Maschinen „Gesundwert" (verzollt!) mithin		DM 82 104,–
„Krankwert" auf gleicher Wertgrundlage	DM 82 104,–	
./. 7,5% Wiederinstandsetzungkosten =	DM 6 158,–	DM 75 946,–
Unterschiedsbetrag		DM 6 158,–

Schaden zu Lasten der Police gemäß § 93 Abs. 1 ADS und Klausel 14 für Maschinen und Maschinenteile der Zusatzbestimmungen zu den ADS für Güter (1947) mithin:

$$\frac{6\,158 \text{ (Unterschiedsbetrag)} \times 62\,200 \text{ (Vers.Taxe für 2 Masch.)}}{82\,104 \text{ (Gesundwert)}} = \text{DM } 4\,665{,}15$$

Dieser Schaden ist voll zu vergüten, da die Franchise von 3% pro Kollotaxe erreicht bzw. überschritten ist. –

Dazu noch folgende Erklärung:

Der Wert eines Gutes am Bestimmungsort im „unbeschädigten" Zustand einschließlich Zoll – und das ist seevers.rechtlich der *Gesundwert* – liegt regelmäßig höher als der Cif-Fakturenwert, wie - in der Regel - auch die „Vers.-Taxe". In unserem Beispielsfall beträgt der von Sachverständigen festgestellte „Gesundwert" für 2 Maschinen, wie oben unter 5. umgerechnet, = DM 82 104,–, die Vers.-Taxe dagegen nur

2 × DM 31 100,– = DM 62 200,–

Auf der gleichen Grundlage wie der „Gesundwert" (also einschl. Zoll) errechnet betragen die Wiederinstandsetzungskosten DM 6 158,–, d.i. der *Unterschiedsbetrag* zwischen „Gesundwert" abzüglich „Krankwert". Bei einem „Gesundwert" von 82 104,– entfällt also ein Schaden (= Beschädigung) von 6 158,– auf versicherte 62 200 (für Maschinen) wie oben, also

$$\frac{6\,158 \times 62\,200}{82\,104} = 4\,665{,}15$$

Die vollen Wiederinstandsetzungskosten (bzw. den vollen„ Beschädigungsschaden") – evtl. mehr – würde Versicherter erhalten, wenn die „Vers.-Taxe" so genommen wäre, daß diese auch den im Bestimmungsland zu entrichtenden Zoll und sonstige Kosten und Abgaben einschließt,

was bei Abschluß des Vers.-Vertrages mit dem V.rer vereinbart werden kann.

Wäre in unserem Beispielsfall nicht, wie in unserer Seevers.-Police 2711 dokumentiert, die „Vers.taxe" (hier = Vers.-Summe) von DM 155 500, sondern von DM 205 260,– für 5 (gleiche) Maschinen genommen worden, mithin für 2 Maschinen DM 82 104,–, so ergäbe sich folgende Gleichung:

$$\frac{6\,158\ (\text{Unterschiedsbetrag}) \times 82\,104\ (\text{Vers.taxe})}{82\,104\ (\text{Gesundwert})} = \text{DM } 6\,158,\text{–}$$

anstatt wie oben
lt. Police 2711 = DM 4 665,15

Sind die gleichen 2 Maschinen versichert auf Basis des „Cif-Wertes"

plus Zoll mit	82 104
plus 10% extra imag. Gewinn	8 210
insgesamt mit	90 304

dann wäre der gleiche Schaden – A – zu ersetzen wie folgt:

$$\frac{6\,158\ (\text{Unterschiedsbetrag}) \times 90\,304\ (\text{Vers.taxe})}{82\,104}$$

mit 6 773,–

also mehr als die effektiven Wiederinstandsetzungskosten von 6.158,–, denn der Schaden darf zu Gewinn führen! (vgl. Seite 126).
Eine Verpflichtung des Cif-Verkäufers, auf dieser letzteren Basis zu versichern, ist nicht gegeben, sondern nur auf besonderen Wunsch des Empfängers/V.ten und wenn dieser die Prämie auf den Betrag zwischen Cif-Fakturenwert und gewünschter „Vers.-Taxe" übernimmt.
Zu Schaden –B – (Teilweiser Totalverlust):
Faß Nr .13 ist über Bord gespült – teilweiser Totalverlust, zu entschädigen nach §§ 91 und 92 ADS. VN kann die „Vers.-Summe verlangen". – Geht ein Teil der Güter verloren, so kann VN „ebenso viele Prozente der Vers.-Summe verlangen, als Prozente des versicherten Wertes verlorengegangen sind" (Seite 139).
Schaden mithin: 1 000 kg netto lt. Handelsfaktura vers. mit DM 2 000,–
Verlust eines Fasses mit netto 200 kg

$$\text{mithin } \frac{2\,000 \times 200}{1\,000} = \text{DM } 400,\text{–}$$

Vorliegende Vers.taxe basiert auf den Cif-Fakturenwert – ohne Zoll – plus 10% imag. Gewinn; der gewährte Zollrabatt – vgl. Hav.Zert. Nr. 15 – hat deshalb keinen Einfluß auf den Entschädigungsbetrag. Anders wenn Vers.summe „einschl." Zoll genommen wurde. (Keine Abzugs-Franchise, da „Totalverlust". V.rer ersetzt Vers.-Summe).

Zu Schaden – C –
Leckageverlust zu Faß Nr. 15:

Abgangsgewicht brutto	220 kg
Ankunftsgewicht	80 kg
Leckage	140 kg
Abzugsfranchise 1% pro Faß	
also von netto 200 kg =	2 kg
(Seite 59)	138 kg zu Lasten der Versicherung

pro rata versichert mit

$$\frac{2\,000\ (\text{Vers.-Summe}) \times 138\ (\text{Leckage})}{1\,000\ (\text{Gesamt-Netto-Abladegew.})} = \text{DM } 276,\text{–}$$

Somit stellt sich der gesamte Schaden auf:

Schaden – A –	DM 4 665,15
Schaden – B –	DM 400,—
Schaden – C –	DM 276,—
	DM 5 341,15
hierzu Schadenfeststellungskosten Ticals 400 a DM 0,20	DM 100,—
Gesamtschaden	DM 5 441,15

Damit steht nun auch der Schaden „der Höhe nach" fest, und die Maklerfirma kann jetzt für ihren VN bzw. den Reklamanten die Schadenpapiere an die beteiligten Versicherer weiterreichen – hier an die Vers.-Gen.-Agt. und Mitglied des Vereins Hamburger Assekuradeure, die Firma Meinhardt & Petersen i.V. für die Gesellschaften (vgl. Zeichnung auf der Musterpolice 2711) zwecks Einziehung des Entschädigungsbetrages.
Formal sieht das so aus:

	Schaden-Inkasso Nr. 561/64
VN	Firma Übersee-Handels-Gesellschaft mbH., Hamburg
lfd. Pol.	Nr. 39
Vers.-Zert.	2711 v. 19. 11. 63
deklariert	Blatt-Nr. 6, Pos. 137
Gegenstand	10 Kisten Maschinen und 5 drums Motorenöl
Vers.-Summe	total DM 157 500,–
per	M/S „Hannover"
von	Hamburg
nach	Bangkok
Schaden	Schwerwetterschaden und Leckage lt. beigefügten Unterlagen, u.z. Vers.-Zert. 2711
	Hav.-Zert. 7661/552 Bangkok
	Handelsrechnung Nr. 01077
	Konnossements-Kopie
	Schriftwechsel mit der Reederei
	Schadensrechnung

Den Gesamtschaden einschl. Feststellungskosten
zusammen. . . . . DM 5 441,15
erbitte ich nach Prüfung und Anerkennung an
eines meiner obigen Konten.

Hamburg, den
Carsten Möller
gez. Unterschrift
an die Firma: Meinhardt & Petersen i.V.

Nach Zustellung vorstehend aufgeführter Schadenpapiere an die V.rer wird gemäß § 44 ADS (vgl. Seite 103) die Entschädigung „mit Ablauf eines Monats" fällig, wenn keine weiteren Belege oder Auskünfte vom Versicherer zur Feststellung und Prüfung des Schadens benötigt werden.
Im allgemeinen Versicherungs-Verkehr wird diese Monatsfrist, wenn ein Schaden so wie hier „gehörig" belegt ist, kaum voll von den Versicherern in Anspruch genommen. So kann der Vers.-Makler seinem Auftraggeber zumeist schon vor Ablauf eines Monats mitteilen:

Firma
Übersee-Handels-
Gesellschaft mbH.
Hamburg

Betr.: Ihre Abt. Export I – Ref. Nr. 01077
Ihr Schreiben vom...
Mein Transportschaden-Nr. 561/64
per M/S „Hannover"
5 Werkzeugmaschinen und 5 drums
Maschinenöl nach Bangkok

Den mit Ihrem obigen Schreiben eingereichten Schaden habe ich lt. beigefügter Anlage mit

DM 5 441,15

errechnet, wie inzwischen auch von den beteiligten Versicherern anerkannt.
Zum Ausgleich dieser Forderung überweise ich infolgedessen gleichzeitig hiermit den vorgenannten Entschädigungsbetrag an Ihr Konto bei der Deutschen Bank AG.
Nach Eingang des Betrages bitte ich, das Konto der Versicherer entsprechend zu erkennen.
Handelsfaktura und Konnossements-Kopie reiche ich Ihnen für Ihre Unterlagen zurück.
Ich grüße Sie

hochachtungsvoll
Carsten Möller
gez. Unterschrift

Anlagen

Verlust- oder Beschädigungsschaden liegt nicht immer „so maßgerecht" nach den Versicherungsbedingungen, wie in diesem Musterfall hier gezeigt. Nicht eben oft liegen die Dinge so, daß es strittig sein kann, ob der geforderte Schaden nach den Bestimmungen der Police auch ein „Versicherungsfall" ist. Dann muß sich das Verhandlungsgeschick der Parteien (VN, Versicherungsmakler, Versicherer) darin beweisen, um dennoch eine für die Beteiligten befriedigende Lösung zu finden, ohne erst den Kadi zu bemühen.
Eine so zustande gekommene „freiwillige" Anerkennung eines Schadens durch den Versicherer aus „Kulanzgründen", d.h. „aus Entgegenkommen" dem Kunden, dem VN gegenüber, jedoch ohne Anerkennung einer Leistungsverpflichtung und mit dem ausdrücklichen Vorbehalt: „Ohne Präjudiz für künftige Fälle", d.h. ohne damit einen Berufsunfall für künftige gleichartige Fälle zu schaffen, ist ein charakteristisches Merkmal der Schadenregulierung in der deutschen See-Versicherung. (Im Gegensatz zu den englischen Versicherern, die in der Regel sehr viel härter an Vertrags-Bestimmungen festhalten.)
Aber auch der „Kulanz" der deutschen Versicherer sind Grenzen gesetzt.
Mit ihr wird der versicherte Kaufmann rechnen können, wenn der allgemeine Schadenverlauf seiner laufenden Police günstig gewesen ist, so daß auch aus rein kaufmännischen Erwägungen ein strittiger Schadenfall von den Versicherern getragen werden kann. Auch mit dieser Einschränkung bleibt die freiwillige Anerkennung des Versicherers ein Entgegenkommen, denn verlangen kann der versicherte Kaufmann nur, was Rechtens ist, und das bestimmt der Vers.-Vertrag, die Vers.-Police.
Der Ring hat sich geschlossen, unsere *Seeversicherungs-Police* 2711 hat ihre Dienste getan, ihre Funktionen erfüllt.

SCHLUSSWORT

Nehmen Sie bitte von dem Bearbeiter dieses Leitfadens noch ein persönliches Wort mit auf den Weg.
Sie haben nun im letzten Abschnitt an einem Modell-Schadenfall – herausgenommen aus einer Vielzahl gleichartiger Schäden im täglichen Versicherungs-Verkehr – erproben können, was Sie bereits auf unserer „Studienreise", der Sie bis zu diesem Endpunkt gefolgt sind, gelernt haben.
Sie bringen mit den hier festgehaltenen Notizen sozusagen ein „Reise-Souvenir" mit, das in guter Ordnung neben der „Havarie-große" auch Ihr seeversicherungsrechtliches Wissen über das Gebiet der „besonderen Havarei" verwahrt, auf das Sie nun jederzeit zurückgreifen können.
Wann immer Ihnen im Beruf eine

Seeversicherungs-Police

in die Hände kommt, wird es ein beruhigendes Bewußtsein für Sie sein, zu wissen, wo Sie rasch auf viele diesbezügliche Fragen klare Antwort finden und wo ein

Sachwort-Register

Ihnen – wie ein Kompaß – augenblicklich die Richtung zeigt, die Sie suchen. So wird dieses Buch – so hoffe ich – immer griffbereit in der Nähe Ihres Schreibtisches seinen Platz finden.
Unserem *Berufs-Nachwuchs*, an den ich insbesondere bei dieser Einführung in die *See-Versicherung* gedacht habe, möchte ich hierzu noch sagen, daß dies das Buch ist, das ich mir selbst von Anbeginn meiner Laufbahn als Versicherungskaufmann und Hamburger Versicherungsmakler so sehr gewünscht habe, und da ich es nicht fand, habe ich es nun für Sie nach vielen Jahren praktischer Berufsarbeit selbst geschrieben.
Gewiß, Kommentare zum Seeversicherungsrecht sind längst von berufener Hand geschrieben worden – und auch dieses Buch lebt aus diesen Quellen, insbesondere von dem Dr. Carl Ritterschen Kommentar: *Das Recht der Seeversicherung* – aber es ist ein mühsamer und langwieriger Weg, daraus einen allgemeinen Überblick für sich zu gewinnen, mehr noch: sich ein Wissen anzueignen, wie es der mit dem

Übersee-Handel

verbundene Praktiker in bezug auf die SEEVERSICHERUNGS-POLICE braucht, gleich an welcher Stelle er steht. Diese Mühe wollte ich Ihnen hiermit zu einem großen Teil und auch „zeitraffend" abnehmen. Ein Rest an Mühe blieb, den aufzubringen Sie bereit waren, dadurch, daß Sie bis hierher mir Interesse geschenkt haben. Dafür danke ich Ihnen.
Darf ich Ihnen noch sagen, daß es für mich eine Freude war, diese Ernte einer langjährigen Berufserfahrung mit diesem Buch einzubringen. Möge es für Sie das „Saatgut" sein, mit dem Sie zukünftig Ihr eigenes „Berufsfeld" bestellen.

Hamburg, im Januar 1964

SACHWORTREGISTER

Vorbemerkung zum Gebrauch

Die in dem nachfolgenden Sachwort-Register noch einmal in gedrängter Form zusammengefaßten „Leitsätze" gehen davon aus, daß Sie sich bereits mit dem Inhalt der Kapitel I–XIX der „Seeversicherungs-Police" vertraut gemacht haben, in denen das von Ihnen gesuchte Sachwort in Verbindung mit einem bestimmten Paragraphen der ADS bzw. mit einer bestimmten Seeversicherungs-Klausel oder einem sonstigen seeversicherungstechnischen Begriff thematisch behandelt worden ist. Es ist also nicht so, daß die komprimierte Form des Sachwort-Registers Ihnen allein schon eine brauchbare Grundlage für die Seeversicherungs-Praxis bieten kann, wenn Sie nicht vorher den vorangegangenen Hauptteil dieses Leitfadens sorgfältig durchgelesen haben und dadurch schon in die Zusammenhänge der einzelnen Teilgebiete näher eingedrungen sind.
Erst danach kann das Sachwort-Register Ihnen als „Gedächtnisstütze" in konkreten Fällen helfen, sich rasch und ohne große Mühe zurechtzufinden. Beispiel:
Ihnen ist die Aufgabe gestellt, die Entschädigungs-Summe zu ermitteln für einen Ihnen vorliegenden Schaden auf eine Partie Trockenpflaumen, die lt. Havarie-Zertifikat durch „Schiffsschweiß" beschädigt eingetroffen ist. Sie wollen sich vorweg vergewissern, ob nun solcher Schaden dem Grunde nach trifft, d.h. durch die Bedingungen der Police versichert ist. Hierzu schlagen Sie im Sachwort-Register das Sachwort „Schiffsschweiß und -dunst" auf, dort finden Sie unter Sw. 731–735 – fast auf einen Blick – was Sie wissen wollen, um anhand der vorgelegten Seeversicherungspolice Ihre Entscheidung treffen zu können.
Falls die Haftung dem Grunde nach gegeben ist, wie es die Police ausweist, soll nun von Ihnen die Höhe des Schadens ermittelt werden. Sie erinnern sich aus dem Studium des I. Teiles dieses Lehrbuches, daß die Errechnung des Schadens im Falle einer „Beschädigung" eine andere ist als bei einem „Verlust-Schaden", also beispielsweise bei einem Diebstahlschaden. Sie erinnern sich, daß es eine bestimmte Errechnungsformel für „Beschädigungs"-schaden gibt, die Sie deshalb nachschlagen wollen. Ergibt sich die Frage: wo und wie finde ich nun diese Formel im Sachwort-Register? Es ist naheliegend, daß Sie zunächst unter Sachwort „Beschädigungs-Schaden" nachschlagen, denn das ist der *Hauptkomplex*, um den es hier geht. Sie schlagen also unter „B" das Sachwort „Beschädigungsschaden" auf. Dort finden Sie den Hinweis auf die §§ 93, 94 – Sw. 760ff – denen folgerichtig das Sachwort „Behandlung von Teilschaden" vorangestellt ist, weil Beschädigung „Teilschaden" (Sw. 762) ist. Es empfiehlt sich nun – insbesondere für denjenigen, der erst neu in die Materie einsteigt –, alles noch einmal zu repetieren, wieder durchzulesen, was zu den Haupt-Thema „Behandlung von Teilschaden" unter Sw. 760–797 gesagt ist, auch wenn Ihnen bereits eine ganze Reihe von diesen Leitsätzen inzwischen schon bekannt und in Ihr Wissen eingegangen ist. Die geraffte Wiederholung des Lehrstoffes im Sachwort-Register wird wesentlich zur Befestigung, zur Verankerung Ihres eigenen Fachwissens beitragen. So finden Sie auch unter „Behandlung von Teilschaden" die in Ihrem besonderen Falle gesuchte Formel, nämlich unter Sw. 769 mit entsprechenden Beispielen, und so werden Sie auch im Zusammenhang mit dieser Formel auf Sw. 771 verwiesen.
Enthält ein gefundener Leitsatz in sich noch gewisse Fachausdrücke, die Ihnen im Augenblick nicht geläufig sind, so finden Sie die Erklärung hierfür als besonderes Sachwort nach alphabetischer Reihenfolge.
Beispiel: Unter „Mittelbarer Schaden" lesen Sie

Sw. 562: V.rer haftet nicht für mittelb. Schaden, ausgenommen für
- Hav.gr.-Beiträge
- Nothafenkosten
- Schadenabwendungs- u. -Minderungskosten
- Schadenfeststellungskosten

Was der V.rer unter vorgenannten Begriffen versteht, finden Sie also unter – H – Hav.gr.-Beiträge, Sw. 361ff. etc.; Nothafen-Kosten unter – N – Sw. 569 etc.
Mit dem Wort-Register hat es jeder Lernende, insbesondere also unser Berufsnachwuchs in der Hand, sein eigenes Wissen auf diesem wichtigen Fachgebiet nachzuprüfen, nämlich so:
Sie schreiben täglich aus dem Wort-Register ein oder mehrere der jeweils als Überschrift vorangestellten Sachworte heraus. Dann legen Sie das Buch beiseite, notieren – sobald Sie hierfür etwas Zeit erübrigen können –, was Sie zum betr. Sachwort wissen, vergleichen wieder mit dem Wort-Reg. des Leitfadens und unterstreichen im Buch, was Sie bei Ihren skizzierten Antworten ausgelassen bzw. falsch notiert haben, um dann bei nächster Hoch- oder Straßenbahnfahrt sich besonders den von Ihnen in rot markierten Sätzen zu widmen. Das ist eine der Methoden, sich seinen Lehrstoff anzueignen. Es steht dem nichts im Wege, wenn Sie der Ihnen gemäßen Art folgen. Jedenfalls wird ein so systematisch betriebenes Studium jeden interessierten kaufmännischen Lehrling binnen Jahresfrist zu einem soliden Fachwissen auf dem Gebiete der Güter-Seeversicherung verhelfen.
Auch dem Berufsschul-Lehrer – nicht nur in der Transportversicherung –, des weiteren dem Ex- und Import-Handel, der Übersee-Spedition, Banken und Reedereien bietet das Wort-Register – u.W. erstmalig in dieser knappen Form – die Möglichkeit, sich selbst zu unterrichten. So kann auch die Berufsschule in einer begrenzten Zahl von Unterrichtsstunden sich mit der im gesamten Überseehandel so wichtigen Sparte der Seeversicherung befassen.
Lehrer wie Prüfer der Handelskammer für kaufmännische Lehrlinge werden im Wort-Register viele Prüfungsfragen und -Themen finden, welche die Kernpunkte der Seevers. berühren, z.B.:
Was verstehen die V.rer unter „Beschaffenheitsschaden" und welcher § der ADS regelt solche Schäden?
Welche Obliegenheiten hat der durch die Seevers.-Pol. versicherte Empfänger zu erfüllen, um Anspruch auf Entschädigung zu haben, und wann ist die Entschädigungszahlung fällig?
Erklären Sie den Unterschied zwischen einer Klausel „Frei von 3% Beschädigung, jedes Kollo eine Taxe (§ 34 ADS) und der Bedingung „Frei von den ersten 3%, ganze Abladung eine Taxe."
Wann beginnt, wann endet die Versicherung nach der deutschen „Von Haus zu Haus"-Klausel? usw.
Die Antworten auf diese und viele andere Fragen und Themen sind in gedrängter Form im Wortregister, ausführlich im I. Teil auf der Seite, die rechts neben dem Sachwort angegeben ist, behandelt und dort zu entnehmen.
Wir haben eine Reihe von Hilfsbrücken für das Nachschlagen des gesuchten Wortes eingebaut, z.B. wie eingangs in bezug auf „Behandlung von Teilschaden", erwähnt, das auch unter „Beschädigungsschaden" aufgenommen wurde. Dennoch wird eine gewisse Beweglichkeit des Denkens dazu gehören (und wie eingangs schon erwähnt das „Vorstudium" des I. Teiles), um das gesuchte Wort da zu finden, wo es in diesem Register aufgenommen ist, da die Ausgangsposition des sich Orientierenden sehr verschieden sein kann. Wir wissen nicht, ob wir in allen Fällen schon genügend „Hilfsbrücken" eingebaut haben, es wäre deshalb erwünscht, wenn in dieser Richtung von den Benutzern dieses Buches noch weitere Vorschläge zu Händen des Verlages gemacht würden, die dann in zukünftigen Auflagen dieses Leitfadens berücksichtigt werden könnten.

Abkürzungen

bw.	beispielsweise
ff.	und folgende laufenden Nummern des Sachwortes
Hav.gr.	Havarie-große
Kl.	Klausel
k.vers.	kriegsversichert
LP	Laufende Police
Pol.	Police
Strdf.	Strandungsfall
Sw.-Nr.	Sachwortnummer
Trspt.	Transport
V.f.f.R.	Versicherung für fremde Rechnung
VN	Versicherungsnehmer
V.rer	Versicherer
Vers.-Su.	Versicherungssumme
V.ter	Versicherter
v.Hs.z.Hs.	von Haus zu Haus
Zus.best.	Zusatzbestimmungen zu den ADS für die Gütervers. (1947)

Das Zeichen: –.– ist die Wiederholung des vorangestellten Sachwortes – letzteres in alphabetischer Reihenfolge zu finden. Beispiel:

ABANDON DES VN

Sw. 1 Der – nun folgt das Zeichen: –.– stellvertretend für das vorangestellte Stichwort, also für: „Abandon des VN".

Der Leitsatz zum Sachwort 1 (= Sw. 1) ist deshalb zu lesen: „Der ‚Abandon des VN' ist die Hingabe des versicherten Gegenstandes zum Zwecke der Erlangung der Vers.-Summe." etc.

Alphabetisches Sachwortregister

Sw.-Nr.		Seite
279	Für Beschädigungsschaden von Deckladung haftet V.rer nur –.– und bei Anlaufen von Nothafen.	69
280	Bei cif-Verkauf (Sw. 140–143) hat Verkäufer ein Interesse an Kl. –.–, da Vers.Kosten bei dieser auf den „Strdf." eingeschränkten Deckung selbstverständlich geringer sind als für eine Deckung nach Kl. „Frei von 3" mit erheblich erweitertem Deckungsumfang.	49
281	Auch der V.rer hat für bestimmte Güter ein Interesse daran, seine Haftung einzuschränken, entsprechend Kl. –.–, so bei unverpackten Gütern, insbes. Schüttgut (Bulk-Ladung), Güter auf Deck verladen, Retourgut, gebrauchte Maschinen u. Möbel, vorbeschädigte Güter, Tod von Tieren.	49/50
	FREI von Beschädigung, wenn unter 3% – § 34 ADS –	
	I. Teil: Haftung im allgemeinen – § 28 ADS –	
282	V.rer trägt grundsätzlich alle Gefahren der Seeschiffahrt	51
283	Einzelne Gefahren sind ausgenommen, wie es der Vers.Vertrag bestimmt.	51
284	Nur während der Vers.dauer u. im bestimmten Umfang.	52
285	V.rer haftet insbesondere für Schaden durch	
	a) Eindringen von Seewasser (Sw. 658),	52
	b) Schiffszusammenstoß (Sw. 1043),	52
	c) Strandung (Sw. 268),	52
	d) Brand, Explosion, Blitzschlag (Sw. 128, 222,),	52
	e) Erdbeben,	52
	f) Eis,	52
	g) Diebstahl, Seeraub, Plünderung u.a. Gewalttätigkeiten (vgl. Sw. 156ff. Diebstahl-Gefahr).	52
286	V.rer haftet auch für „Verschmutzungs-Schaden" sowie für Schaden durch Beiladung.	53
287	V.rer haftet nicht für „mittelbare" Schäden, Ausnahme hiervon:	
	a) Hav.gr.-Beiträge (§§ 29, 30 ADS) Sw. 361ff.,	
	b) Aufwendungen zur Schaden-Abwendung u. -Minderung (§ 32 ADS) Sw. 677ff.,	
	c) Schaden-Feststellungskosten (§ 32 ADS) Sw. 707ff.,	
	d) Nothafenkosten (§ 95 ADS) Sw. 569ff.	53
288	Der Vers.-Vertrag kann Haftung des V.rers über den in den ADS bestimmten Umfang hinaus erweitern, dann gilt Vers.vertrag.	53
289	Nichtvers. Gefahren nach § 28 ADS:	
	a) Belastung mit Schiffsgläubigerrechten des vers. Gegenst.,	
	b) mittelbare Kosten durch Arrestgefahr,	
	c) Schaden durch Verzögerung der Reise u. nicht rechtzeitiger Anschluß an weiterbringendes Transportmittel. – Beispiel –	53
290	Güter, die grundsätzl. (nach „Usance") –.– vers. gelten, vgl. § 82 (2) I ADS von „Arsenik" bis „Zwirn".	243
	II. Teil der Kl. –.–: Haftung der Höhe nach – §§ 34, 117, 118 ADS, vgl. Franchies Sw. 244ff.	
	III. Teil der Kl. –.–: „Besondere Taxe" – § 7 ADS – vgl. Sw. 745ff.	
	IV. Teil der Kl. –.–: „Beschaffenheits-Schaden" – § 86 ADS u. Einschluß von Sondergefahren – vgl. Sw. 101–120.	
	V. Teil: Deutsche Kl. –.– u. Institute Cargo Clauses – vgl. Seite:	71–79
291	Deutsche Kl. –.– nach ADS ergänzt durch jeweils erforderliche Einschluß-Kl. spezieller Gefahren – beispielsweise: einschl. gewöhnlicher Bruchgefahr etc. entspricht einem gleichwertigen Vers.-schutz wie nach ICC „All Risks" mit Zusatzkl. f. spezielle Gefahren – beispielsweise ordinary breakage – mit der Einschränkung, daß nach „All Risks"-Clauses Vers.-Schaden ohne Berücksichtigung einer Franchise (irrespective of percentage = i.o.p.) zu	

Sw.-Nr.		Seite
	ersetzen ist, während nach deutscher Kl. –.– Kleinstschäden unter 3% des Vers.wertes pro Kollo nicht ersatzpflichtig sind, Schaden von 3% u. darüber aber, ebenso wie nach ICC „All Risks" in voller Höhe zu vergüten ist.	77
292	Deutsche Kl. –.–, engl.: „W.P.A. 3%" u. ICC „W.A. 3%" entsprechen nicht gleichem Deckungsumfang, es bestehen entscheidende Unterschiede, vgl.:	71, 75
293	Nach engl. W.A. 3% Clause ist nicht vers.: Diebstahl, Beraubung, mut- oder böswillige Beschädigung, Regen- u. Süßwasser-Beschädigung, Beiladungsschäden etc., es sei denn, solche Gefahren sind zusätzl. und gegen Zulageprämie in der Police beurkundet.	75
	„FREI von gewissen Prozenten" – § 117 ADS – Vgl. (Integral-) Franchise Sw. 247–250.	54/55
	„FREI von gewissen ‚ersten' Prozenten" – § 118 ADS – Vgl. Abzugs-Franchise Sw. 23–28.	56/57
	„FREI von Kriegsgefahr" – § 35 ADS –	
294	a) V.rer haftet nicht für Schaden durch Kriegsgefahr u. damit zus.hängende Maßnahmen.	69
	b) Nach bes. Vereinbarung u. gegen Prämienzulage haftet V.rer für Kriegsschaden lt. DTV-Kriegsklausel 1955.	120/123
	FRISTEN: (vgl. auch „unverzüglich")	
295	–.– der „v.Hs.z.Hs.„Kl. 5, Ende der Vers.: spätestens mit Abl. des 20. Tages am Seeplatz oder spätestens mit Ablauf des 10. Tages am Binnenplatz bzw. lt. bes. Vereinb. (Verlängerung der –.– nur bei Vers.aufgabe oder vor Ablauf der Frist möglich).	36
296	Kündigungsfrist der L.P. (§ 97 ADS) 4 Wochen nach Schaden. Nur V.rer kann kündigen.	23
297	Kündigungs–.– für politische Gefahren u. Kriegsgefahr: 2 Tage vor Beginn der Vers. des Transportes.	121
298	–.– für Abandon-Recht des V.rers nach § 38 ADS: binnen 5 Werktagen nach Kenntnis des Vers.falles.	101
299	Binnen 15 Monaten nach Beendigung der Vers. – bei Verschollenheit des Schiffes seit Ablauf der Verschollenheitsfrist (§ 72 ADS) – hat VN den Schaden dem V.rer schriftlich anzudienen (Sw. 688). Diese Frist kann nicht gehemmt oder unterbrochen werden (§ 42 ADS).	101/102
	Nach Ablauf der 15-Monatsfrist erlischt jeglicher Entschädigungsanspruch.	102
300	Die –.– bei Verschollenheit des Schiffes (§ 72 ADS) beträgt das Dreifache der normalen Reisedauer, mindestens 2 Monate bei Dampfschiffen, 3 Monate bei Seglern, 6 Monate im Krieg.	118
301	Die –.– im Falle Festhaltung durch V.v.H.H. (§ 73 ADS) beträgt 2 Monate, im Kriege 6 Monate	119
302	Recht des V.rers auf Versteigerung beschädigter Güter erlischt, wenn nicht binnen einer Woche nach Erstattung des Schaden-Gutachtens Versteigerung verlangt wird.	128
303	Die Verjährungs–.– f. Vers.ansprüche (§ 48 ADS) beträgt 5 Jahre, beginnend mit dem Schluß des Jahres, in dem die Vers. endigt oder Verschollenheitsfrist abläuft, vorausgesetzt, daß VN die „Andienungsfrist" (Sw. 688) von 15 Monaten gewahrt hat (§ 42 ADS).	106
304	Kriegsvers. endigt binnen 15 Tagen nach Ankunft des Schiffes, soweit Güter noch an Bord befindlich.	122
305	Während der Umladung von Seeschiff zu Seeschiff bleibt Kriegsvers. für Lagerung u. Trpt. in Kraft, längstens jedoch 15 Tage nach Ankunft des Schiffes im Löschhafen.	122

Sw.-Nr. Seite

GEFAHRSTANDSPFLICHT – §§ 23, 24 ADS –

325 VN darf nach ADS nicht ändern oder Änderung Dritten gestatten, wenn nichts anderes vereinbart. 87

Anders nach Gef.änderungskl. 7 (Zus.Best. 1947), vgl. Sw. 317ff. Durch diese Kl. entfallen alle entgegenstehenden Bestimmungen der ADS. 87

GEKENTERT – § 114 ADS –

326 –.– ist das Schiff, wenn es umgeschlagen ist, kieloben liegt. Wenn Schiff –.–, ist „Strdf." nach § 114 ADS gegeben. 45

GENERAL-Police – Vgl. LAUFENDE POLICE – Sw. 500ff.

GENERAL-AVERAGE-Bond vgl. Sw. 393ff.

GERETTETES

327 –.–u. anderweitig zum Ausgleich des Schadens Erhaltenes muß VN bei Totalverlust vor Zahlung der Vers.-Su. sich anrechnen lassen. 114

328 Wert des Geretteten ist der „Verkäuflichkeitswert" am Ablieferungsort z.Z. der Zahlung der Vers.-Su. 114

329 V.rer ist berechtigt, Wert des Geretteten durch Versteigerung feststellen zu lassen. Versteigerungserlös wird von Vers.-Su. abgezogen. 114

330 Bei Verkauf „ungeborgener" Güter ersetzt V.rer nach § 96 ADS den Unterschied zwischen Vers.-Su. u. Erlös. 116

331 Mit Zhlg. der Vers.-Su. gehen Rechte an V.rer über. War nicht zum vollen Wert versichert, gebührt dem V.rer nur ein verhältnismäßiger Teil des Geretteten (Bruchteilgemeinschaft). 115

332 –.– nach der Abandon-Erklärung wird dem V.rer gerettet. 118

GESAMT-Taxe

333 Wenn nur der Gesamt-Wert taxiert ist, einzelne Güter aber nicht besonders taxiert sind, muß –.– zur Errechnung eines Beschädigungs-Schadens zunächst nach dem Verhältnis des wirklichen Wertes geteilt werden – Beispiel. 126

GESCHEITERT – § 114 ADS –

334 –.– ist ein Schiff, wenn es auf Grund gerät u. zerbricht. 45

GESUNDWERT – Vgl. „Teilschaden" – §§ 93, 94 ADS (Sw. 765, 771).

GESUNKEN – § 114 ADS –

335 –.– ist ein Schiff dann, wenn es infolge seiner allzugroßen Schwere seine Schwimmfähigkeit verliert u. mit dem Schiffsrumpf einschl. Verdeck unter Wasseroberfläche gerät. 45

GEWALTTÄTIGKEITEN – § 28 ADS –

336 Wenn Kl. „Frei von 3" vereinbart, haftet V.rer nach § 28 ADS für Schaden durch –.–. 52

GEWINN im Schadenfall

337 Unrichtig, VN könne nur Ersatz des wirklich erlittenen Schadens verlangen. Es gibt keinen „ausnahmslosen Rechtssatz, daß ein Unfall in seinen tatsächlichen Konsequenzen niemals zu seinem „Glücksfall" für den V.ten ausschlagen darf" (RG 36 132). Gibt man dem VN im Falle des „Totalverlustes" die ganze Vers.-Su., im Falle des „Teilverlustes" einen entsprechenden Teil der Vers.-

Sw.-Nr.		Seite
511	Ausfertigung einer „Einzelpol./Zertifikat" aufgrund einer –.– kann nur der VN verlangen.	22
512	Wenn keine „Einzelpol./Zertifikat" vom V.rer ausgestellt ist, genügt Vers.anmeldung im Schadensfall.	22
513	Bei Verlust der „Einzelpol./Zertifikat" hat V.ter einen schriftl. „Revers" zu unterzeichnen, ggfs. erhaltene Entschädigung an V.rer zurückzuzahlen. V.rer kann weitere Sicherheiten fordern.	22/23
514	Höchst-Vers.-Su. der –.– pro Trpt.mittel (= Maximum der –.–) ist zu beachten.	23
515	Maximum-Überschreitung ist anzeigepflichtig bei jedem einzelnen der beteiligten V.rer.	23
516	Vers.dauer der –.– regelm. ein Kalenderjahr mit oder ohne stillschweigender Verlängerung um einen gleichen Zeitraum, wie es die Parteien vereinbaren. Für Trpte., die im Vers.jahr begonnen haben, endet Vers. erst mit dem Auslaufen des Trptes.	23
517	Kündigungsrecht der –.– des V.rers bei Schaden mit 4-Wochenfrist, gleiches Kündigungsrecht für VN besteht nicht, es sei denn durch besondere Bestimmung in der –.–.	23
518	Kündigungsrecht mitversicherter politischer Gefahren und der Kriegs-, Minen- u. Torpedogefahr mit 2-Tage-Frist vor Risiko-Beginn.	121
519	V.rer kann –.– ohne Einhaltung einer Frist mit der Mahnung kündigen bei Zahlungsverzug des VN.	38
	LECKAGE, außergewöhnliche – § 86 ADS –	
520	–.– ist Leckverlust, der 3% bei Flüssigkeiten in Metallflaschen bzw. 5% bei anderen Flüssigkeiten übersteigt.	65
521	V.rer haftet für –.– nur im „Strdf." und was dem gleicherachtet wird.	65
522	V.rer ersetzt im „Strdf." etc. Leckverlust, der 3% bei Metallflaschen (nicht Metallfässer) bzw. 5% für andere Flüssigkeiten übersteigt, vorausgesetzt, daß der Rest 3% des Vers.-wertes (§ 34 ADS) erreicht.	65
523	Nur anders im Totalschadensfall, wenn nicht beweisbar, daß Güter geleckt haben.	65
	LECKAGE, gewöhnliche – § 86 ADS –	
524	–.– ist Leckverlust (Verlustschaden, keine Beschädigung) den flüssige Güter gewöhnl. erleiden, d.i. nach § 86 ADS Verlust von 3% in Metallflaschen bzw. von 5% bei anderen flüssigen Gütern.	65
525	Metallfässer stehen nicht den Metallflaschen gleich.	65
526	Für –.– haftet V.rer nach § 86 ADS nicht.	65
527	–.– regelm. mit Abzugsfranchise, aber auch mit Integralfanchise, ist nach bes. Vereinbarung und gegen Prämienzul. vers.bar – Beispiel.	66
528	–.– in den Grenzen der vereinbarten Franchise ersetzt V.rer niemals, kein „Vers.schaden".	66
529	–.– ist auch nach der ICC „ALL RISKS" nicht vers., wenn nicht besonders u. gegen Prämienzulage mit V.rer vereinbart.	77
	LUFTFRACHT, LUFTPOST	
530	Für Trpte. per –.– gilt als Beginn u. Ende der Kriegsvers. lt. DTV-Kriegskl. 1955 die Übergabe an und die Auslieferung am Bestimmungsort der Güter durch die Luftpost-Anstalt.	122
	– M –	
	MAHNUNG – § 17 ADS –	
531	Bei Prämienzahlungsverzug (L.P.) ist –.– mit angemessener Fristsetzung, in der Prämie gezahlt sein muß, erforderlich.	38

Sw.-Nr.		Seite
532	Erst nach Ablauf der so gestellten –.–s-Frist ist V.rer von der Leistungsverpflichtung befreit für alle Vers.schäden nach diesem Termin. Für Schaden bis zum Ablauf der –.–s-Frist muß V.rer haften.	38
533	Nur nach –.– des VN kommt V.rer für Schadenzahlung in Verzug. V.rer hat aber ab „Fälligkeit" der Schadenzahlung Zinsen zu zahlen.	104
	MAKLER vgl. Versicherungs-Makler (Sw. 962).	
	MANGELHAFTE Verpackung – § 86 ADS (vgl. auch VERPACKUNG)	
534	Mangelhaft ist eine Verpackung, die nicht den gesetzl. oder berufsgenossenschaftl. Vorschrifen entspricht (bw. bei explosiven oder ätzenden Chemikalien).	67
535	Verpackung muß gewöhnlichen Ereignissen des Transportes, die vorauszusehen und zu erwarten sind, widerstehen können.	67
536	V.rer haftet nicht für Schaden infolge –.–.	67
537	Der Hav.agent beurteilt Verpackung am Bestimmungsort und vermerkt im Hav.-Zertifikat, ob Verpackung ausreichend oder mangelhaft.	67
538	–.– oder fehlende Verpackung (bw. in Verschlägen statt Vollkisten) ist „anzeigepflichtig".	67
	MANKO – vgl. SCHWUND (Sw. 741/42).	
	MASCHINEN – Klausel 14 Zus.best. (1947)	
539	Bruchschäden u. andere Schäden sind unverzügl. nach Ankunft und Öffnung der Kisten vom Hav.Kommissar feststellen zu lassen.	130
540	V.rer haften nur für Kosten der Reparatur oder Ersatz des zerbrochenen oder abhandengekommenen Teiles der Maschine, aber nicht über die Vers.-Su. hinaus und nur im Verhältnis der Vers.-Summe zum Gesundwert (= Sw. 765, 771).	130
541	Bruch eines wesentl. Bestandteiles der Maschine ist kein Totalverlust.	130
542	Der beschädigte oder abhandene Teil der –.– ist am Bestimmungsort zu reparieren oder zu ersetzen.	130
543	Verkauf der zerbrochenen Teile oder der ganzen –.– ist nur im Einvernehmen mit V.rer gestattet.	130
544	Nur unvollständig mögliche Ausbesserung braucht VN nicht hinzunehmen.	130
545	Längere Reparaturzeiten sind kein stichhaltiger Einwand für den VN. Nur übermäßig lange Rep.zeit ist einer „unmöglichen" Ausbesserung gleichzustellen.	130
546	Rücktransport nach dem Ursprungsland der –.– zwecks Reparatur ist keine Rep.unmöglichkeit.	131
547	Rep.unmöglichkeit oder Rep.unwürdigkeit kann nur durch Sachverständige (Hav.Agenten) festgestellt werden.	131
548	Bei Rep.unmöglichkeit oder bei Rep.unwürdigkeit kann VN Entschädigung nach Total-Beschädigungsgrundsätzen verlangen, § 93 ADS.	131
549	Rep.unmöglichkeit und Rep.unwürdigkeit kann Totalverlust sein, ist aber nach Beschädigungs-Grundsätzen gem. § 93 ADS zu regeln.	131
550	Rep.unwürdig ist eine Maschine, wenn der Aufwand für Ausbesserung der Beschädigung den Vers.wert des Gutes übersteigt. Vers.-taxe und Ausbesserungskosten sind zu vergleichen. Zu den Ausbesserungskosten sind ggfs. auch Kosten der Lagerung, Instand-	

Sw.-Nr.		Seite
583	VN/V.ter hat zur Schadenfeststellung den in der Einzelpol. genannten Hav.agenten unverzügl. hinzuziehen.	109
584	VN/V.ter hat bis zur Schadenfeststellung durch Hav.agenten alles unverändert zu lassen, ausgenommen, wenn Änderung wegen Schadenabwendungs- oder -Minderungspflicht notwendig oder im öffentl. Interesse.	127
585	Nach Schadenfeststellung hat VN/V.ter, soweit tunlich, Beschädigtes vom Unbeschädigten zu trennen.	127
586	VN/V.ter hat bei Eintritt des Vers.schadens, soweit möglich, Weisungen des V.rers einzuholen.	101
587	Desgl. bei Weiterbeförderung im Nothafen gelandeter Güter.	46, 248
588	VN/V.ter darf Ersatzanspruch an Dritte nicht aufgeben, sonst wird V.rer „insoweit" befreit von seiner Leistungsverpflichtung.	105
589	VN/V.ter darf Hav.gr.-Beitrag nicht „vorbehaltlos" zahlen, wenn er die Unrichtigkeit des Dispache kennt.	95
590	Binnen 15 Monaten nach Vers.ende hat VN/V.ter dem V.rer schriftl. zu erklären („anzudienen" Sw. 688ff.), daß er entschädigt sein will. *Nach Ablauf der 15 Monats-Frist erlischt Entschädigungs-Anspruch gänzlich. Frist kann nicht gehemmt oder unterbrochen werden.*	101/102
	Weitere Obliegenheiten des VN: Vgl. Anzeigepflicht, Sw. 39ff Auskufterteilung, Sw. 89ff., Schadenabwendung und -minderung, Sw. 674ff.	
	OBMANN-Verfahren – § 74 ADS (Vgl. auch Sachverständige, Sw. 643ff.).	
591	Bei Uneinigkeit der Sachverständigen haben diese – nicht die Parteien – sich auf einen Obmann zu einigen bzw. schon vor Schadenbegutachtung.	107
592	An den Obmann sind noch schärfere Maßstäbe hinsichtl. Unparteilichkeit und Unbefangenheit zu legen als an die Sachverständigen der Parteien. Ist Obmann nicht sachverständig, nicht unbefangen, ist das abgegebene Gutachten unwirksam.	107
593	Die Parteien müssen unverzügl. widersprechen, wenn sie den Mangel in der Person des Obmannes kennen, sonst gelten sie einverstanden.	107
594	Können beide Sachverständige der Parteien sich nicht über Obmann einigen, so bezeichnet jeder von ihnen nur einen 3. Sachverständigen. Unter den so Bezeichneten entscheidet das Los (§ 74 Abs. 3 ADS).	107
595	Sind Sachverständige der Parteien z.T. einig, z.T. uneinig, so hat Obmann nur mit dem strittigen Teil zu tun.	107
596	Ergebnis der Besichtigung u. Feststellung ist durch schriftl. Gutachten niederzulegen.	107
597	Sachverständige haben beteiligten Warenempfänger nach Möglichkeit zur Besichtigung hinzuzuziehen.	107
598	Kommt gemeinschaftl. Gutachten nicht zustande, gilt im Obmann-Verfahren Stimmenmehrheit, auch bei Summenverschiedenheit. Sind 3 Sachverst. unterschiedl. Ansicht, so ist die mittlere Summe maßgebend – Beispiel – (§ 74 Abs. 6 ADS).	107
599	Das Gutachten ist beiden Parteien schriftlich mitzuteilen; danach können die Sachverst. ihr Gutachten nicht mehr ändern, Schreibfehler und Unvollständigkeiten ausgenommen.	107/108
600	Das Gutachten ist für beide Parteien verbindlich, ausgenommen, wenn es offenbar von der wirklichen Sachlage erheblich abweicht.	108
601	Das Gutachten ist unverbindlich, wenn die Beteiligten es wegen Irrtums, Drohung oder arglistiger Täuschung mit Recht anfechten.	108

Sw.-Nr. Seite

andere Teile desselben Schadens die Franchise überschreiten, kann VN verlangen, daß der Schaden abgerechnet wird auf der Grundlage: „ganze Abladung eine Taxe", wenn dies für VN *günstiger* ist (vgl. Beispiel Nr. 6).

754 Leichterklausel 16, Zus.best.: Die in Leichterfahrzeug verladenen Güter gelten jeweils zugunsten des VN als „besonders" vers. 61

755 Serienbestimmung bei –.–: Erforderlich ist Markierung der einzelnen Kolli mit Original-Nummer, Original-Abzeichen oder dergl. Sind keine solche Merkmale feststellbar, entfällt die „besondere Taxierung". 61

756 Für Serienbestimmung „nach Reihenfolge bei Entlöschung" ist Zustimmung des V.rers erforderlich. Reihenfolge ist in dem Falle bei oder sofort nach Entlöschung durch Bezeichnung der Güter mit Landungsnummer oder dergl. festzustellen. 61

757 Güter müssen ohne Rücksicht auf die Vers. ordnungsgemäß gelöscht werden, wie bei Erfüllung eines Frachtvertrages üblich. Nicht zulässig, daß beschädigte Kolli aus einer Gesamtpartie zu einer Serie zusammengestellt werden und die gesunden Partien zu weiteren Serien. 61

758 Kosten der Serienbestimmung fallen nicht dem V.rer zur Last. 61

759 Die –.– ist auch ein Regulativ, ein mitbestimmender Faktor, durch den V.rer seine Haftung für bestimmte Güter u. bestimmte Gefahren einschränkt, bw. für Glaszylinder gegen Bruchgefahr. 58

TEILBESCHÄDIGUNG – § 94 ADS = Unterbegriff von „Teilschaden", vgl. Sw. 798ff. 58

TEILSCHADEN, Behandlung von – § 93 ADS – Beschädigung, § 94 ADS – Teilbeschädigung (Feststellung von „Teilschaden", vgl. Sw. 697–706).

760 Im Falle besonderer Havarie (Sw. 353–355) ist nach dem Tatbestand zu unterscheiden, ob a) Total- oder Teilverlust oder b) Teilschaden. 124

761 Totalschaden u. Teilschaden sind einander „ausschließende" Begriffe. Die Berechnung der Entschädigung unterscheidet sich, ggfs. auch die Schadenfeststellung. 124

762 Teilschaden ist Beschädigungsschaden, oder wenn einzelne Bestandteile bzw. Zubehörstücke des vers. Gutes verlorengegangen oder beschädigt sind. 124

763 Bei „Teilschaden" sind Beschädigungs-Grundsätze nach §§ 93, 94 ADS anzuwenden. 124

764 Gewisse Schäden der „bes. Hav." können einmal „Verlust-Schaden" sein (XVII), ein anderes Mal „Teilschaden", der gegebene Tatbestand entscheidet, so bw.:

a) Aufopferungsschaden nach § 31 ADS ist nach Verlust-Grundsätzen gem. §§ 91, 92 (XVII) zu ersetzen, wenn vers. Gut ganz oder teilweise geworfen ist, oder nach Beschädigungs-Grunds. gem. §§ 93 u. 94, wenn Güter infolge Hav.gr.- Maßnahmen auf Geheiß des Kapitäns beschädigt wurden – Beispiel. 124

b) Vers.schaden nach DTV-Kriegskl. 1955:
   1. Verlust-Schaden (XVII), wenn kriegsvers. Gut mit dem von einer Mine getroffenen Schiff total verlorengeht, oder 124
   2. Teilschaden nach Beschädig.-Grunds. zu ersetzen, wenn aus dem durch Minentreffer gestr. Schiff kriegsvers. Güter seewasserbesch. geborgen werden. 124

c) 1. Bruchschaden ist Verlust-Schaden (§§ 91, 92 ADS), wenn eine Kiste Glaswaren bei Verladung aus der Schlinge in den Laderaum des Schiffes fällt oder 124

Sw.-Nr.		Seite
	2. Teilschaden/Beschädigung, wenn einzelne Stücke des Inhalts zerbrechen infolge rauher Behandlung der Kiste beim Transport.	124
765	Im Beschädigungsfalle ist durch Hav.agent der Wert der Güter im unbeschädigten Zustand am Ablieferungsort (Sw. 18/19) festzustellen, d.i. der Gesundwert – sound value.	125, 126
766	Im Beschädigungsfalle ist ferner durch Hav.agent der Wert zu ermitteln, den G. am Ablieferungsort im beschädigten Zustand haben, d.i. der Krankwert – damage value.	125, 126
767	Maßgebend ist der „gemeine Handelswert", d.i. der allgemeine „Verkäuflichkeitswert", der Preis, zu dem Güter gleicher Art u. Beschaffenheit im allgem. verkauft werden können, evtl. auch Börsen- u. Marktpreis.	125
768	Den Ablieferungsort kann VN wählen; er ist nicht gebunden, beschädigte Güter an ihren Bestimmungsort weiter befördern zu lassen.	125
769	Berechnungsformel bei Beschädigungsschaden: Wenn Gesundwert am Abl.ort 1000 beträgt und der Krankwert 250, ersetzt V.rer nicht ohne weiteres 750, sondern den Unterschiedsbetrag vom Gesundwert u. Krankwert (hier 750) *im Verhältnis des Gesundwertes zur Vers.taxe* (= 900, angenommen), also nach folgender Gleichung: Unterschiedsbetrag zwischen Gesundwert u. Krankwert mal Vers.taxe dividiert durch Gesundwert Beispiel: $\frac{750\ (= \text{Untersch.betrag}) \times 900\ (= \text{Vers.taxe})}{1000\ (= \text{Gesundwert})}$ V.rer hat Beschädigungsschaden zu ersetzen mit 675. Weitere Beispiele vgl. Seite:	125 138/139
770	Der Unterschiedsbetrag zwischen Gesundwert u. Krankwert ist nicht der Betrag der Entschädigung, sondern nur „ein Faktor" für die Berechnung der Entschädigung.	125
771	Gesundwert u. Krankwert müssen auf „gleicher" Grundlage beruhen, u.z. mit Einschluß von Fracht, Landungskosten u. Abgaben, insbesondere Zoll (§ 93 Abs. 2 Satz 3 ADS).	125
772	Im hanseat. Rechtsverkehr gilt die Ausnahme, daß, falls am Verkaufsort auch Marktpreis „exklusive Zoll" üblich ist, Gesund- und Krankwert ohne Zoll festzustellen ist.	125
773	Solange Zoll noch nicht entrichtet u. die Güter zollfrei wieder ausgeführt werden können, ist nach abgabefreien Werten zu schätzen.	126
774	Wenn nur der Gesamt-Vers.wert taxiert ist, aber einzelne Güter nicht besonders taxiert sind (§ 7 ADS), muß „Gesamt-Taxe" zunächst nach dem Verhältnis des wirkl. Vers.wertes geteilt werden – Beispiel.	126
775	Den sich nach der Gleichung (Sw. 769) ergebenden Betrag des Schadens kann VN verlangen, weniger, wenn „Erspartes" abzuziehen ist, ggfs. Zoll oder anderweitig zur Ausgleichung des Schadens Erhaltenes, regelm. mehr, weil V.rer auch Schadenfeststellungskosten zu ersetzen hat.	126
776	Vers.taxe ist auch dann maßgebend, wenn diese größer ist als der Gesundwert – Beispiele.	126, 139
777	Im Beschädigungsfall muß immer auf der Grundlage des Vers.-Wertes/Taxe reguliert werden, auch wenn der Marktpreis erhebl. gesunken ist. „VN kann nur den wirklich erlittenen Schaden verlangen" ist kein ausnahmsloser Rechtssatz. Schaden darf zu Gewinn für VN fahren.	126
778	V.rer muß zahlen, wenn Schaden gehörig, d.h. nach § 74 Abs. 2–10 bzw. durch zuständigen Hav.Agenten festgestellt ist, sonst nicht.	126/127

Sw.-Nr.		Seite
	TOTALVERLUST – §§ 91, 71 ADS u. §§ 72, 73	
817	Im Falle „besonderer Havarei" (Sw. 353–355) sind zu unterscheiden: a) Total- u. Teilverlust, b) Teilschaden (Sw. 761/762) – Tatbestand entscheidet.	113
818	Bei –.– kann VN im „Vers.fall" die Vers.-Su. verlangen.	113
819	Bei –.– finden die Bestimmungen des § 71 ADS über –.– des Schiffes entsprechende Anwendung.	113
820	§ 71 ADS bestimmt nur über die Höhe der Entschädigung.	113
821	VN kann Vers.-Su. verlangen ohne weiteres, ohne Nachweis, daß Vers.-Su. ebenso groß wie „Vers.wert" (oder größer!).	113
822	Vers.-Su. braucht nicht vereinbart zu sein, dann gilt die „Vers.-taxe".	113
823	Vor Zahlung der Vers.Su. muß VN sich Gerettetes anrechnen lassen und was er anderweitig zur Schadenausgleichung erlangt hat.	114
824	Der Wert des „Geretteten" ist der „Verkäuflichkeitswert am Ablieferungsort z. Z. der Zahlung der Vers.-Su.	114
825	V.rer ist berechtigt, Wert der geretteten Güter durch Versteigerung feststellen zu lassen. VN ist verpflichtet, versteigern zu lassen.	114
826	Versteigerungserlös ist ganz von der Vers.-Summe abzuziehen. Versteigerungskosten sind Schaden-Feststellungskosten u. vom V.rer zu tragen (§ 32 ADS).	114
827	Als Totalverlust gilt auch, wenn die Güter	
	a) ohne Aussicht auf Wiedererlangung dem VN entzogen, insbes. mit dem Schiff unrettbar gesunken sind, oder wenn die Güter	
	b) in ihrer ursprüngl. Beschaffenheit zerstört sind oder	114
	c) wenn die Güter nicht am Best.ort ankommen (Nichtauslieferung).	116
	zu a) Keine Aussicht auf Wiedererlangung muß bestehen, so insbes., wenn Schiff unrettbar gesunken ist.	114
	Hierzu Beispiel, vgl.:	114
	Totalverl. des Schiffes braucht noch kein Totalverlust der Güter zu sein, auch wenn Schiff unrettbar gesunken. Werden ungeborgene, aber nicht verlorene Güter verkauft, haftet V.rer nur für Unterschied zwischen Vers.-Su. und Erlös (§ 96 ADS – Verkauf der Güter).	116
	Güter sind nicht verloren, wenn VN sie freiwillig weggibt.	114
	VN muß beweisen, daß die vers. Güter total verl. oder daß sie ohne Aussicht auf Wiedererlangung ihm entzogen sind (Beweislast).	114
	Wenn VN die Vers.-Su. verlangt, weil die Güter ohne Aussicht auf Wiedererlangung entzogen sind, hat VN gewählt u. kann keine weiteren Bedingungen stellen. Das Rechtsverhältnis ist damit neu gestaltet, V.rer u. VN sind daran gebunden.	114
	zu b) In ihrer urspr. Beschaffenheit zerstört ist eine Sache, wenn sie zwar noch da, aber nicht mehr das ist, „als was sie vers. war".	115
	Dieser Umstand muß durch den Hav.Komm. festgestellt sein, nur dann kann VN. Vers.-Su. verlangen.	116
	Beispiele für Zerstörung urspr. Beschaffenheit, vgl.:	116
	Starke Entwertung des Gutes ist keine Zerstörung urspr. Beschaffenheit – Beispiele. VN kann in solchen Fällen nicht die Güter zur Verfügung stellen. Solcher Schaden ist nach § 93 – Beschädigung – zu behandeln.	116
	Wenn vers. Güter mit anderen Gütern so vermischt sind, daß sie nicht oder nur mit unverhältnismäßig hohen Kosten wieder geschieden werden können, so liegt kein Verlust vor, sondern „Beschädigungsschaden" nach § 93 ADS.	116
	Hierzu Beispiel:	117
	zu c) Güter sind auch dann total verloren, wenn Kapitän – vorsätzl. oder fahrlässig – an einen Nicht-Empfangsberechtigten ausgeliefert hat u. die Güter infolgedessen ohne Aussicht auf Wiedererlangung für den VN entzogen sind (§ 91 ADS).	116

Sw.-Nr.		Seite
	VERFÜGUNG von hoher Hand – § 73 ADS (Nehmung durch Seeräuber)	
878	–.– sind Anordnungen der öffentl. Gewalt, durch die Schiffe angehalten oder zurückgehalten oder durch Seeräuber genommen werden.	119
879	§ 72 ADS – Verschollenheit – findet entsprechende Anwendung (Sw. 924ff.).	119
880	Anstelle der „Verschollenheitsfrist" gilt eine solche von 2 Monaten, im Krieg von 6 Monaten.	119
881	„Anhaltung" ist die gewaltsame Beendigung der Reise eines unterwegs befindlichen Schiffes zwecks Untersuchung.	119
882	Zurückhaltung ist die gewaltsame Behinderung der Abfahrt oder Abbeförderung.	120
883	Schaden durch –.– beruht auf Ungewißheit, Unwahrscheinlichkeit, die Güter wiederzuerlangen.	128
884	Nach Ablauf der Festhalte-Frist (Sw. 880) kann VN Totalschaden nach § 71 ADS verlangen oder abandonnieren nach §§ 72, 73 ADS.	128
885	VN muß wählen § 71 oder § 73 ADS. Die Rechtsfolgen sind verschieden.	120
886	Verlangt VN die Vers.-Su. a) gem. § 71 Totalverlust, so gilt folgendes: Bis zur Befriedigung muß sich VN Gerettetes auf die Vers.-Su. anrechnen lassen. Rechte am später Geretteten gehen mit Schadenzhlg. auf V.rer über. Ist Vers.-Su. niedriger gewesen als Vers.-wert, gebührt V.rer nur ein verhältnismäßiger Teil des später Geretteten (Bruchteilgemeinschaft), oder b) gegen Abandon-Erklärung nach § 73 ADS. Dann gehen die Rechte an der vers. Sache mit der Abandon-Erkl. an V.rer über, und danach Gerettetes wird nur dem V.rer gerettet.	120
887	Der Abandon des VN nach Ablauf der Festhaltefrist ist von keinen weiteren Voraussetzungen abhängig.	120
888	VN kann mit Abandon-Erklärung warten, er kann warten, ob Schiff nicht wieder freigegeben wird.	120
	VERJÄHRUNG – § 48 ADS –	
889	Ansprüche aus dem Vers.vertrag verjähren nach 5 Jahren, beginnend mit dem Schluß des Jahres, in dem die Vers. endigt oder die „Verschollenheitsfrist" abläuft, vorausgesetzt, die Schaden-Andienungsfrist gem. § 42 ADS (Sw. 688ff.) ist vom VN gewahrt.	
	VERKAUF der Güter – § 96 ADS –	
890	Werden im Falle Totalverlust des Schiffes ungeborgene aber noch nicht verlorene Güter verkauft, haftet V.rer für den Unterschied zwischen Vers.-Su. u. Erlös.	116
891	Zum freien Verkauf beschädigter Güter ist Zustimmung des V.rers erforderlich.	110
892	Aufgrund Schaden-Abwendungspflicht kann VN verpflichtet sein, die beschädigten Güter zu veräußern. V.rer hat dann Vers.-Su. weniger Erlös zu zahlen.	128
	VERKLARUNG	
893	Eine –.– ist die gerichtl. Beweisverhandlung über einen Schifffahrtsunfall mit Zeugen der Schiffsbesatzung.	89
894	–.– hat der Kapitän zu veranlassen.	89
895	Kosten der –.– sind üblicherweise Hav.gr.kosten.	92

Sw.-Nr.		Seite
1010	V.rer haftet auch für Zwischenaufenthalt vor Verschiffung bis zur nächsten Verlademöglichkeit – im übrigen vgl. Beisp.	34/35
1011	Vers. endet an der „Ablieferungsstelle" am Ablieferungsort, spätestens mit Ablauf des 20. Tages nach Landung am Seeplatz bzw. des 10. Tages nach Entladung aus anbringendem Beförderungsmittel am Bestimmungsplatz. VN darf die Beförderung des Gutes nicht verzögern.	35
1012	Vers. endet mit Beginn der durch V.ten bzw. Empfänger veranlaßten oder zu vertretenden Verzögerung in der Beförderung des Gutes, jedoch nicht vor Ablauf der normalen Reisedauer.	35
1013	Bei Anmeldung der Vers., spätestens vor Ablauf der Vers., können die in der –.– bestimmten Fristen durch besondere Vereinbarung gegen Prämienzulage auf 30 Tage oder mehr verlängert werden, dann darf V.ter/Empfänger die so vereinbarte Frist ausnutzen, gleichviel aus welchem Grunde.	36
1014	Wenn sich das An-Land-Bringen der Güter außergewöhnl. ver-verzögert, ist V.rer Anzeige zu machen u. Prämienzulage zu zahlen.	36
1015	Abtransport im Bestimmungshafen bis zur Ablieferungsstelle ist mit verkehrsübl. Gelegenheit mitvers., soweit Abtransport ohne Verzögerung nach Entlöschung des Gutes von VN/Empfänger veranlaßt ist.	36
1016	Vom Empfänger einmal gewählte Ablieferungsstelle kann nicht mehr geändert werden.	36
	VORREISE – v.Hs.z.Hs.-Kl. 5	
1017	Für Schaden auf der –.– vom Abladeort mit verkehrsübl. Transportmittel zum Verschiffungshafen kann VN seinen V.rer in Anspruch nehmen, auch dann, wenn vers. Gut „fob Seeschiff" vom VN gekauft ist. VN hat Anspruch gegen Fob-Lieferanten an V.rer abzutreten. – Beispiel.	34/35
	VORSATZ – § 33 ADS –	
1018	–.– ist bewußtes Handeln, wenn VN den Schaden will.	69
1019	V.rer haftet nicht für Schaden durch –.– des VN/V.ten/Empfängers.	69
	– W –	
	„W.A" = „With average" – vgl. Institute Cargo Clauses Sw. 440	
	WAREN aller Art – §§ 80 u. 60 (2) ADS –	
1020	Ist die L.P. auf –.– genommen, so fallen darunter nicht: a) Edelmetalle, Wertpapiere, Pretiosen, echte Spitzen, Kunstwerke, b) explosionsgefährl. u. selbstentzündl. Gegenstände wie Munition, Feuerwerkskörper, verdichtete oder verflüssigte Gase sowie Petroleum, Naphtha, Benzin u. ungelöschter Kalk, c) wenn das Schiff mit mehr als ein Drittel mit Schüttgut, Schwergut, Salz, Zement etc. (vgl. § 60 (2) ADS) beladen ist. Für vorstehend genannte Waren ist auch bei Bestehen einer L.P. besondere Vereinbarung mit V.rer erforderlich.	20,242,233
	WAREN nach Usance „Frei von 3%%" – § 82 ADS	
1021	Für in § 82 (2) 1 ADS aufgeführte Güter von „Arsenik bis Zwirn" haftet V.rer auch für Beschädigungsschaden in anderen, als nur im Strandungsfall u. Nothafen, ohne daß es einer besonderen Vereinbarung mit dem V.rer bedarf.	44,243

Allgemeine Deutsche Seeversicherungs-Bedingungen

nebst Anhang:

Zusatzbestimmungen für die Güterversicherung (1947)
DTV-Kriegsklausel 1955 für Gütertransport zur See
DTV-Kriegsklausel für Postsendungen im Verkehr mit dem Ausland
DTV-Kriegsklausel für Lufttransporte im Verkehr mit dem Ausland

Im Jahre 1919
herausgegeben von den deutschen Seeversicherern

nach Beratungen mit deutschen Handelskammern und Fachverbänden
unter Vorsitz der Handelskammer Hamburg

Inhaltsübersicht

Erster Abschnitt

Allgemeine Bestimmungen

Zweiter Abschnitt

Besondere Bestimmungen über die Versicherung einzelner Gegenstände

Dritter Abschnitt

Vierter Abschnitt

Anhang

Inhalt der Paragraphen

Erster Abschnitt

Allgemeine Bestimmungen

I. Interesse

II. Versicherungswert. Unter-, Über-, Doppelversicherung

IV. Police. Prämie. Ristornogebühr

V. Anzeigepflicht. Gefahränderung

VI. Umfang und Dauer der Haftung des Versicherers

§ 68. Verlängerung der Zeitversicherung.
§ 69. Versicherung für mehrere Reisen.
§ 70. Versicherungswert.
§ 71. Totalverlust.
§ 72. Verschollenheit.
§ 73. Verfügung von hoher Hand. Nehmung durch Seeräuber.
§ 74. Teilschaden.
§ 75. Ausbesserung.
§ 76. Unterschied zwischen neu und alt.
§ 77. Reparaturunfähigkeit. Reparaturunwürdigkeit.
§ 78. Mittelbarer Kollisionsschaden.
§ 79. Sonstige auf das Schiff sich beziehende Versicherungen.

Zweiter Titel:

Güterversicherung

§ 80. Gegenstand der Versicherung.
§ 81. Verfügung über die Güter zur Fortsetzung der Reise.
§ 82. Haftung für Beschädigung. Tod von Tieren.
§ 83. Vorreisegüter. Retourwaren.
§ 84. Beschädigte Güter.
§ 85. Deckladung.
§ 86. Natürliche Beschaffenheit der Güter.
§ 87. Frachtklauseln.
§ 88. Dauer der Versicherung.
§ 89. Leichtergefahr.
§ 90. Versicherungswert.
§ 91. Totalverlust. Abandon.
§ 92. Teilverlust.
§ 93. Beschädigung.
§ 94. Teilbeschädigung.
§ 95. Änderung der Beförderung.
§ 96. Verkauf der Güter.
§ 97. Laufende Versicherung.
§ 98. Abschreibeversicherung.
§ 99. Sonstige auf die Güter sich beziehenden Versicherungen.

Dritter Titel:

Versicherung von imaginärem Gewinn und Provision

§ 100. Taxe.
§ 101. Gemeinschaftliche Güter- und Gewinnversicherung.
§ 102. Laufende Versicherung.
§ 103. Verlust der Güter. Anrechnung auf die Versicherungssumme. Beschädigung der Güter.
§ 104. Provision.

Vierter Titel:

Versicherung von Fracht, Schiffsmiete und Überfahrtsgeld

105. Umfang der Haftung des Frachtversicherers.
106. Dauer der Frachtversicherung.
107. Versicherungswert der Fracht.
108. Schiffsmiete.
109. Überfahrtsgeld.

Erster Abschnitt

Allgemeine Bestimmungen

I. Interesse

§ 1

Versicherbares Interesse

(1) Jedes in Geld schätzbare Interesse, welches jemand daran hat, daß Schiff oder Ladung die Gefahren der Seeschiffahrt besteht, kann versichert werden.

(2) Insbesondere können versichert werden:

das Schiff;
die Güter;
von der Ankunft der Güter am Bestimmungsort erwarteter Gewinn (imaginärer Gewinn);
im Falle der Ankunft des Schiffes oder der Güter am Bestimmungsorte zu verdienende Provision;
Fracht;
Schiffsmiete;
Überfahrtsgelder;
Bodmereigelder;
Havereigelder;
sonstige Forderungen, zu deren Deckung der Seegefahr ausgesetzte Gegenstände dienen;
die vom Versicherer übernommene Gefahr (Rückversicherung).

In der einen dieser Versicherungen ist die andere nicht enthalten; insbesondere gilt eine Versicherung nur dann als Rückversicherung, wenn sie bei der Schließung des Vertrags ausdrücklich als solche bezeichnet wird.

(3) Soweit das Interesse unrichtig bezeichnet wird, ist die Versicherung für den Versicherer nicht verbindlich. Der Versicherer kann sich jedoch nicht darauf berufen, daß Schiffsmiete als für bestimmte Zeit geschlossene Fracht oder daß solche Fracht als Schiffsmiete bezeichnet ist.

§ 2

Fehlendes Interesse

(1) Ein Vertrag, dem ein versicherbares Interesse nicht zugrunde liegt, ist unwirksam. Dies gilt insbesondere von Wettversicherungen.

(2) Dem Versicherer gebührt gleichwohl die Prämie, es sei denn, daß er bei der Schließung des Vertrags den Grund der Unwirksamkeit kannte.

§ 3

Prämienzahlung bei fehlendem Interesse

(1) Der Versicherungsnehmer ist im Falle des § 2 Abs. 1 von der Verpflichtung zur Zahlung der Prämie frei, wenn er bei der Schließung des Vertrags den Grund der Unwirksamkeit weder kannte noch kennen mußte. Wird der Vertrag von einem Vertreter geschlossen, so kommt in bezug auf die Kenntnis und das Kennenmüssen nicht nur die Person des Vertreters, sondern auch diejenige des Versicherungsnehmers in Betracht.

(2) Die Verpflichtung des Versicherungsnehmers zur Zahlung der Prämie bleibt bestehen, wenn der Versicherungsnehmer nicht, sobald er von dem Grunde der Unwirksamkeit Kenntnis erlangt, dies dem Versicherer unverzüglich mitteilt. Das gleiche gilt, wenn seit dem Abschlusse des Vertrags ein Jahr verstrichen ist und der Versicherungsnehmer den Grund der Unwirksamkeit dem Versicherer nicht innerhalb eines Jahres mitgeteilt hat.

(3) Ist der Versicherungsnehmer von der Verpflichtung zur Zahlung der Prämie frei, so kann der Versicherer die Ristornogebühr verlangen.

§ 4

Wegfall des Interesses. Künftiges Interesse

(1) Fällt das Interesse, für das die Versicherung genommen ist, vor dem Beginne der Versicherung weg oder gelangt, falls die Versicherung für ein künftiges Interesse genommen ist, das Interesse nicht zur Entstehung, so ist der Versicherungsnehmer von der Verpflichtung zur Zahlung der Prämie frei. Die Verpflichtung bleibt bestehen, wenn seit dem Abschlusse des Vertrags ein Jahr verstrichen ist und der Versicherungsnehmer dem Versicherer nicht unverzüglich nach dem Ablaufe des Jahres mitteilt, daß das Interesse weggefallen oder nicht entstanden ist. Ist der Versicherungsnehmer von der Verpflichtung zur Zahlung der Prämie frei, so kann der Versicherer die Ristornogebühr verlangen.

(2) Die Verpflichtung des Versicherungsnehmers zur Zahlung der Prämie wird dadurch, daß das Interesse, für das die Versicherung genommen ist, nach dem Beginne der Versicherung wegfällt, nicht berührt.

§ 5

Versicherungsbeginn vor Vertragsschließung

(1) Die Versicherung kann auch so genommen werden, daß sie in einem vor der Schließung des Vertrags liegenden Zeitpunkte beginnt. Dem Ver-

sicherer steht in diesem Falle ein Anspruch auf die Prämie nicht zu, wenn es bei der Schließung des Vertrags wußte, daß die Möglichkeit des Eintritts der Versicherungsfalls schon ausgeschlossen war. Der Versicherer ist von der Verpflichtung zur Leistung frei, wenn der Versicherungsnehmer bei der Schließung des Vertrags wußte oder wissen mußte, daß der Versicherungsfall schon eingetreten war; dem Versicherer gebührt die Prämie, sofern er nicht bei der Schließung von dem Eintritte des Versicherungsfalls Kenntnis hatte.

(2) Wird der Vertrag von einem Vertreter geschlossen, so kommt in bezug auf die Kenntnis und das Kennenmüssen nicht nur die Person des Vertreters, sondern auch diejenige des Vertretenen in Betracht.

II. Versicherungswert. Unter-, Über-, Doppelversicherung

§ 6

Versicherungswert

(1) Als Wert des versicherten Interesses (Versicherungswert) gilt dessen voller Wert.

(2) Ist durch Vereinbarung der Versicherungswert auf einen bestimmten Betrag (Taxe) festgesetzt, so ist die Taxe für den Versicherungswert maßgebend. Der Versicherer kann jedoch eine Herabsetzung der Taxe verlangen, wenn die Taxe den wirklichen Versicherungswert erheblich übersteigt. Ist die Versicherungssumme niedriger als die Taxe, so haftet der Versicherer, auch wenn die Taxe herabgesetzt ist, für den Schaden nur nach dem Verhältnisse der Versicherungssumme zu der durch die Vereinbarung festgesetzten Taxe.

(3) Ist der Versicherungswert als „vorläufig taxiert" bezeichnet, so gilt er nicht als taxiert.

§ 7

Besondere Taxe

(1) Wenn bei der Versicherung mehrerer Gegenstände im Vertrage nur eine Versicherungssumme bestimmt ist, aber einzelne Gegenstände besonders taxiert sind, so gelten diese Gegenstände zugunsten des Versicherungsnehmers als besonders versichert. Dies gilt insbesondere dann, wenn einzelne Teile eines gleichartigen Gutes besonders taxiert sind (Serien).

(2) Die Bestimmung des Absatzes 1 findet keine Anwendung, wenn nicht festzustellen ist, welche Güter zu einer Serie gehören.

(3) Die Bestimmung des Absatzes 1 findet auch dann keine Anwendung, wenn die Serien durch die bei ordnungsmäßiger Löschung der Güter sich ergebende Reihenfolge bestimmt werden sollen, die Reihenfolge jedoch nicht bei oder sofort nach der Löschung durch Bezeichnung der Güter mit Landungsnummern oder in ähnlicher Weise festgestellt wird. Die Serien sind durch die bei der Löschung sich ergebende Reihenfolge nur dann zu bestimmen, wenn es besonders vereinbart ist.

§ 8

Unterversicherung

Ist die Versicherungssumme niedriger als der Versicherungswert, so gilt für den nicht gedeckten Teil des Versicherungswerts der Versicherungsnehmer als Selbstversicherer. Insbesondere hat der Versicherer den Schaden und die Aufwendungen nur nach dem Verhältnisse der Versicherungssumme zum Versicherungswerte zu ersetzen.

§ 9

Überversicherung

(1) Soweit die Versicherungssumme den Versicherungswert übersteigt, ist der Vertrag unwirksam. Auf die Verpflichtung des Versicherungsnehmers zur Zahlung der Prämie und der Ristornogebühr finden die Bestimmungen des § 2 Abs. 2 und des § 3 entsprechende Anwendung.

(2) Schließt der Versicherungsnehmer den Vertrag in der Absicht, sich aus der Überversicherung einen rechtswidrigen Vermögensvorteil zu verschaffen, so ist der ganze Vertrag unwirksam. Dem Versicherer gebührt gleichwohl die Prämie, es sei denn, daß er bei der Schließung des Vertrags den Grund der Unwirksamkeit kannte.

§ 10

Haftung der Versicherer bei Doppelversicherung

(1) Ist ein Interesse gegen dieselbe Gefahr bei mehreren Versicherern versichert und übersteigen die Versicherungssummen zusammen den Versicherungswert, so sind die Versicherer in der Weise als Gesamtschuldner verpflichtet, daß dem Versicherungsnehmer jeder Versicherer für den Betrag haftet, dessen Zahlung ihm nach seinem Vertrag obliegt, der Versicherungsnehmer aber im ganzen nicht mehr als den Betrag des Schadens verlangen kann.

(2) Die Versicherer sind im Verhältnisse zueinander zu Anteilen nach Maßgabe der Beträge verpflichtet, deren Zahlung ihnen dem Versicherungsnehmer gegenüber vertragsmäßig obliegt. Findet auf eine der Versicherungen ausländisches Recht Anwendung, so kann der Versicherer, für den das ausländische Recht gilt, gegen den anderen Versicherer einen Anspruch auf Ausgleichung nur geltend machen, wenn er selbst nach dem für ihn maßgebenden Rechte zur Ausgleichung verpflichtet ist.

(3) Hat der Versicherungsnehmer eine Doppelversicherung in der Absicht genommen, sich dadurch einen rechtswidrigen Vermögensvorteil zu verschaffen, so ist der in dieser Absicht geschlossene Vertrag unwirksam; der Versicherer kann die ganze Prämie verlangen, es sei denn, daß er bei der Schließung des Vertrags den Grund der Unwirksamkeit kannte.

§ 11

Beseitigung der Doppelversicherung

(1) Hat der Versicherungsnehmer den Vertrag, durch den die Doppelversicherung entstanden ist, ohne Kenntnis von der anderen Versicherung ge-

schlossen, so kann er, sofern die Versicherung noch nicht begonnen hat, von jedem Versicherer verlangen, daß die Versicherungssumme, unter verhältnismäßiger Minderung der Prämie, auf den Betrag des Anteils herabgesetzt wird, den der Versicherer im Verhältnisse zu dem anderen Versicherer zu tragen hat. Das Recht erlischt, wenn der Versicherungsnehmer es nicht unverzüglich geltend macht, nachdem er von der Doppelversicherung Kenntnis erlangt hat.

(2) Der Versicherer kann im Falle einer Herabsetzung der Prämie die Ristornogebühr verlangen.

§ 12

Mitteilung von Doppelversicherungen

Der Versicherungsnehmer hat, sobald er von der Doppelversicherung Kenntnis erlangt, dem Versicherer unverzüglich Mitteilung zu machen.

III. Versicherungstreue

§ 13

Alle Beteiligten haben Treu und Glauben im höchsten Maße zu betätigen.

IV. Police. Prämie. Ristornogebühr

§ 14

Police

(1) Der Versicherer hat dem Versicherungsnehmer auf Verlangen eine von ihm unterzeichnete Urkunde über den Versicherungsvertrag (Police) auszuhändigen.

(2) Ist eine Police ausgestellt, so ist der Versicherer nur gegen Vorlegung der Police zur Zahlung verpflichtet. Durch die Zahlung an den Inhaber der Police wird er befreit.

(3) Ist die Police abhanden gekommen oder vernichtet, so ist der Versicherer zur Zahlung verpflichtet, wenn die Police für kraftlos erklärt oder Sicherheit geleistet ist; die Sicherheitsleistung durch Bürgen ist ausgeschlossen. Das Gleiche gilt von der Verpflichtung des Versicherers zur Ausstellung einer Ersatzurkunde; die Kosten der Ersatzurkunde hat der Versicherungsnehmer zu tragen.

§ 15

Inhalt der Police

Der Inhalt der Police gilt als von dem Versicherungsnehmer genehmigt, wenn dieser nicht unverzüglich nach der Aushändigung widerspricht. Das Recht des Versicherungsnehmers, die Genehmigung wegen Irrtums anzufechten, bleibt unberührt.

§ 16

Fälligkeit der Prämie und der Nebenkosten. Sicherheitsleistung

(1) Der Versicherungsnehmer hat die Prämie und die Nebenkosten sofort nach dem Abschlusse des Vertrags zu zahlen. Die Prämie und die Nebenkosten sind insbesondere auch dann sofort fällig, wenn sie nach der Verkehrssitte oder nach der im Verkehre zwischen dem Versicherer und dem Versicherungsnehmer bestehenden Übung erst später gezahlt werden.

(2) Ist im Vertrage für die Zahlung der Prämie eine Zeit bestimmt oder die Zahlung der Prämie gestundet, so kann der Versicherer die Zahlung sofort verlangen, wenn die Versicherung endigt. Der Versicherungsnehmer kann jedoch, wenn er aus demselben Versicherungsverhältnis, auf dem seine Verpflichtung zur Zahlung der Prämie beruht, eine Entschädigungsforderung gegen den Versicherer hat, diese Forderung, auch wenn sie noch nicht fällig ist, gegen die Forderung des Versicherers aufrechnen.

(3) Ist im Vertrage für die Zahlung der Prämie eine Zeit bestimmt oder die Zahlung der Prämie gestundet, so kann der Versicherer Sicherheitsleistung verlangen, wenn in den Vermögensverhältnissen des Versicherungsnehmers eine wesentliche Verschlechterung eintritt, durch die der Anspruch auf die Prämie gefährdet wird.

§ 17

Nichtzahlung der Prämie. Nichtleistung der Sicherheit

Wird auf eine nach dem Eintritte der Fälligkeit erfolgende Mahnung des Versicherers nicht binnen einer bei der Mahnung zu bestimmenden, angemessenen Frist die Prämie gezahlt oder die Sicherheit geleistet, so ist derVersicherer von der Verpflichtung zur Leistung frei, wenn der Versicherungsfall vor der Zahlung oder der Sicherheitsleistung eintritt. Der Versicherer kann auch in diesem Falle, wenn der Versicherungsnehmer mit der Zahlung oder mit der Sicherheitsleistung im Verzug ist, das Versicherungsverhältnis ohne Einhaltung einer Kündigungsfrist kündigen; wird das Versicherungsverhältnis gekündigt, so gebührt dem Versicherer bei Reiseversicherungen gleichwohl die Prämie, bei Zeitversicherungen die Ristornogebühr.

§ 18

Ristornogebühr

Die Ristornogebühr beträgt die Hälfte der Prämie, jedoch höchstens $^1/_8$% der Versicherungssumme.

V. Anzeigepflicht. Gefahränderung

§ 19

Anzeigepflicht

(1) Der Versicherungsnehmer hat bei der Schließung des Vertrags alle ihm bekannten Umstände, die für die Übernahme der Gefahr erheblich sind, dem

Versicherer anzuzeigen, es sei denn, daß die Umstände allgemein bekannt sind. Er hat insbesondere Nachrichten, die ihm zugegangen und für die Übernahme der Gefahr erheblich sind, dem Versicherer mitzuteilen, und zwar auch dann, wenn er die Nachricht für unbegründet oder unzuverlässig hält.

(2) Umstände, von denen der Versicherungsnehmer vor der Annahme eines auf die Schließung des Vertrags gerichteten Antrags Kenntnis erlangt, sind so schnell, wie dies im ordnungsmäßigen Geschäftsgange tunlich ist, jedenfalls aber in derselben oder in ähnlicher Weise anzuzeigen, in welcher der Antrag übermittelt ist.

§ 20

Verletzung der Anzeigepflicht

(1) Ist den Bestimmungen des § 19 zuwider die Anzeige eines erheblichen Umstandes unterblieben oder ist über einen erheblichen Umstand eine unrichtige Anzeige gemacht worden, so ist der Versicherer, soweit nicht ein anderes bestimmt ist, von der Verpflichtung zur Leistung frei. Das gleiche gilt, wenn die Anzeige eines erheblichen Umstandes deshalb unterblieben ist, weil der Versicherungsnehmer den Umstand infolge von grober Fahrlässigkeit nicht kannte.

(2) Die Verpflichtung des Versicherers bleibt bestehen, wenn der Versicherer den nicht angezeigten Umstand oder die Unrichtigkeit kannte. Das gleiche gilt, wenn die Anzeige ohne Verschulden des Versicherungsnehmers unterblieben ist.

(3) Bleibt die Verpflichtung des Versicherers gemäß Absatz 2 Satz 2 bestehen, so gebührt dem Versicherer eine der höheren Gefahr entsprechende höhere Prämie (Zuschlagsprämie).

§ 21

Gefahrerhebliche Umstände

Als erheblich gelten insbesondere Umstände, die der Versicherungsnehmer unrichtig angegeben hat, wenn er die Richtigkeit der Anzeige zugesichert hat, und Umstände, die der Versicherungsnehmer absichtlich verschwiegen oder absichtlich unrichtig angegeben hat, sowie im Zweifel auch Umstände, nach denen der Versicherer ausdrücklich gefragt hat.

§ 22

Anzeigepflicht bei Vertragsschließung durch Vertreter

Wird der Vertrag von einem Vertreter des Versicherungsnehmers geschlossen, so kommt für die Befreiung des Versicherers von der Verpflichtung zur Leistung nicht nur die Kenntnis und das Kennenmüssen des Vertreters, sondern auch die Kenntnis und das Kennenmüssen des Versicherungsnehmers in Betracht.

§ 23

Gefahränderung

(1) Nach dem Abschlusse des Vertrags darf der Versicherungsnehmer nicht ohne Einwilligung des Versicherers die Gefahr ändern, insbesondere erhöhen, oder die Änderung durch einen Dritten gestatten.

(2) Als eine Gefahränderung ist es insbesondere anzusehen:

1. wenn der Antritt oder die Vollendung der versicherten Reise erheblich verzögert wird;
2. wenn von dem angegebenen oder üblichen Reisewege abgewichen wird, jedoch kommt eine nur unerhebliche Abweichung nicht in Betracht;
3. wenn das Schiff andere, als die angegebenen Zwischenhäfen oder wenn es die angegebenen Häfen in anderer als der angegebenen oder üblichen Reihenfolge anläuft; die Angehung von Zwischenhäfen kommt jedoch nicht in Betracht, wenn sie zur Ordereinholung erfolgt und zu diesem Zwecke üblich ist.

(3) Als eine Gefahränderung ist es auch anzusehen, wenn die Reise nach einem anderen als dem angegebenen Bestimmungsorte gerichtet wird.

§ 24

Rechtsfolgen der Gefahränderung

(1) Verletzt der Versicherungsnehmer die Bestimmungen des § 23, so ist der Versicherer, wenn später der Versicherungsfall eintritt, von der Verpflichtung zur Leistung frei. Das gleiche gilt, wenn vor dem Abschluß des Vertrags die Versicherung beginnt und der Versicherungsnehmer nach dem Beginne die Gefahr geändert oder die Änderung durch einen Dritten gestattet hat; die Anzeigepflicht des Versicherungsnehmers wird hierdurch nicht berührt.

(2) Die Verpflichtung des Versicherers bleibt bestehen, wenn die Gefahränderung durch das Interesse des Versicherers veranlaßt oder durch ein Ereignis, für das der Versicherer haftet, geboten oder durch ein Gebot der Menschlichkeit veranlaßt war oder wenn sie auf den Eintritt des Versicherungsfalls oder auf den Umfang der Leistung des Versicherers keinen Einfluß hat üben können.

§ 25

Zuschlagsprämie bei Gefahränderungen

Dem Versicherer gebührt eine Zuschlagsprämie, wenn die Gefahr, die er trägt, infolge einer Gefahr, die er nicht trägt, geändert und er durch die Änderung von der Verpflichtung zur Leistung nicht befreit wird.

§ 26

Anzeige von Gefahrerhöhungen

Der Versicherungsnehmer hat, sobald er von einer Gefahrerhöhung Kenntnis erlangt, dem Versicherer unverzüglich Anzeige zu machen, wenn der Versicherer nicht durch die Erhöhung von der Verpflichtung zur Leistung befreit wird.

§ 27

Anzeigepflichtverletzung und Gefahränderung hinsichtlich eines Teiles der versicherten Gegenstände

Liegen die Voraussetzungen, unter denen der Versicherer wegen einer Verletzung der Anzeigepflicht oder wegen einer Gefahränderung von der Verpflichtung zur Leistung frei ist, in Ansehung eines Teiles der Gegenstände vor, auf die sich die Versicherung bezieht, so ist der Versicherer in Ansehung des übrigen Teiles nur frei, wenn anzunehmen ist, daß er für diesen allein den Vertrag unter den gleichen Bestimmungen nicht geschlossen haben würde. Der Versicherungsnehmer ist in diesem Falle von der Verpflichtung zur Zahlung eines entsprechenden Teiles der Prämie frei; der Versicherer kann jedoch insoweit die Ristornogebühr verlangen.

VI. Umfang und Dauer der Haftung des Versicherers

§ 28

Umfang der Haftung im allgemeinen

Der Versicherer trägt, soweit nicht ein anderes bestimmt ist, alle Gefahren, denen das Schiff oder die Güter während der Dauer der Versicherung ausgesetzt sind. Er haftet insbesondere für einen Schaden, der durch Eindringen von Seewasser, Schiffszusammenstoß, Strandung, Schiffbruch, Brand, Explosion, Blitzschlag, Erdbeben, Eis oder durch Diebstahl, Seeraub, Plünderung oder andere Gewalttätigkeiten verursacht wird. Er haftet jedoch für einen Schaden nur in dem durch diese Bedingungen bestimmten Umfange, insbesondere nicht für die Belastung des versicherten Gegenstandes mit Schiffsgläubigerrechten oder für den Schaden, der durch eine Verzögerung der Reise verursacht wird.

§ 29

Große oder gemeinschaftliche Haverei

(1) Die Versicherung umfaßt die von dem Versicherungsnehmer zu entrichtenden Beiträge zur großen Haverei und die zur großen Haverei gehörenden Aufopferungen des versicherten Gegenstandes; auch kann der Versicherungsnehmer verlangen, daß der Versicherer für die Entrichtung der Beiträge durch Übernahme der Bürgschaft Sicherheit leistet. Der Versicherer haftet jedoch nur insoweit, als ein ihm zur Last fallender Schaden durch die Havereimaßregel abgewendet werden sollte.

(2) Sind ausschließlich Güter des Reeders verladen, so gelten auch die Aufopferungen, die zur großen Haverei gehören würden, wenn das Eigentum an den Gütern einem anderen zustände, im Sinne dieser Bedingungen als große Haverei.

§ 30

Beiträge

(1) Der Umfang der Haftung des Versicherers für die Beiträge wird durch die Dispache bestimmt. Dies gilt jedoch nicht im Falle des § 29 Abs. 2; in diesem Falle finden auf die Schadensberechnung die York-Antwerp-Rules mit Ausnahme der Regel 18 Anwendung.

(2) Die Dispache ist von einer nach dem Gesetz oder nach dem Ortsgebrauche dazu berufenen Person aufzumachen.

(3) Die Dispache ist am Bestimmungsort oder, wenn dieser nicht erreicht wird, an dem Orte, wo die Reise endigt, aufzumachen. An die Stelle dieses Ortes tritt, wenn an ihm eine nach Absatz 2 geeignete Person nicht ansässig ist, der nächstliegende Ort, an dem eine solche Person ansässig ist. Haben die Beteiligten im voraus vereinbart, daß die Dispache an einem anderen Orte aufzumachen ist, so ist dieser Ort maßgebend.

(4) Die Dispache ist nach den Vorschriften aufzumachen, die an dem Orte, an dem die Dispache aufgemacht wird, für die Aufmachung einer Dispache im Falle einer großen Haverei gelten. An die Stelle dieser Vorschriften treten die Vorschriften, die an dem Orte des Heimathafens des Schiffes für die Aufmachung einer Dispache im Falle einer großen Haverei gelten, oder die York-Antwerp-Rules, wenn nach den zwischen den Beteiligten im voraus getroffenen Vereinbarungen die Dispache gemäß diesen Bestimmungen aufzumachen ist. Kosten, die dadurch entstanden sind, daß die in einem Nothafen ausgeladenen Güter für Rechnung der an der großen Haverei Beteiligten gegen Feuersgefahr versichert worden sind, fallen dem Versicherer auch dann zur Last, wenn sie nach den für die Aufmachung der Dispache maßgebenden Vorschriften nicht zu berücksichtigen sind.

(5) Der Versicherungsnehmer hat bei der Aufmachung der Dispache das Interesse des Versicherers wahrzunehmen. Insbesondere hat der Versicherer Kosten, die dem Versicherungsnehmer durch die Auseinandersetzung der an der großen Haverei Beteiligten entstanden sind, nur insoweit zu ersetzen, als sie erforderlich waren.

(6) Die Dispache ist auch dann maßgebend, wenn die für ihre Aufmachung geltenden Vorschriften unrichtig angewendet oder wenn tatsächliche Unrichtigkeiten in ihr enthalten sind, es sei denn, daß der Versicherungsnehmer die Unrichtigkeit zu vertreten hat.

(7) Steht dem Versicherungsnehmer wegen der Unrichtigkeit der Dispache ein Anspruch gegen einen an der großen Haverei Beteiligten zu, so geht der Anspruch auf den Versicherer über, soweit dieser den Versicherungsnehmer entschädigt. Auf den Übergang finden die Bestimmungen der §§ 45 und 46 entsprechende Anwendung.

(8) Übersteigt der Beitragswert den Versicherungswert, so haftet der Versicherer für die Beiträge nur im Verhältnisse des Versicherungswerts zum Beitragswert.

§ 31

Aufopferungen

(1) Der Versicherer haftet für Aufopferungen des versicherten Gegenstandes nach den für seine Haftung im Falle einer besonderen Haverei geltenden Bestimmungen.

(2) Der Anspruch auf die dem Versicherungsnehmer zustehende Vergütung geht mit seiner Entstehung auf den Versicherer über. Der Versicherer hat jedoch, wenn die Vergütung die Entschädigung mit Einschluß der zur Geltendmachung des Vergütungsanspruchs gemachten Aufwendungen übersteigt, den Überschuß dem Versicherungsnehmer herauszugeben. Im übrigen finden auf den Übergang die Bestimmungen der §§ 45 und 46 entsprechende Anwendung.

§ 32

Aufwendungen

(1) Dem Versicherer fallen zur Last:

1. die Aufwendungen, die der Versicherungsnehmer bei dem Eintritte des Versicherungsfalls zur Abwendung oder Minderung des Schadens macht und den Umständen nach für geboten halten durfte;
2. die Aufwendungen, die der Versicherungsnehmer bei dem Eintritte des Versicherungsfalls gemäß den Weisungen des Versicherers macht;
3. die Kosten, die durch die Ermittlung und Feststellung des dem Versicherer zur Last fallenden Schadens entstehen, soweit ihre Aufwendung den Umständen nach geboten war. Jedoch hat der Versicherer die Kosten nicht zu erstatten, die dem Versicherungsnehmer durch die Hinzuziehung eines Sachverständigen, eines Beistandes oder eines sonstigen Beauftragten entstehen, es sei denn, daß der Versicherungsnehmer nach dem Vertrage zu der Hinzuziehung verpflichtet war oder der Versicherer die Hinzuziehung verlangt hatte.

(2) Die im Absatz 1 Nr. 1 und 2 bezeichneten Aufwendungen fallen dem Versicherer auch dann zur Last, wenn sie erfolglos bleiben; der Versicherer hat den für die Aufwendungen erforderlichen Betrag auf Verlangen des Versicherungsnehmers vorzuschießen. Ist ein Teil des Versicherungswertes nicht versichert und ist streitig, ob die Befolgung der Weisungen des Versicherers zur Abwendung oder Minderung des Schadens geboten erscheint, so hat der Versicherer den Betrag der durch die Befolgung entstehenden Aufwendungen auch insoweit vorzuschießen, als die Aufwendungen dem Versicherungsnehmer zur Last fallen; der Versicherer ist verpflichtet, die ganzen gemäß seinen Weisungen gemachten Aufwendungen zu ersetzen, wenn er die Befolgung der Weisungen den Umständen nach nicht für geboten halten durfte und die Aufwendungen erfolglos geblieben sind.

§ 33
Verschulden des Versicherungsnehmers

(1) Der Versicherer ist von der Verpflichtung zur Leistung frei, wenn der Versicherungsnehmer den Versicherungsfall vorsätzlich oder fahrlässig herbeiführt. Er hat jedoch den von dem Versicherungsnehmer durch eine fehlerhafte Führung des Schiffes (nautisches Verschulden) verursachten Schaden zu ersetzen, es sei denn, daß dem Versicherungsnehmer eine vorsätzliche oder grobfahrlässige Handlungsweise zur Last fällt; als nautisches Verschulden gilt jedoch nicht ein Verschulden in Ansehung der Übernahme, Stauung, Verwahrung oder Ablieferung der Güter.

(2) Bei einer Versicherung, die sich auf die Güter bezieht, haftet der Versicherer auch nicht für einen Schaden, der von dem Ablader oder dem Empfänger in dieser Eigenschaft vorsätzlich oder fahrlässig verursacht wird.

(3) Der Versicherungsnehmer hat das Verhalten der Schiffsbesatzung als solcher nicht zu vertreten.

§ 34
Schaden von weniger als 3%

(1) Der Versicherer haftet nicht für einen Schaden, wenn dieser 3% des Versicherungswerts nicht erreicht.

(2) Der Versicherer haftet für Beiträge zur großen Haverei und Aufopferungen auch dann, wenn diese 3% des Versicherungswerts nicht erreichen. Das Gleiche gilt von der Haftung für den durch einen Schiffszusammenstoß entstandenen mittelbaren Schaden und für die im § 32 Abs. 1 Nr. 1 und 2 und im § 95 Abs. 3 bezeichneten Aufwendungen. Schäden und Aufwendungen, für die der Versicherer hiernach unbeschränkt haftet, sowie die im § 32 Abs. 1 Nr. 3 bezeichneten Kosten kommen für die Berechnung der nach Absatz 1 maßgebenden Haftungsgrenze nicht in Betracht.

(3) Bei einer Versicherung, die sich auf das Schiff bezieht, ist für jede Reise besonders zu ermitteln, ob der Schaden in dem im Absatz 1 bezeichneten Verhältnisse zum Versicherungswerte steht. Als Reise im Sinne dieser Bestimmung gilt jede Fahrt, zu der das Schiff von neuem ausgerüstet oder die auf Grund eines neuen Frachtvertrags oder nach vollständiger Löschung der Ladung angetreten wird, sowie jede Zureise in Ballast. Die zwischen zwei Reisen liegende Zwischenzeit wird der vorhergehenden Reise zugerechnet.

§ 35*)
Frei von Kriegsgefahr

(1) Der Versicherer trägt nicht die Gefahr eines Krieges. Er haftet insbesondere nicht für einen Schaden, der durch eine durch den Krieg veranlaßte Maßnahme einer, sei es anerkannten, sei es nicht anerkannten, kriegführenden Macht, namentlich nicht für einen Schaden, der dadurch verursacht wird,

*) In der Güterversicherung gilt § 35 Abs. (1) der ADS in der Fassung der Kriegsausschlußklausel (Zusatzbestimmungen zu den ADS für die Güterversicherung 1947) S. 56, auch wenn diese Zusatzbestimmungen nicht als Bestandteil der Police vereinbart sind.

daß die versicherte Sache angehalten, aufgebracht, genommen, zurückgehalten, angefordert, beschlagnahmt oder durch die in Anlaß des Krieges gelegten Minen oder infolge anderer Maßnahmen beschädigt oder vernichtet wird; den Maßnahmen einer kriegführenden Macht stehen diejenigen einer anderen Macht gleich, wenn diese binnen sechs Monaten nach der Maßnahme in den Krieg eintritt.

(2) Bei einer Versicherung, die sich auf das Schiff bezieht, ist der Versicherer von der Verpflichtung zur Leistung frei, wenn das Schiff infolge der Kriegsgefahr die Reise nicht antritt oder nicht fortsetzt oder einen Hafen anläuft, es sei denn, daß der Versicherungsnehmer, sobald er hiervon Kenntnis erlangt, unverzüglich dem Versicherer erklärt, daß die Verpflichtung bestehen bleiben soll.

(3) Bei einer Versicherung, die sich auf die Güter bezieht, ist der Versicherer von der Verpflichtung zur Leistung frei, wenn die Güter infolge der Kriegsgefahr ausgeladen werden, es sei denn, daß der Versicherungsnehmer, sobald er von der bevorstehenden oder bewirkten Ausladung Kenntnis erlangt, unverzüglich dem Versicherer erklärt, daß die Verpflichtung bestehen bleiben soll. Dauert in diesem Falle der Aufenthalt länger als zwei Monate, so haftet der Versicherer für eine später entstehende Beschädigung oder Leckage nur im Falle einer Strandung, auch wenn er sonst noch in anderen Fällen haftet; die Bestimmungen des § 114 Abs. 1 und 3 über die Haftung des Versicherers im Strandungsfalle finden entsprechende Anwendung.

(4) Wird die Gefahr, die der Versicherer trägt, infolge der Kriegsgefahr geändert und der Versicherer durch die Änderung von der Verpflichtung zur Leistung nicht befreit, so gebührt dem Versicherer eine Zuschlagsprämie. Dies gilt insbesondere, wenn das Schiff infolge der Kriegsgefahr die Reise nicht antritt oder nicht fortsetzt oder einen Hafen anläuft.

§ 36

Haftung für Arrestgefahr

Der Versicherer haftet für den durch gerichtliche Verfügungen oder ihre Vollstreckung entstehenden Schaden nur, wenn er dem Versicherungsnehmer zu ersetzen hat, was dieser zur Befriedigung des der Verfügung zugrunde liegenden Anspruchs leisten muß.

§ 37

Grenzen der Haftung

(1) Der Versicherer haftet für den während der versicherten Reise entstehenden Schaden nur bis zur Höhe der Versicherungssumme. Bei einer Versicherung, die sich auf das Schiff bezieht, finden die Bestimmungen des § 34 Abs. 3 entsprechende Anwendung.

(2) Aufwendungen, die der Versicherer gemäß § 32 zu ersetzen hat, fallen ihm ohne Rücksicht darauf zur Last, ob sie zusammen mit der übrigen Entschädigung die Versicherungssumme übersteigen.

(3) Sind Aufwendungen zur Abwendung oder Minderung oder zur Ermittlung oder Feststellung eines Schadens oder zur Wiederherstellung oder Ausbesserung der durch einen Versicherungsfall beschädigten Sache gemacht oder Beiträge zur großen Haverei geleistet oder ist eine persönliche Verpflichtung des Versicherungsnehmers zur Entrichtung solcher Beiträge entstanden, so haftet der Versicherer für einen Schaden, der durch einen späteren Versicherungsfall verursacht wird, ohne Rücksicht auf die ihm zur Last fallenden früheren Aufwendungen und Beiträge.

(4) Soweit die Entschädigung und die Aufwendungen oder Beiträge die Versicherungssumme mit Rücksicht darauf übersteigen, daß der Versicherungsnehmer den einem Dritten durch einen Schiffszusammenstoß zugefügten Schaden ersetzen muß, finden die Bestimmungen der Absätze 2 und 3 keine Anwendung.

§ 38

Befreiung von der Haftung nach dem Versicherungsfall

(1) Der Versicherer ist nach dem Eintritte des Versicherungsfalls berechtigt, sich durch Zahlung der Versicherungssumme von allen weiteren Verbindlichkeiten zu befreien.

(2) Der Versicherer bleibt trotz der Befreiung zum Ersatze der Kosten verpflichtet, die zur Abwendung oder Minderung des Schadens oder zur Wiederherstellung oder Ausbesserung der versicherten Sache verwendet worden sind, bevor seine Erklärung, daß er sich durch Zahlung der Versicherungssumme befreien wolle, dem Versicherungsnehmer zugegangen ist; den verwendeten Kosten stehen solche Kosten gleich, zu deren Zahlung der Versicherungsnehmer persönlich verpflichtet ist. Die Bestimmung des § 37 Abs. 4 findet entsprechende Anwendung.

(3) Das Recht, sich durch Zahlung der Versicherungssumme zu befreien, erlischt, wenn die im Absatz 2 Satz 1 bezeichnete Erklärung dem Versicherungsnehmer nicht binnen fünf Werktagen nach dem Zeitpunkt, in dem der Versicherer von dem Versicherungsfall und seinen unmittelbaren Folgen Kenntnis erlangt hat, zugeht.

(4) Der Versicherer erwirbt durch die Zahlung keine Rechte an den versicherten Gegenständen.

§ 39

Zeitversicherung

Ist die Dauer der Versicherung nach Tagen, Wochen, Monaten oder nach einem mehrere Monate umfassenden Zeitraum bestimmt, so beginnt die Versicherung am Mittage des Tages, an dem der Vertrag geschlossen wird. Sie endigt am Mittage des letzten Tages der Frist. Für die Zeitberechnung ist der Ort, an dem das Schiff sich befindet, maßgebend.

VII. Unfallsanzeige. Schadensabwendung

§ 40

Unfallsanzeige

Der Versicherungsnehmer hat dem Versicherer den Versicherungsfall unverzüglich anzuzeigen sowie jeden Unfall, der das Schiff oder die Ladung trifft, auch wenn dadurch ein Entschädigungsanspruch für ihn nicht begründet wird, sofern der Unfall für die von dem Versicherer zu tragende Gefahr erheblich ist.

§ 41

Abwendung und Minderung des Schadens

(1) Der Versicherungsnehmer ist verpflichtet, bei dem Eintritte des Versicherungsfalls nach Möglichkeit für die Abwendung und Minderung des Schadens zu sorgen. Er hat dabei die Weisungen des Versicherers zu befolgen und, wenn die Umstände es gestatten, solche Weisungen einzuholen. Sind mehrere Versicherer beteiligt und sind von ihnen entgegenstehende Weisungen gegeben, so hat der Versicherungsnehmer nach eigenem pflichtmäßigen Ermessen zu handeln.

(2) Der Versicherungsnehmer hat die Weisungen des Versicherers auch dann zu befolgen, wenn ein Teil des Versicherungswerts nicht versichert ist. Diese Bestimmung findet keine Anwendung, wenn mehr als die Hälfte des Versicherungswerts nicht versichert ist; jedoch findet in diesem Falle auch die Bestimmung des § 32 Abs. 2 Satz 2 über Ersetzung von Aufwendungen und Vorschußleistung keine Anwendung.

(3) Der Versicherer haftet für einen Schaden insoweit nicht, als dieser durch eine Verletzung der Verpflichtung zur Abwendung oder Minderung des Schadens verursacht wird, es sei denn, daß die Verletzung nicht auf einem Verschulden beruht.

VIII. Andienung. Auskunfterteilung. Entschädigung

§ 42

Andienung des Schadens

(1) Der Versicherungsnehmer hat einen Schaden, für den der Versicherer haftet, diesem binnen fünfzehn Monaten seit der Beendigung der Versicherung und, wenn das Schiff verschollen ist, seit dem Ablaufe der Verschollenheitsfrist durch eine schriftliche Erklärung anzudienen. Durch die Absendung der Erklärung wird die Frist gewahrt.

(2) Der Entschädigungsanspruch des Versicherungsnehmers erlischt, wenn der Schaden nicht rechtzeitig angedient wird.

(3) Diese Bestimmungen finden auf die von dem Versicherungsnehmer zu entrichtenden Beiträge zur großen Haverei keine Anwendung.

§ 43

Auskunfterteilung

Der Versicherer kann nach dem Eintritte des Versicherungsfalls verlangen, daß der Versicherungsnehmer jede Auskunft erteilt, die zur Feststellung des Versicherungsfalls oder des Umfangs der Leistungspflicht des Versicherers erforderlich ist. Belege kann der Versicherer insoweit fordern, als die Beschaffung dem Versicherungsnehmer billigerweise zugemutet werden kann; die Herbeiführung einer Verklarung kann er verlangen, wenn er an ihr ein berechtigtes Interesse hat.

§ 44

Schadensrechnung. Fälligkeit des Entschädigungsanspruchs

(1) Der Versicherungsnehmer kann die Zahlung nicht eher verlangen, als er dem Versicherer eine Schadensrechnung mitgeteilt sowie die von dem Versicherer geforderten Belege beigebracht hat und seit der Erfüllung dieser Obliegenheiten ein Monat verstrichen ist. Sind die Obliegenheiten bis zum Ablauf eines Monats seit der Andienung des Schadens infolge eines Umstandes, den der Versicherungsnehmer nicht zu vertreten hat, nicht erfüllt, so kann der Versicherungsnehmer in Anrechnung auf die Gesamtforderung die Zahlung von drei Vierteilen des Betrags verlangen, den der Versicherer nach Lage der Sache mindestens zu zahlen hat.

(2) Die Schadensrechnung muß eine geordnete Zusammenstellung der Beträge enthalten, die der Versicherer für die einzelnen Schäden und Aufwendungen zu entrichten hat. Im Falle einer besonderen Haverei ist sie auf Verlangen des Versicherers von einer nach dem Gesetz oder nach dem Ortsgebrauche dazu berufenen Person an dem Orte, wo die Entschädigung zu entrichten ist, aufzustellen.

IX. Übergang von Schadensersatzansprüchen

§ 45

Übergang

(1) Steht dem Versicherungsnehmer ein Anspruch auf Ersatz des Schadens gegen einen Dritten zu, so geht der Anspruch auf den Versicherer über, soweit dieser dem Versicherungsnehmer den Schaden ersetzt. Der Versicherungsnehmer ist verpflichtet, dem Versicherer die zur Geltendmachung des Anspruchs erforderliche Auskunft zu erteilen und ihm die zum Beweise des Anspruchs dienenden Urkunden, soweit sie sich in seinem Besitze befinden, auszuliefern, ihm auch auf Verlangen eine öffentlich beglaubigte Urkunde über den Übergang des Anspruchs auszustellen; die Kosten hat der Versicherer zu tragen.

(2) Gibt der Versicherungsnehmer seinen Anspruch gegen den Dritten oder ein zur Sicherung des Anspruchs dienendes Recht auf, so wird der Versicherer von seiner Ersatzpflicht insoweit frei, als er aus dem Anspruch oder dem Rechte hätte Ersatz erlangen können.

§ 46

Schadenminderung nach Übergang

Der Versicherungsnehmer bleibt auch nach dem Übergange des Anspruchs verpflichtet, für die Minderung des Schadens, insbesondere durch Zurückbehaltung der Fracht, zu sorgen. Er hat, sobald er eine für die Geltendmachung des Anspruchs erhebliche Nachricht erhält, dem Versicherer unverzüglich Anzeige zu machen und ihm auf Verlangen die zur Geltendmachung des Anspruchs erforderliche Hilfe zu leisten, insbesondere den Anspruch im eigenen Namen gerichtlich geltend zu machen. Die Kosten hat der Versicherer zu tragen und auf Verlangen vorzuschießen.

X. Zahlungsunfähigkeit des Versicherers

§ 47

Im Falle der Zahlungsunfähigkeit des Versicherers kann der Versicherungsnehmer von dem Vertrage zurücktreten oder auf Kosten des Versicherers anderweit Versicherung nehmen. Der Versicherer kann die Ausübung dieses Rechtes durch Sicherheitsleistung abwenden.

XI. Verjährung

§ 48

Die Ansprüche aus dem Versicherungsverhältnisse verjähren in fünf Jahren Die Verjährung beginnt mit dem Schlusse des Jahres, in dem die Versicherung endigt oder die Verschollenheitsfrist abläuft.

XII. Veräußerung der versicherten Sache. Verpfändung der Entschädigungsforderung

§ 49

Veräußerung im allgemeinen

(1) Wird die versicherte Sache von dem Versicherungsnehmer veräußert, so tritt an Stelle des Veräußerers der Erwerber in die während der Dauer seines Eigentums aus dem Versicherungsverhältnisse sich ergebenden Rechte und Pflichten des Versicherungsnehmers ein; für die Prämie haften der Veräußerer und der Erwerber als Gesamtschuldner. Im Falle der Veräußerung versicherter Güter tritt jedoch der Erwerber in die Verpflichtung zur Zahlung der Prämie und der Nebenkosten nicht ein, wenn eine Police ausgestellt ist; auch kann sich der Versicherer in diesem Falle dem Erwerber gegenüber nicht darauf berufen, daß er nach den Bestimmungen des § 17 wegen Nichtzahlung der Prämie oder Nichtleistung einer Sicherheit frei ist, es sei denn, daß der Erwerber nicht in gutem Glauben war.

(2) Der Versicherer hat in Ansehung der durch das Versicherungsverhältnis gegen ihn begründeten Forderungen die Veräußerung erst dann gegen sich

gelten zu lassen, wenn er von ihr Kenntnis erlangt; die Vorschriften der §§ 406 bis 408 des Bürgerlichen Gesetzbuchs*) finden entsprechende Anwendung. Im Falle der Veräußerung versicherter Güter kann sich der Versicherer jedoch auf diese Vorschriften nicht berufen, wenn eine Police ausgestellt ist, es sei denn, daß der Erwerber nicht in gutem Glauben war.

(3) Der Versicherer haftet nicht für die Gefahren, die nicht eingetreten sein würden, wenn die Veräußerung unterblieben wäre. Dies gilt jedoch nicht im Falle der Veräußerung versicherter Güter, es sei denn, daß die Güter während der Dauer eines Krieges veräußert werden und der Erwerber einem kriegführenden Staate angehört.

(4) Der Erwerber ist berechtigt, das Versicherungsverhältnis ohne Einhaltung einer Kündigungsfrist zu kündigen. Das Kündigungsrecht erlischt, wenn es nicht innerhalb eines Monats nach dem Erwerb ausgeübt wird; hatte der Erwerber von der Versicherung keine Kenntnis, so bleibt das Kündigungsrecht bis zum Ablauf eines Monats von dem Zeitpunkt an bestehen, in dem der Erwerber von der Versicherung Kenntnis erlangt. Kündigt der Erwerber, so haftet er für die Prämie nicht.

(5) Bei einer Zwangsversteigerung der versicherten Sache finden die Bestimmungen der Absätze 1 bis 4 entsprechende Anwendung.

§ 50

Veräußerung versicherter Schiffe und Schiffsparten

(1) Im Falle der Veräußerung einer Schiffspart finden die Bestimmungen des § 49 entsprechende Anwendung.

---

*) § 406. Der Schuldner kann eine ihm gegen den bisherigen Gläubiger zustehende Forderung auch dem neuen Gläubiger gegenüber aufrechnen, es sei denn, daß er bei dem Erwerbe der Forderung von der Abtretung Kenntnis hatte oder daß die Forderung erst nach der Erlangung der Kenntnis und später als die abgetretene Forderung fällig geworden ist.

§ 407. Der neue Gläubiger muß eine Leistung, die der Schuldner nach der Abtretung an den bisherigen Gläubiger bewirkt, sowie jedes Rechtsgeschäft, das nach der Abtretung zwischen dem Schuldner und dem bisherigen Gläubiger in Ansehung der Forderung vorgenommen wird, gegen sich gelten lassen, es sei denn, daß der Schuldner die Abtretung bei der Leistung oder der Vornahme des Rechtsgeschäfts kennt.

Ist in einem nach der Abtretung zwischen dem Schuldner und dem bisherigen Gläubiger anhängig gewordenen Rechtsstreit ein rechtskräftiges Urteil über die Forderung ergangen, so muß der neue Gläubiger das Urteil gegen sich gelten lassen, es sei denn, daß der Schuldner die Abtretung bei dem Eintritte der Rechtshängigkeit gekannt hat.

§ 408. Wird eine abgetretene Forderung von dem bisherigen Gläubiger nochmals an einen Dritten abgetreten, so finden, wenn der Schuldner an den Dritten leistet oder wenn zwischen dem Schuldner und dem Dritten ein Rechtsgeschäft vorgenommen oder ein Rechtsstreit anhängig wird, zugunsten des Schuldners die Vorschriften des § 407 dem früheren Erwerber gegenüber entsprechende Anwendung.

Das gleiche gilt, wenn die bereits abgetretene Forderung durch gerichtlichen Beschluß einem Dritten überwiesen wird oder wenn der bisherige Gläubiger dem Dritten gegenüber anerkennt, daß die bereits abgetretene Forderung kraft Gesetzes auf den Dritten übergegangen sei.

(2) Wird ein versichertes Schiff veräußert, so endigt die Versicherung; dem Versicherer gebührt von der auf die spätere Zeit entfallenden Prämie nur der fünfte Teil. Wird das Schiff veräußert, während es unterwegs ist, so endigt die Versicherung erst mit dem Zeitpunkt, in dem nach den §§ 66 bis 68 die Versicherung am nächsten Bestimmungsort endigen würde.

§ 51

Verpfändung der Entschädigungsforderung

Wird die Entschädigungsforderung verpfändet, so findet die Bestimmung des § 49 Abs. 1 Satz 2 Halbs. 2 zugunsten des Pfandgläubigers entsprechende Anwendung.

XIII. Versicherung für fremde Rechnung

§ 52

Versicherung für eigene Rechnung, für fremde Rechnung, für Rechnung wen es angeht

(1) Ergibt sich aus den Umständen nicht, daß der Versicherungsnehmer die Versicherung im eigenen Namen für einen anderen nehmen will (Versicherung für fremde Rechnung), so gilt die Versicherung als für Rechnung des Versicherungsnehmers genommen (Versicherung für eigene Rechnung).

(2) Wird die Versicherung für einen anderen genommen, so ist, auch wenn der andere benannt wird, anzunehmen, daß der Vertragschließende nicht als Vertreter, sondern im eigenen Namen für fremde Rechnung handelt.

(3) Wird die Versicherung für Rechnung „wen es angeht" genommen oder ist sonst aus dem Vertrage zu entnehmen, daß unbestimmt gelassen werden soll, ob eigenes oder fremdes Interesse versichert ist, so finden die Bestimmungen über die Versicherung für fremde Rechnung Anwendung, wenn sich ergibt, daß fremdes Interesse versichert ist.

§ 53

Rechtsstellung des Versicherten

(1) Die Rechte aus dem Vertrage stehen dem Versicherten zu. Die Aushändigung einer Police kann jedoch nur der Versicherungsnehmer verlangen.

(2) Der Versicherte kann ohne Zustimmung des Versicherungsnehmers über seine Rechte nur verfügen und diese Rechte nur gerichtlich geltend machen, wenn er im Besitz einer Police ist.

§ 54

Rechtsstellung des Versicherungsnehmers

(1) Der Versicherungsnehmer kann über die Rechte, die dem Versicherten aus dem Vertrage zustehen, im eigenen Namen verfügen.

(2) Ist eine Police ausgestellt, so ist der Versicherungsnehmer ohne Zustimmung des Versicherten zur Annahme der Zahlung sowie zur Übertragung der Rechte des Versicherten nur befugt, wenn er im Besitze der Police ist.

(3) Der Versicherer ist zur Zahlung an den Versicherungsnehmer nur verpflichtet, wenn dieser ihm gegenüber nachweist, daß der Versicherte seine Zustimmung zu der Versicherung erteilt hat.

§ 55

Verhältnis des Versicherungsnehmers zum Versicherten

Der Versicherungsnehmer ist nicht verpflichtet, dem Versicherten oder falls über das Vermögen des Versicherten der Konkurs eröffnet ist, der Konkursmasse die Police auszuliefern, bevor er wegen der ihm gegen den Versicherten in bezug auf die versicherte Sache zustehenden Ansprüche befriedigt ist. Er kann sich für diese Ansprüche aus der Entschädigungsforderung gegen den Versicherer und nach der Einziehung der Forderung aus der Entschädigungssumme vor dem Versicherten und dessen Gläubigern befriedigen.

§ 56

Aufrechnung

Der Versicherer kann gegen die Entschädigungsforderung eine Forderung, die ihm gegen den Versicherungsnehmer zusteht, insoweit aufrechnen, als sie auf der für den Versicherten genommenen Versicherung beruht.

§ 57

Kennen, Kennenmüssen, Verschulden

(1) Für die im Falle der Verschweigung oder der unrichtigen Anzeige eines Gefahrumstandes eintretenden Rechtsfolgen kommt nicht nur die Kenntnis und das Kennenmüssen des Versicherungsnehmers, sondern auch die Kenntnis und das Kennenmüssen des Versicherten in Betracht; das gleiche gilt für die Befreiung des Versicherungsnehmers von der Verpflichtung zur Prämienzahlung wegen fehlenden Interesses. Der Einwand, daß die Anzeige eines erheblichen Umstandes ohne Verschulden unterblieben ist, kann dem Versicherer nur entgegengesetzt werden, wenn weder dem Versicherungsnehmer noch dem Versicherten ein Verschulden zur Last fällt.

(2) Ist die Versicherung so genommen, daß sie in einem vor der Schließung des Vertrags liegenden Zeitpunkte beginnt, so ist der Versicherer von der Verpflichtung zur Leistung frei, wenn der Versicherungsnehmer oder der Versicherte bei der Schließung wußte oder wissen mußte, daß der Versicherungsfall schon eingetreten war.

(3) Auf die Kenntnis und das Kennenmüssen des Versicherten kommt es nicht an, wenn der Vertrag ohne sein Wissen geschlossen ist. Das gleiche gilt, wenn eine rechtzeitige Benachrichtigung des Versicherungsnehmers nicht tunlich war; eine Benachrichtigung gilt nicht als rechtzeitig, wenn sie nicht so schnell, wie dies im ordnungsmäßigen Geschäftsgange tunlich ist, mindestens aber in derselben oder in ähnlicher Weise erfolgt wie die Übermittlung der Erklärung, welche den Auftrag zur Schließung des Vertrags enthält.

(4) Hat der Versicherungsnehmer den Vertrag ohne Auftrag des Versicherten geschlossen und bei der Schließung den Mangel des Auftrags dem Versicherer nicht angezeigt, so braucht dieser den Einwand, daß der Vertrag ohne Wissen des Versicherten geschlossen ist, nicht gegen sich gelten zu lassen.

Zweiter Abschnitt

Besondere Bestimmungen über die Versicherungen einzelner Gegenstände

Erster Titel

Kaskoversicherung

§ 58

Seetüchtigkeit

(1) Der Versicherer haftet nicht für einen Schaden, der dadurch verursacht wird, daß das Schiff nicht seetüchtig, insbesondere nicht gehörig ausgerüstet, bemannt oder beladen oder ohne die zum Ausweise von Schiff, Besatzung und Ladung erforderlichen Papiere in See gesandt ist. Entsteht ein Schaden, bevor das Schiff in See gesandt ist, so haftet der Versicherer nicht, wenn der Schaden dadurch verursacht wird, daß das Schiff nicht geeignet ist, die mit dem Schiffsbetriebe verbundenen Gefahren zu bestehen.

(2) Ist das Schiff verlorengegangen oder beschädigt, ohne daß dabei ein äußeres Ereignis mitgewirkt hat, so gilt der Schaden im Zweifel als durch einen der im Absatz 1 bezeichneten Umstände verursacht.

§ 59

Abnutzung, Alter usw.

Der Versicherer haftet nicht für einen Schaden, der nur eine Folge der Abnutzung des Schiffes im gewöhnlichen Gebrauch ist oder nur durch Alter, Fäulnis, Rost oder Wurmfraß verursacht wird. Als Folge der Abnutzung im gewöhnlichen Gebrauche gilt es, wenn Segel, sei es auch infolge Prangens, weggehen oder zerreißen oder in anderer Weise beschädigt werden oder wenn Anker, Taue, Ketten oder laufendes Tauwerk beschädigt werden oder wenn infolge eines solchen Schadens die Taue oder Segel weggeschnitten oder die Anker, Ankertaue oder Ankerketten geschlippt oder gekappt werden müssen. Als Folge der Abnutzung gilt es jedoch nicht, wenn Segel durch Sturzseen oder dadurch, daß Rundhölzer brechen, oder wenn festgemachte Segel durch einen Unfall beschädigt werden.

§ 60

Gefährliche Ladungen

(1) Der Versicherer haftet nicht für einen Schaden, der dadurch verursacht wird, daß explosionsgefährliche oder selbstentzündliche Gegenstände ver-

laden sind, die nach den Verordnungen der deutschen Seeuferstaaten über die Beförderung gefährlicher Gegenstände mit Kauffahrteischiffen von der Beförderung ausgeschlossen sind, sowie für einen Schaden, der dadurch verursacht wird, daß bedingungsweise zur Beförderung mit Kauffahrteischiffen zugelassene Gegenstände verladen sind und dabei gegen die Vorschriften der Verordnungen verstoßen ist; findet die Verladung in einem ausländischen Hafen statt, für den Vorschriften über die Beförderung gefährlicher Gegenstände mit Kauffahrteischiffen bestehen, so sind diese Vorschriften maßgebend. Die Haftung des Versicherers bleibt jedoch bestehen, wenn der Versicherungsnehmer die Verladung oder den Verstoß gegen die Verladungsvorschriften weder kannte noch kennen mußte. Bleibt die Haftung bestehen, so gebührt dem Versicherer eine Zuschlagsprämie.

(2) Der Versicherer haftet nicht für einen Schaden, der dadurch verursacht wird, daß das Schiff auf der versicherten Reise zu einem größeren als dem dritten Teile seiner Tragfähigkeit mit Dungstoffen, Eisen, insbesondere Eisenbahnschienen und Eisenträgern, Erde, Erz, Gestein, insbesondere Fliesen, Marmor, Schiefer und Steinen, Heu, Kalk, Knochen, Knochenasche, Knochenschwärze, Kohlen, Kreide, lose verladenen Feldfrüchten oder sonstigen lose verladenem Schüttgut, Salz, Ton, Tonrückständen oder Zement beladen ist. Die Bestimmungen des Absatzes 1 Satz 2 und 3 finden entsprechende Anwendung.

§ 61

Durchbruch durch feststehendes Eis

Der Versicherer haftet nicht für einen Schaden, der dadurch verursacht wird, daß das Schiff feststehendes Eis durchbricht, es sei denn, daß es zur Abwendung oder Minderung eines dem Versicherer zur Last fallenden Schadens erforderlich ist.

§ 62

Aufopferung von Decksgütern

Der Versicherer haftet nicht für Beiträge zur großen Haverei, soweit auf Deck verladene Güter aufgeopfert sind.

§ 63

Aufopferung bei Ballastreisen

Der Versicherer haftet, wenn das Schiff auf der versicherten Reise in Ballast fährt oder fahren soll und dem Versicherer hiervon nicht bei der Schließung des Vertrags Anzeige gemacht worden ist, nicht für Aufopferungen, die zur großen Haverei gehören würden, wenn Güter geladen wären.

§ 64

Anrechnung von Leichter-, Schlepp-, Hilfslohn

Der Versicherer haftet für einen Schaden, der bei Gelegenheit der Verwendung des Schiffes zum Leichtern oder Schleppen anderer Fahrzeuge oder zu einer Hilfeleistung entsteht, insoweit nicht, als die für die Verwendung zu entrichtende Vergütung zur Ausgleichung des Schadens dient.

§ 65

Kajüts- und Maschinenschaden

Der Versicherer haftet für eine Beschädigung des Kajütsinventars nur im Falle einer Strandung. Das Gleiche gilt von der Haftung des Versicherers für eine Beschädigung der maschinellen Einrichtungen. Zu diesen Einrichtungen gehören insbesondere die Hauptmaschine (einschließlich der zu ihrem Betrieb erforderlichen Hilfsmaschinen und Einrichtungen, der Kesselanlage mit Schornstein, Wellenleitung, Schraube und Rad), Decksmaschinen, Dampfsteuer mit Ruderleitung bis zum Quadranten, Pumpen für Bordzwecke, elektrische Lichtanlage, Anlage für drahtlose Telegraphie und Kühlmaschinenanlage. Die Bestimmungen des § 114 Abs. 1 und 2 über die Haftung des Versicherers im Strandungsfalle finden entsprechende Anwendung.

§ 66

Dauer der Versicherung

(1) Die Versicherung beginnt, wenn sie für eine Reise genommen ist, mit dem Zeitpunkt, in dem mit der Einnahme der Ladung oder des Ballastes angefangen wird oder wenn Ladung oder Ballast nicht einzunehmen ist, mit der Abfahrt. Sie endigt mit dem Zeitpunkt, in dem die Löschung der Ladung oder des Ballastes am Bestimmungsorte beendigt ist, oder wenn Ladung oder Ballast nicht zu löschen ist, mit dem Zeitpunkt, in dem das Schiff am gehörigen Orte die Anker hat fallen lassen oder befestigt ist. Wird die Löschung von dem Versicherungsnehmer ungebührlich verzögert, so endigt die Versicherung mit dem Zeitpunkt, in dem die Löschung beendigt sein würde, falls die Verzögerung nicht stattgefunden hätte.

(2) Wird vor der Beendigung der Löschung für eine neue Reise Ladung oder Ballast eingenommen, so endigt die Versicherung mit dem Zeitpunkt, in dem mit der Einnahme angefangen wird.

(3) Wird nach dem Beginne der Versicherung die versicherte Reise aufgegeben, so tritt in Ansehung der Beendigung der Versicherung der Ort, wo die Reise aufhört, an die Stelle des Bestimmungsorts.

§ 67

Verlängerung der Versicherung

(1) Trifft das Schiff am Bestimmungsorte mit einer Beschädigung ein, für die der Versicherer haftet, so gilt das Versicherungsverhältnis als verlängert bis zu dem Zeitpunkt, in dem die Ausbesserung des Schiffes beendigt ist; wird die Ausbesserung von dem Versicherungsnehmer ungebührlich verzögert, so tritt an die Stelle dieses Zeitpunkts der Zeitpunkt, in dem die Ausbesserung beendigt sein würde, falls die Verzögerung nicht stattgefunden hätte. Der

Versicherungsnehmer kann die Verlängerung durch eine gegenüber dem Versicherer abzugebende Erklärung ausschließen; die Erklärung muß jedoch unverzüglich abgegeben werden, sobald der Versicherungsnehmer von der Beschädigung Kenntnis erlangt. Im Falle der Verlängerung gebührt dem Versicherer eine der längeren Dauer entsprechende Prämie.

(2) Die Bestimmungen des Absatzes 1 finden keine Anwendung, wenn die Ausbesserung an einem anderen Orte als dem Bestimmungsort erfolgen muß und nicht auf die im § 74 bestimmte Weise festgestellt ist, daß das Schiff die Reise nach dem anderen Orte machen kann.

§ 68

Verlängerung der Zeitversicherung

Ist ein auf Zeit versichertes Schiff bei dem Ablaufe der vereinbarten Versicherungszeit unterwegs, so gilt das Versicherungsverhältnis als verlängert bis zu dem Zeitpunkt, in dem nach den §§ 66 und 67 die Versicherung am nächsten Bestimmungsort endigen würde. Der Versicherungsnehmer kann die Verlängerung, solange das Schiff noch nicht unterwegs ist, durch eine gegenüber dem Versicherer abzugebende Erklärung ausschließen. Im Falle der Verlängerung gebührt dem Versicherer eine der längeren Dauer entsprechende Prämie; ist das Schiff verschollen, so gebührt ihm die Prämie bis zum Ablaufe der Verschollenheitsfrist.

§ 69

Versicherung für mehrere Reisen

Ist die Versicherung für mehrere aufeinanderfolgende Reisen genommen, so erstreckt sie sich auf die zwischen den Reisen liegende Zeit.

§ 70

Versicherungswert

(1) Als Versicherungswert gilt der Wert, den das Schiff bei dem Beginne der Versicherung hat. Der Wert umfaßt nicht die Ausrüstungskosten, die Heuer und die Versicherungskosten.

(2) Dieser Wert gilt auch bei dem Eintritte des Versicherungsfalls als Versicherungswert.

§ 71

Totalverlust

(1) Im Falle des Totalverlustes kann der Versicherungsnehmer die Versicherungssumme verlangen. Er muß sich jedoch den Wert der vor Zahlung der Versicherungssumme geretteten Sachen und desjenigen anrechnen lassen, was er anderweit zur Ausgleichung des Schadens erlangt hat. Der Wert der geretteten Sachen ist auf Verlangen des Versicherers durch öffentliche Versteigerung festzustellen.

(2) Als total verloren gilt das Schiff auch, wenn es dem Versicherungsnehmer ohne Aussicht auf Wiedererlangung entzogen, insbesondere unrettbar gesunken, oder wenn es in seiner ursprünglichen Beschaffenheit zerstört ist.

(3) Hat der Versicherer den Versicherungsnehmer befriedigt, so gehen die Rechte des Versicherungsnehmers an dem Schiffe auf den Versicherer über. Der Versicherungsnehmer ist verpflichtet, dem Versicherer die zur Geltendmachung der Rechte erforderliche Auskunft zu erteilen und ihm die zum Beweise der Rechte dienenden Urkunden, soweit sie sich in seinem Besitze befinden, auszuliefern, ihm auch auf Verlangen eine öffentlich beglaubigte Urkunde über den Übergang der Rechte auszustellen; die Kosten hat der Versicherer zu tragen.

(4) Der Versicherungsnehmer bleibt auch nach dem Übergange der Rechte verpflichtet, für die Minderung des Schadens zu sorgen, soweit der Versicherer hierzu nicht imstande ist. Er hat, sobald er eine für die Geltendmachung der Rechte erhebliche Nachricht erhält, dem Versicherer unverzüglich Anzeige zu machen und ihm auf Verlangen die zur Erlangung und Verwertung des Schiffes erforderliche Hilfe zu leisten. Die Kosten hat der Versicherer zu tragen und auf Verlangen vorzuschießen.

§ 72

Verschollenheit

(1) Der Versicherungsnehmer kann auch dann die Versicherungssumme verlangen, wenn das Schiff verschollen ist. Das Schiff ist verschollen, wenn innerhalb der Verschollenheitsfrist das Schiff den nächsten Bestimmungshafen nicht erreicht hat und keine Nachricht von dem Schiffe eingegangen ist. Die Verschollenheitsfrist beträgt das Dreifache der Zeit, die das Schiff von dem Orte aus, von dem die letzte Nachricht eingegangen ist, unter gewöhnlichen Verhältnissen zur Zurücklegung des Weges bis zum nächsten Bestimmungshafen gebraucht haben würde, jedoch bei Dampfschiffen mindestens zwei, bei Segelschiffen mindestens drei Monate. An die Stelle der zweimonatigen und der dreimonatigen Frist tritt eine solche von sechs Monaten, wenn der Eingang von Nachrichten infolge eines Krieges verzögert sein kann.

(2) Das Verlangen kann nicht unter einer Bedingung oder einer Zeitbestimmung erklärt werden.

(3) Durch die Erklärung gehen die Rechte des Versicherungsnehmers an dem Schiffe auf den Versicherer über (Abandon). Die Bestimmungen des § 71 Abs. 3 Satz 2 und Abs. 4 über die Unterstützung des Versicherers bei Geltendmachung der Rechte finden entsprechende Anwendung.

(4) Das im Absatz 1 Satz 1 bezeichnete Recht erlischt, wenn vor seiner Ausübung eine Nachricht von dem Schiffe eingeht.

§ 73

Verfügung von hoher Hand. Nehmung durch Seeräuber

Die Bestimmungen des § 72 über die Verschollenheit des Schiffes finden entsprechende Anwendung, wenn das Schiff durch Verfügung von hoher Hand angehalten oder zurückgehalten oder durch Seeräuber genommen wird. Jedoch tritt an die Stelle der Verschollenheitsfrist eine Frist von zwei Monaten.

§ 74

Teilschaden

(1) Ein Teilschaden ist durch Sachverständige festzustellen.

(2) Der Versicherer und der Versicherungsnehmer oder für diesen der Schiffsführer haben unverzüglich je einen Sachverständigen zu ernennen.

(3) Können die Sachverständigen sich über die Feststellung nicht einigen, so ernennen sie einen dritten Sachverständigen als Obmann; die Ernennung kann auch vor der Feststellung erfolgen. Können sie sich auch über die Person des Obmanns nicht einigen, so bezeichnet jeder von ihnen einen dritten Sachverständigen; unter den so Bezeichneten entscheidet das Los. Befindet sich das Schiff im Auslande, so ersucht, wenn eine Einigung nicht stattfindet, der Versicherungsnehmer oder für ihn der Schiffsführer den Konsul des Staates, in dessen Gebiet der Heimatshafen des Schiffes liegt, oder wenn ein solcher Konsul nicht vorhanden oder der vorhandene nicht bereit ist, einen anderen Konsul, oder wenn auch ein solcher nicht vorhanden oder bereit ist, einen für die Ernennung zuständigen Beamten des Staates, in dessen Gebiete sich das Schiff befindet, um die Ernennung des Obmanns.

(4) Wenn der Versicherer trotz Aufforderung einen Sachverständigen nicht ernennt, so kann der Versicherungsnehmer oder für ihn der Schiffsführer die Handelskammer, in deren Bezirke sich das Schiff befindet, um die Ernennung ersuchen. Befindet sich das Schiff im Auslande, so ist in diesem Falle die Ernennung auf dem im Absatze 3 Satz 3 bezeichneten Wege herbeizuführen.

(5) Die Sachverständigen besichtigen den Schaden, stellen ihn fest und erstatten hierüber ein Gutachten. Zu der Besichtigung sind, soweit tunlich, die Beteiligten hinzuzuziehen. Das Gutachten muß enthalten:

1. Die Bezeichnung der Sachverständigen und der zu der Besichtigung hinzugezogenen Beteiligten;
2. die Bezeichnung derjenigen, welche die Sachverständigen ernannt haben;
3. die Bezeichnung des Ortes und der Zeit der Besichtigung und der Feststellung;
4. die Bezeichnung der einzelnen Schäden und, soweit tunlich, ihrer Ursache, insbesondere die Angabe, ob die Schäden durch Seeunfälle während der letzten Reise oder durch andere Umstände verursacht sind;
5. die Schätzung der Kosten, die zur Beseitigung jedes einzelnen, während der letzten Reise durch Seeunfälle entstandenen Schadens aufzuwenden sind.

(6) Die Erstattung des Gutachtens erfolgt nach Stimmenmehrheit. Bestehen über Summen mehr als zwei Meinungen, deren keine die Mehrheit für sich hat, so ist die für die größte Summe abgegebene Stimme der für die zunächst geringere abgegebenen hinzuzurechnen.

(7) Das Gutachten ist von den Sachverständigen und, wenn ein Beauftragter des Versicherers an der Besichtigung teilgenommen hat, zur Anerkennung der Beteiligung auch von diesem zu unterschreiben.

(8) Die von den Sachverständigen getroffene Feststellung ist nicht verbindlich, wenn sie offenbar von der wirklichen Sachlage erheblich abweicht. Die Feststellung erfolgt in diesem Falle durch Urteil. Wenn die Sachverständigen die Feststellung nicht treffen können oder wollen oder sie ungebührlich verzögern, so ist die Ernennung anderer Sachverständiger gemäß den Bestimmungen der Absätze 2 bis 4 herbeizuführen.

(9) Der Versicherer kann die Zahlung verweigern, bis der Schaden gemäß den vorstehenden Bestimmungen festgestellt ist. Ist die gehörige Feststellung infolge eines Umstandes unterblieben, den der Versicherungsnehmer nicht zu vertreten hat, so kann der Versicherer die Zahlung verweigern, bis der Schaden in anderer geeigneter Weise festgestellt ist.

(10) Der für den Bezirk des Haverieorts bestellte Havariekommissar des Versicherers gilt als bevollmächtigt, Erklärungen des Versicherungsnehmers, welche die Feststellung des Teilschadens betreffen, entgegenzunehmen und Geschäfte und Rechtshandlungen solcher Art für den Versicherer vorzunehmen.

§ 75

Ausbesserung

(1) Nach Feststellung eines Teilschadens ist das Schiff unverzüglich auszubessern. Der Versicherungsnehmer hat in Ansehung der Ausbesserung auch das Interesse des Versicherers wahrzunehmen. Vor dem Abschlusse des Ausbesserungsvertrags ist der Versicherer unter Vorlegung eines Vertragsentwurfs wenn tunlich zu hören.

(2) Der Versicherer kann die Ausbesserung beaufsichtigen. Der Versicherungsnehmer hat dem Versicherer auf Verlangen über den Stand der Ausbesserung Auskunft zu erteilen und nach der Ausbesserung über die durch sie erforderten Aufwendungen Belege vorzulegen, insbesondere auch mitzuteilen, welche Abzüge oder Nachlässe von den in den Belegen angegebenen Beträgen ihm bewilligt sind.

(3) Die Ersatzpflicht des Versicherers wird durch die für die Ausbesserung aufgewendeten Kosten bestimmt. Übersteigt der Gesamtbetrag dieser Kosten den von den Sachverständigen geschätzten Betrag, so wird die Ersatzpflicht durch den geschätzten Betrag bestimmt. Von diesen Beträgen werden abgezogen:

1. zunächst ein Betrag, der dem aus dem Unterschiede zwischen neu und alt sich ergebenden Minderwert entspricht;

2. demnächst ein Betrag, der dem Werte der durch neue ersetzten Sachen entspricht. Der Wert dieser Sachen ist auf Verlangen des Versicherers durch öffentliche Versteigerung festzustellen.

(4) Dem Versicherer fallen auch die Aufwendungen zur Last, deren es bedarf, um das Schiff an den Ort, an dem es ausgebessert werden soll, zu bringen und erforderlichenfalls zurückzubringen. Das gleiche gilt von den Aufwendungen, die der Versicherungsnehmer zur Beschaffung der für die Ausbesserung erforderlichen Gelder macht.

(5) Der Versicherungsnehmer kann, wenn ein wichtiger Grund, der in seinen besonderen Verhältnissen liegt und von ihm nicht zu vertreten ist, vorliegt, unter Angabe dieses Grundes unverzüglich nach Feststellung des Schadens dem Versicherer erklären, daß er das Schiff nicht ausbessern werde; als ein wichtiger Grund ist es auch anzusehen, wenn der Versicherungsnehmer das Schiff vor dem Beginne der Ausbesserung veräußert, ohne daß der Erwerber in das Versicherungsverhältnis eintritt. Die Ersatzpflicht des Versicherers wird in diesem Falle durch den festgestellten Betrag des Schadens bestimmt. Von diesem Betrag ist der im Absatze 3 Nr. 1 bezeichnete Betrag und ein Betrag, der dem im Absatze 3 Nr. 2 bezeichneten Werte entspricht, abzuziehen.

(6) Streitigkeiten darüber, ob ein wichtiger Grund im Sinne des Absatzes 5 vorliegt, werden durch ein Schiedsgericht entschieden. Jede Partei hat einen Schiedsrichter zu ernennen. Können die Schiedsrichter sich nicht einigen, so erwählen sie einen Obmann. Können sie sich auch über die Person des Obmanns nicht einigen, so wird der Obmann von dem zur Vertretung des Handelsstandes berufenen Organ ernannt, in dessen Bezirk sich die gewerbliche Niederlassung des Versicherers oder seines Vertreters befindet, von der aus der Vertrag geschlossen ist.

§ 76

Unterschied zwischen neu und alt

(1) Bei der Berücksichtigung des aus dem Unterschiede zwischen neu und alt sich ergebenden Minderwerts ist nach den Bestimmungen der Absätze 2 bis 7 zu verfahren.

(2) Soweit nicht ein anderes bestimmt ist, wird ein Drittel abgezogen.

(3) Bei eisernen Schiffen wird in Ansehung der Eisen- oder Zementteile nichts abgezogen, wenn der Schaden während der ersten zehn Jahre seit der ersten Eintragung des Schiffes in das Schiffsregister entsteht. Entsteht der Schaden während der nächsten fünf Jahre, so wird ein Sechsteil, entsteht er später, so wird ein Dritteil abgezogen. Können die beschädigten Teile gelascht oder gerichtet werden, so muß die Ausbesserung auf diese Weise erfolgen, es sei denn, daß die Erneuerung der Teile zum Zwecke der Erhaltung der Schiffsklasse erforderlich ist. Werden Teile gelascht oder gerichtet, so wird nichts abgezogen. Muß der Boden geschrapt oder gestrichen werden, so wird ein Dritteil abgezogen; entsteht der Schaden nach Ablauf von sechs

Monaten seit Vornahme dieser Arbeiten, so wird nichts vergütet. In Ansehung der hölzernen Teile finden die für hölzerne Schiffe geltenden Bestimmungen Anwendung.

(4) Bei hölzernen und kompositen Schiffen wird in Ansehung der Metallhaut und der Kalfaterung nichts abgezogen, wenn der Schaden während des ersten Jahres seit der Umlegung oder Kalfaterung entsteht. Entsteht der Schaden während des zweiten Jahres, so wird ein Dritteil, entsteht er im dritten Jahre, so werden zwei Dritteile abgezogen, entsteht er später, so wird nichts vergütet. In Ansehung des Schiffskörpers und der Masten des Schiffes wird nichts abgezogen, wenn der Schaden während des ersten Jahres seit dem Zeitpunkt, in dem das Schiff zu Wasser gelassen ist, entsteht; das gleiche gilt in Ansehung einzelner Teile des Schiffskörpers, der Masten oder einzelner Zubehörstücke, wenn der Schaden auf einer Reise entsteht, vor deren Beginn die Sachen neu waren.

(5) Bei Maschinenschäden wird, wenn der Schaden während der ersten drei Jahre seit der Inanspruchnahme des beschädigten oder verlorengegangenen Teiles entsteht, nichts, wenn er während der nächsten drei Jahre entsteht, ein Sechsteil, wenn er später entsteht, ein Dritteil abgezogen.

(6) Bei Kesselschäden wird, wenn der Schaden während des ersten Jahres seit der Ingebrauchnahme entsteht, nichts, wenn er später entsteht, für jedes Jahr, in dem der Kessel gebraucht ist, je ein Zehnteil abgezogen. Ist der Kessel während zehn Jahre gebraucht, so wird nichts vergütet.

(7) Bei Schäden an Ankern wird nichts abgezogen. Bei Schäden an Ankerketten wird, wenn der Schaden während des ersten Jahres seit der Ingebrauchnahme entsteht, nichts, im übrigen ein Sechsteil abgezogen.

(8) Kosten, die durch Maler- oder Glaserarbeiten entstehen, werden, soweit nicht ein anderes bestimmt ist, nicht vergütet.

§ 77

Reparaturunfähigkeit. Reparaturunwürdigkeit

(1) Der Versicherungsnehmer kann das Schiff öffentlich versteigern lassen und den Unterschied zwischen der Versicherungssumme und dem Erlöse verlangen, wenn das Schiff infolge des Versicherungsfalls reparaturunfähig und die Reparaturunfähigkeit auf die im § 74 bestimmte Weise festgestellt ist. Das Schiff gilt als reparaturunfähig, wenn die Ausbesserung des Schiffes überhaupt nicht möglich ist oder an dem Orte, an dem das Schiff sich befindet, nicht bewerkstelligt, das Schiff auch nicht nach dem Orte, an dem die Ausbesserung möglich ist, gebracht werden kann. Der Versicherungsnehmer muß sich den Wert desjenigen anrechnen lassen, was er anderweit zur Ausgleichung des Schadens erlangt hat und was infolge eines dem Versicherer nicht zur Last fallenden Umstandes verlorengegangen oder beschädigt ist. Die Versicherung endigt erst mit der Versteigerung; dem Versicherer gebührt eine der längeren Dauer der Versicherung entsprechende Prämie.

(2) Das gleiche gilt, wenn das Schiff infolge des Versicherungsfalls reparaturunwürdig und die Reparaturunwürdigkeit auf die im § 74 bestimmte Weise festgestellt ist. Das Schiff gilt als reparaturunwürdig, wenn die gemäß § 74 geschätzten Ausbesserungskosten ohne Berücksichtigung des aus dem Unterschiede zwischen neu und alt sich ergebenden Minderwerts mehr betragen als der Versicherungswert.

(3) Das gleiche gilt auch, wenn sich die Reparaturunfähigkeit oder die Reparaturunwürdigkeit erst später, insbesondere bei der Ausbesserung, ergibt und gemäß § 74 unverzüglich festgestellt wird. Der Versicherer hat in diesem Falle die durch die Ausbesserung entstandenen Kosten insoweit zu ersetzen, als infolge der Ausbesserung ein höherer Erlös erzielt worden ist. Die Bestimmung des Absatzes 1 letzter Satz findet keine Anwendung.

(4) Die in den Absätzen 1 bis 3 bezeichneten Rechte erlöschen, wenn der Versicherungsnehmer sie, sobald ihre Voraussetzungen vorliegen und er hiervon Kenntnis erlangt, nicht unverzüglich ausübt.

§ 78

Mittelbarer Kollisionsschaden

(1) Der Versicherer haftet auch für einen Schaden, den der Versicherungsnehmer im Falle eines Zusammenstoßes von Schiffen dadurch erleidet, daß er den einem Dritten entstandenen Schaden zu ersetzen hat.

(2) Der Schaden ist im Verhältnisse des Schiffswertes zu demjenigen Werte zu ersetzen, der sich aus dem Schiffswert und der Fracht ergibt.

§ 79

Sonstige auf das Schiff sich beziehende Versicherungen

Die Bestimmungen dieses Titels finden, soweit nicht ein anderes bestimmt ist, im Falle einer anderen auf das Schiff sich beziehenden Versicherung entsprechende Anwendung.

Zweiter Titel

Güterversicherung

§ 80

Gegenstand der Versicherung

Ist die Versicherung auf Güter aller Art genommen, so bezieht sie sich nicht auf:

1. Gold, Silber, Platina, Geld, Wertpapiere, Münzen, Edelsteine, Gegenstände aus Edelmetall, echte Perlen, echte Spitzen, Werke der bildenden Künste;

2. explosionsgefährliche und selbstentzündliche Gegenstände (Sprengstoffe, Munition, Zündwaren und Feuerwerkskörper, verdichtete und verflüssigte Gase, die in Berührung mit Wasser entzündliche oder die Verbrennung unterstützende Gase entwickeln) sowie Petroleum, Naphtha, Benzin und ungelöschten Kalk;
3. Güter der im § 60 Abs. 2 bezeichneten Art, wenn das Schiff damit zu mehr als einem Dritteil seiner Tragfähigkeit beladen ist. Diese Bestimmung findet jedoch keine Anwendung, wenn der Versicherungsnehmer der Beladung nicht zugestimmt hat; dem Versicherer gebührt in diesem Falle eine Zuschlagsprämie.

§ 81

Verfügung über die Güter zur Fortsetzung der Reise

Der Versicherer haftet auch dafür, daß über die Güter durch Verbodmung oder in anderer Weise zum Zwecke der Fortsetzung der Reise verfügt wird.

§ 82

Haftung für Beschädigung. Tod von Tieren

(1) Der Versicherer haftet für eine Beschädigung nur im Falle einer Strandung. Das gleiche gilt von der Haftung des Versicherers für den Tod lebender Tiere. Die Bestimmungen des § 114 Abs. 1 und 3 über die Haftung des Versicherers im Strandungsfalle finden entsprechende Anwendung.

(2) Der Versicherer haftet auch in anderen als in Strandungsfällen:

1. wenn die Versicherung genommen ist auf Arsenik, Asbestwaren, Asphalt, Bandwaren, Baumwolle, Baumwollenwaren, Borax in Fässern, rohen Camphor, Elastiks, Elefantenzähne, Filzwaren, Garn mit Einschluß von Türkisch Rotgarn und Spulgarn, echte Goldwaren, Gummi elastikum, Gummi Kopal, Gummiwaren, Halbwollenwaren, Harz in Fässern, Hörner, Hornspitzen, natürlichen Indigo, Jutewaren mit Ausnahme von Säcken und Sackleinen (Hessians), Kaffee, Kanel, Kardamom in Kisten, Kautschukwaren, fertige Kleidungsstücke, Knopfwaren, Konfektionswaren, umsponnene Kupferdrähte, Lackdye, Leinen, Leinenwaren, zugerichtetes Leder mit Ausnahme von Lackleder, fertige Lederwaren, Linoleum, Litzen, Macisblüte in Fässern oder Kisten, Manufakturwaren, soweit sie nicht besonders aufgeführt sind, Metalle in Blöcken oder Barren mit Ausnahme von Eisen und Stahl, Moschus, Muskatnüsse, Nickel, Opium, Pech, Pfeffer, Posamentierwaren, soweit sie nicht besonders aufgeführt sind, Quecksilber in metallenen Gefäßen, Satteldecken, Schellack, Schildpatt, Schirme, rohen Schwefel, Seide, Seidenwaren, echten Silberdraht, echte Silberwaren, Spitzen, Stearin, Stickereien, Strickwolle, Stramin, Strumpfwaren, geteertes Tauwerk, Teppichwaren, Tuchwaren, Vanille, Wachs mit Ausnahme von Rohwachs und Wachswaben, Walrat, Wäsche, Wolle, Wollenwaren, Zelluloidwaren, Zink in Platten, Zinnober, Zwirn;

2. wenn besonders vereinbart ist, daß der Versicherer nicht haftet, falls der Schaden bestimmte Prozente des Versicherungswerts nicht erreicht oder nicht übersteigt, oder daß er nur insoweit haftet, als der Schaden bestimmte Prozente des Versicherungswerts erreicht oder übersteigt.

§ 83

Vorreisegüter. Retourwaren

(1) Der Versicherer haftet für eine Beschädigung, auch wenn er sonst noch in anderen Fällen haftet, nur im Strandungsfalle, wenn die Güter in das zur Ausführung der versicherten Reise bestimmte Schiff im Anschluß an eine andere zur See oder auf Binnengewässern ausgeführte Reise übergeladen sind oder übergeladen werden sollen, es sei denn, daß dem Versicherer hiervon bei der Schließung des Vertrags Mitteilung gemacht worden ist oder daß die Beschädigung nur auf der versicherten Reise entstanden sein kann.

(2) Das gleiche gilt, wenn die Güter nach ihrer Beförderung zum Bestimmungsorte ganz oder zum Teil ausgepackt, wegen ihrer Unverkäuflichkeit oder aus einem anderen Grunde wieder verpackt und auf der versicherten Reise zurück- oder weiterbefördert werden oder werden sollen, insbesondere wenn die Güter Retourwaren sind, es sei denn, daß dem Versicherer hiervon bei der Schließung des Vertrags Mitteilung gemacht worden ist oder daß die Beschädigung nur auf der versicherten Reise entstanden sein kann.

§ 84

Beschädigte Güter

Der Versicherer haftet nicht für eine Beschädigung, wenn die Güter die versicherte Reise im beschädigten Zustande antreten, es sei denn, daß dem Versicherer hiervon bei der Schließung des Vertrags Mitteilung gemacht worden ist. Die Bestimmungen des § 113 über den Ausschluß der Haftung des Versicherers für Beschädigung finden entsprechende Anwendung. Auch hat der Versicherer im Falle eines Verlustes nur den wirklichen Versicherungswert zu ersetzen.

§ 85

Deckladung

(1) Soweit die Güter auf Deck verladen sind, haftet der Versicherer nur für Beiträge zur großen Haverei, die der Versicherungsnehmer zu entrichten hat, sowie dafür, daß die Güter infolge eines Totalverlustes oder der Verschollenheit des Schiffes oder infolge eines der im § 73 bezeichneten Ereignisse verlorengehen.

(2) Die Bestimmung des Absatzes 1 findet keine Anwendung, wenn die Güter ohne Zustimmung des Versicherungsnehmers auf Deck verladen sind. Dem Versicherer gebührt in diesem Falle eine Zuschlagsprämie.

§ 86

Natürliche Beschaffenheit der Güter

(1) Der Versicherer haftet nicht für einen Schaden, der durch die natürliche Beschaffenheit der Güter, namentlich durch inneren Verderb, Schwinden, Rost, Schimmel, gewöhnliche Leckage, gewöhnlichen Bruch, Selbstentzündung, sowie durch mangelhafte Verpackung der Güter oder durch Schiffsdunst, Ratten oder Mäuse verursacht wird. Als gewöhnliche Leckage gilt bei flüssigen Gütern in Metallflaschen ein Verlust bis 3%, bei anderen flüssigen Gütern ein Verlust bis 5%.

(2) Für einen Schaden, der durch außergewöhnliche Leckage der Güter verursacht wird, haftet der Versicherer, auch wenn er sonst noch in anderen Fällen haftet, nur im Falle der Strandung. Das gleiche gilt von einer Beschädigung flüssiger Güter sowie einer Beschädigung der Ausstattung oder Verpackung solcher Güter. Die Bestimmungen des § 114 Abs. 1 und 3 über die Haftung des Versicherers im Strandungsfalle finden entsprechende Anwendung; jedoch ist es als eine Strandung auch anzusehen, wenn infolge eines dem Versicherer zur Last fallenden Unfalls das Schiff einen Nothafen anläuft und die Güter ausgeladen werden.

§ 87

Frachtklauseln

Der Versicherer haftet nicht, soweit der Versicherungsnehmer von einem Dritten den Ersatz des Schadens deshalb nicht verlangen kann, weil die gesetzliche Haftung des Verfrachters über das verkehrsübliche Maß hinaus beschränkt oder ausgeschlossen ist.

§ 88

Dauer der Versicherung

(1) Die Versicherung erstreckt sich auf die ganze Dauer der versicherten Reise.

(2) Die Versicherung beginnt mit dem Zeitpunkt, in dem die Güter von dem Verfrachter zur Beförderung oder, wenn die Beförderung nicht sofort erfolgen kann, zur einstweiligen Verwahrung angenommen werden. Bedient sich der Versicherungsnehmer zur Ablieferung der Güter an den Verfrachter einer Kaianstalt oder einer ähnlichen Anstalt, so gilt diese in Ansehung der Güterannahme als Vertreter des Verfrachters. Als einstweilige Verwahrung im Sinne dieser Bestimmungen gilt nur eine Verwahrung auf kurze, den Verkehrsverhältnissen entsprechende Zeit.

(3) Die Versicherung endigt mit dem Zeitpunkt, in dem die Güter dem Empfänger am Ablieferungsort abgeliefert oder, wenn sich ein Ablieferungshindernis ergibt, rechtmäßig hinterlegt oder verkauft werden, jedoch spätestens mit dem Ablaufe des zehnten Tages nach dem Tage der Löschung. Wird die Löschung von dem Versicherungsnehmer, dem Absender oder dem Empfänger ungebührlich verzögert, so endigt die Versicherung spätestens mit dem Ab-

laufe des zehnten Tages nach dem Zeitpunkt, in dem die Löschung beendigt sein würde, falls die Verzögerung nicht stattgefunden hätte.

§ 89

Leichtergefahr

Der Versicherer trägt die Gefahr der Benutzung von Leichterfahrzeugen bei der Verladung oder der Ausladung, wenn die Benutzung ortsüblich ist.

§ 90

Versicherungswert

(1) Als Versicherungswert gilt der gemeine Handelswert und in dessen Ermangelung der gemeine Wert, den die Güter am Orte der Abladung in dem Zeitpunkte haben, der nach den §§ 88 und 89 für den Beginn der Versicherung maßgebend ist, unter Hinzurechnung der Versicherungskosten, der Kosten, welche bis zur Annahme der Güter durch den Verfrachter entstehen, und der endgültig bezahlten Fracht.

(2) Dieser Wert gilt auch bei dem Eintritte des Versicherungsfalls als Versicherungswert.

§ 91

Totalverlust. Abandon

(1) Im Falle eines Totalverlustes finden die Bestimmungen des § 71 über den Totalverlust des Schiffes entsprechende Anwendung. Daß die Güter in ihrer ursprünglichen Beschaffenheit zerstört sind, kann jedoch der Versicherungsnehmer nur geltend machen, wenn dieser Umstand durch Sachverständige festgestellt ist; auf die Feststellung finden die Bestimmungen des § 74 Abs. 2 bis 10 entsprechende Anwendung.

(2) Ist das Schiff verschollen oder werden die Güter durch Verfügung von hoher Hand angehalten oder zurückgehalten oder durch Seeräuber genommen, so finden die Bestimmungen der §§ 72 und 73 entsprechende Anwendung.

§ 92

Teilverlust

Im Falle eines Teilverlustes finden die für den Totalverlust geltenden Bestimmungen entsprechende Anwendung.

§ 93

Beschädigung

(1) Im Falle einer Beschädigung ist der gemeine Handelswert und in dessen Ermangelung der gemeine Wert zu ermitteln, den die Güter im unbeschädigten Zustand am Ablieferungsorte haben würden (Gesundwert), sowie der Wert, den sie dort im beschädigten Zustande haben. Ein dem Verhältnisse des Wertunterschiedes zum Gesundwert entsprechender Bruchteil des Versicherungswerts gilt als Betrag des Schadens.

(2) Die Beschädigung sowie der Gesundwert und der Wert der beschädigten Güter sind durch Sachverständige festzustellen. Auf die Feststellung finden die Bestimmungen des § 74 Abs. 2 bis 10 entsprechende Anwendung. Die Werte müssen die von den Gütern zu entrichtenden öffentlichen Abgaben, insbesondere die Zollabgaben, umfassen. Sind von den Gütern nur einzelne beschädigt oder sind von einem Gute nur einzelne Teile verloren oder beschädigt, so sind, soweit tunlich, die beschädigten Sachen von den unbeschädigten zu trennen; dies gilt insbesondere auch bei zusammen verpackten Gütern.

(3) Der Versicherer kann verlangen, daß der Wert der beschädigten Güter durch öffentliche Versteigerung festgestellt wird, es sei denn, daß der Betrag der für die beschädigten Güter am Ablieferungsorte zu entrichtenden öffentlichen Abgaben den von den Sachverständigen festgestellten Wert der beschädigten Güter mit Ausschluß der öffentlichen Abgaben übersteigt; das Recht, die Feststellung des Wertes durch Versteigerung zu verlangen, erlischt, wenn es nicht binnen einer Woche nach Erstattung des Gutachtens der Sachverständigen ausgeübt wird. Wird der Wert durch öffentliche Versteigerung festgestellt, so tritt der Bruttoerlös an die Stelle des Wertes der beschädigten Güter. Hat nach den Versteigerungsbedingungen der Verkäufer vorzuleisten, so steht der Versicherer für die Zahlung des Kaufpreises ein, falls er den Versteigerungsbedingungen zugestimmt hat.

(4) Bis zur Feststellung der Beschädigung darf der Versicherungsnehmer ohne Einwilligung des Versicherers Änderungen, insbesondere die Öffnung der Verpackung, nur insoweit vornehmen, als es zur Abwendung oder Minderung des Schadens oder im öffentlichen Interesse geboten ist.

§ 94

Teilbeschädigung

(1) Sind von einem Gute nur einzelne Bestandteile oder Zubehörstücke verlorengegangen oder beschädigt, so kann der Versicherungsnehmer nur in Ansehung dieser Teile oder Zubehörstücke Entschädigung verlangen.

(2) Die Bestimmung des Absatzes 1 findet keine Anwendung, wenn durch Sachverständige festgestellt ist, daß infolge des Versicherungsfalls die Ausbesserung des Gutes unmöglich ist oder einen den Versicherungswert des Gutes übersteigenden Aufwand erfordern würde. In diesem Falle finden auf die Feststellung die Bestimmungen des § 74 Abs. 2 bis 10, auf die Ermittlung des Schadens die Bestimmungen des § 93 entsprechende Anwendung.

§ 95

Änderung der Beförderung

(1) Werden die versicherten Güter in anderer Art als mit dem Schiffe befördert, mit welchem sie nach dem Versicherungsvertrage befördert werden sollen, so haftet der Versicherer nicht.

(2) Werden jedoch die Güter nach dem Beginne der Versicherung infolge eines Unfalls, für den der Versicherer haftet, mit einem anderen als dem im Versicherungsvertrage bestimmten Schiffe oder zu Lande befördert, so fällt die Beförderung unter die Versicherung; der Versicherungsnehmer hat in Ansehung der Beförderung nach Möglichkeit die Weisungen des Versicherers zu befolgen und, wenn die Umstände es gestatten, solche Weisungen einzuholen. Das gleiche gilt, wenn nach dem Beginne der Versicherung ohne Zustimmung des Versicherungsnehmers die Beförderung geändert oder die Reise des Schiffes aufgegeben wird.

(3) Die Versicherung umfaßt in den Fällen des Absatzes 2 die Kosten der Umladung und der einstweiligen Lagerung sowie die Mehrkosten der Weiterbeförderung.

§ 96

Verkauf der Güter

(1) Wird nach dem Beginne der Versicherung die Reise des Schiffes aufgegeben oder aus einem anderen Grunde nicht vollendet, ohne daß der Versicherer von der Verpflichtung zur Leistung frei wird, so kann der Versicherer verlangen, daß unter seiner Mitwirkung der Versicherungsnehmer die Güter aus freier Hand oder im Wege öffentlicher Versteigerung verkauft, wenn die Güter ohne unverhältnismäßige hohe Kosten oder innerhalb angemessener Frist nicht weiterbefördert werden können. Verlangt der Versicherer den Verkauf, so muß dieser unverzüglich erfolgen. Die Versicherung endigt mit dem Verkaufe der Güter.

(2) Der Versicherungsnehmer kann im Falle des Verkaufs den Unterschied zwischen der Versicherungssumme und dem Erlös verlangen; er muß sich jedoch den Wert desjenigen anrechnen lassen, was er anderweit zur Ausgleichung des Schadens erlangt hat. Das gleiche gilt, wenn die Güter unterwegs infolge eines dem Versicherer zur Last fallenden Unfalls verkauft werden müssen. Die Versicherung endigt auch in diesem Falle mit dem Verkauf.

(3) Hat nach den Verkaufsbedingungen der Verkäufer vorzuleisten, so steht der Versicherer für die Zahlung des Kaufpreises ein, falls er den Verkaufsbedingungen zugestimmt hat.

§ 97

Laufende Versicherung

(1) Ist die Versicherung in der Weise genommen, daß die Güter bei der Schließung des Vertrags nur allgemein oder nur ihrer Art nach bezeichnet und erst nach Entstehung des Versicherungsinteresses dem Versicherer einzeln aufgegeben werden, so bezieht sich die Versicherung auf alle Güter oder auf alle Güter der im Vertrage bestimmten Art, für die der Versicherungsnehmer, sei es für eigene, sei es für fremde Rechnung, nach kaufmännischen Grundsätzen Versicherung zu nehmen hat. Sie bezieht sich insbesondere nicht auf solche Güter, für die der Versicherungsnehmer nur deshalb Versicherung zu

nehmen hat, weil er sich hierzu einem Dritten gegenüber, sei es auch gegen Entgelt, verpflichtet hat.

(2) Die Versicherung bezieht sich auch auf die im § 80 Nr. 3 bezeichneten Güter. Dem Versicherer gebührt jedoch für die Versicherung dieser Güter eine Zuschlagsprämie.

(3) Der Versicherer ist verpflichtet, eine von ihm unterzeichnete Urkunde über die laufende Versicherung (laufende Police) dem Versicherungsnehmer auszuhändigen. Die laufende Police gilt nicht als Police im Sinne des Gesetzes und dieser Bedingungen; jedoch findet die Bestimmung des § 15 über die Genehmigung des Inhalts der Police auf sie entsprechende Anwendung. Ist die laufende Police abhanden gekommen oder vernichtet, so kann der Versicherungsnehmer von dem Versicherer die Ausstellung einer Ersatzurkunde verlangen; die Kosten hat der Versicherungsnehmer zu tragen.

(4) Der Versicherer hat dem Versicherungsnehmer auf Verlangen eine von ihm unterzeichnete Urkunde über die einzelne Aufgabe (Einzelpolice) auszuhändigen. Die Einzelpolice gilt als Police im Sinne des Gesetzes und dieser Bedingungen; jedoch findet die Bestimmung des § 15 über die Genehmigung des Inhalts der Police auf sie keine Anwendung.

(5) In Ansehung der Fälligkeit der Versicherungskosten tritt an die Stelle des Vertragsabschlusses der Beginn der Versicherung.

(6) Der Versicherungsnehmer hat die Güter sobald wie möglich, insbesondere unverzüglich nachdem er von dem Beginne der Versicherung Kenntnis erlangt hat, dem Versicherer aufzugeben und dabei den Versicherungswert sowie das zur Beförderung bestimmte oder dienende Schiff zu bezeichnen; dies gilt insbesondere auch dann, wenn die Güter unbeschädigt abgeliefert sind und der Versicherungsnehmer erst nach der Ablieferung von der Versicherung Kenntnis erlangt. Der Versicherer ist von der Verpflichtung zur Leistung frei, wenn nicht die Aufgabe rechtzeitig bewirkt ist; zur Erhaltung der Rechte des Versicherungsnehmers genügt die rechtzeitige Absendung der Aufgabe. Hat der Versicherungsnehmer die Güter vorsätzlich oder nicht rechtzeitig aufgegeben oder hat er die Güter oder ihren Versicherungswert vorsätzlich unrichtig aufgegeben, so endigt die laufende Versicherung; dem Versicherer gebühren gleichwohl die Prämien, die ihm im Falle gehöriger Erfüllung des Vertrags zu zahlen gewesen wären.

(7) Ist vereinbart, daß die Güter nur bis zu einem bestimmten Gesamtversicherungswerte mit einem Schiffe befördert werden dürfen, so bezieht sich die Versicherung nicht auf den höheren Wert. Diese Bestimmung findet keine Anwendung, wenn die der Vereinbarung widersprechende Beförderung dadurch verursacht ist, daß an einem Umschlagsplatze Güter zugeladen sind und der Versicherungsnehmer diesen Umstand nicht zu vertreten hat.

(8) Werden die Güter in Schiffen minderwertiger als der im Vertrage bestimmten Art befördert, so ist der Versicherer von der Verpflichtung zur

Leistung frei. Diese Bestimmung findet keine Anwendung, wenn die Güter ohne Zustimmung des Versicherungsnehmers in minderwertigen Schiffen befördert werden; dem Versicherer gebührt in diesem Falle eine Zuschlagsprämie.

(9) Der Versicherer kann die laufende Versicherung, auch wenn sie für eine bestimmte Zeit genommen ist, nach dem Eintritt eines ihm zur Last fallenden Unfalls unter Einhaltung einer Kündigungsfrist von vier Wochen kündigen. Das Recht erlischt, wenn der Versicherer es nicht, sobald er von dem Unfall und seinen Folgen Kenntnis erlangt, unverzüglich ausübt. Das gleiche gilt für den Versicherungsnehmer, wenn die Versicherung für eine längere Zeit als die Dauer eines Jahres genommen ist und der Versicherungsfall nach dem Ablauf eines Jahres eintritt.

(10) Ist vereinbart, daß der Versicherer für den aus einer Kriegsgefahr entstehenden Schaden haften soll, so kann jeder Teil die laufende Versicherung, auch wenn sie für eine bestimmte Zeit genommen ist, unter Einhaltung einer Kündigungsfrist von drei Tagen kündigen. Ist die laufende Versicherung auch gegen andere Gefahren genommen, so kann sie nur insoweit, als sie sich auf die Kriegsgefahr bezieht, gekündigt werden; im Falle der Kündigung vermindert sich die Prämie um den für die Versicherung gegen Kriegsgefahr bestimmten Betrag.

§ 98

Abschreibeversicherung

Ist die laufende Versicherung für eine bestimmte Zeit und in der Weise genommen, daß von einer im Vertrage bestimmten Höchstversicherungssumme die einzelnen Versicherungssummen abgeschrieben werden (Abschreibeversicherung), so kann der Versicherer in Ansehung des nach dem Ablaufe der Zeit nicht abgeschriebenen Betrags die Ristornogebühr verlangen. Ist eine Zeit nicht bestimmt, so gilt die Abschreibeversicherung als für die Dauer eines Jahres genommen. Ist die Abschreibeversicherung für eine längere Zeit als für die Dauer eines Jahres genommen, so vermindert sich die Höchstversicherungssumme mit dem Ablauf eines jeden Jahres mindestens um den Betrag, der dem Verhältnis eines Jahres zu der ganzen Dauer der Abschreibeversicherung entspricht; in Ansehung des hiervon nicht abgeschriebenen Betrags kann der Versicherer die Ristornogebühr verlangen.

§ 99

Sonstige auf die Güter sich beziehende Versicherungen

Die Bestimmungen dieses Titels finden, soweit nicht ein anderes bestimmt ist, im Falle einer anderen auf die Güter sich beziehenden Versicherung entsprechende Anwendung. Dies gilt insbesondere im Falle einer Versicherung von imaginärem Gewinn oder Provision sowie im Falle einer besonderen Versicherung endgültig bezahlter Fracht.

Dritter Titel

Versicherung von imaginärem Gewinn und Provision

§ 100

Taxe

(1) Ist imaginärer Gewinn versichert und der Gewinn nicht besonders taxiert, so gilt die Versicherungssumme als Taxe.

(2) Der Versicherer kann eine Herabsetzung der Taxe verlangen, wenn die Taxe den Gewinn übersteigt, der bei der Schließung des Vertrags nach kaufmännischer Berechnung möglicherweise zu erwarten war.

§ 101

Gemeinschaftliche Güter- und Gewinnversicherung

Im Falle einer gemeinschaftlichen Versicherung der Güter und des Gewinns gelten 10% des Versicherungswerts der Güter als Versicherungswert des Gewinns. Ist der Versicherungswert taxiert, so gelten 10% der Taxe als Taxe des Gewinns.

§ 102

Laufende Versicherung

Ist eine laufende Versicherung genommen, so kann der Versicherungsnehmer auch einen Gewinn aufgeben, der den im Vertrage bestimmten Gewinn übersteigt. Der Versicherer ist jedoch von der Verpflichtung zur Leistung des übersteigenden Betrags frei, wenn der Versicherungsnehmer bei der Aufgabe wußte oder wissen mußte, daß die Reise einen ungünstigen Verlauf genommen hatte. Erfolgt die Aufgabe durch einen Vertreter oder für fremde Rechnung, so finden die Bestimmungen der §§ 22 und 57 entsprechende Anwendung.

§ 103

Verlust der Güter. Anrechnung auf die Versicherungssumme
Beschädigung der Güter

(1) Als total verloren gelten die Güter auch, wenn sie aus einem anderen Grunde als infolge eines Totalverlustes den Bestimmungsort nicht erreichen.

(2) Werden die Güter während der Reise verkauft und beträgt der Erlös mehr als der Versicherungswert der Güter, so muß der Versicherungsnehmer sich den Mehrbetrag auf die Versicherungssumme anrechnen lassen. Das gleiche gilt, wenn gemäß der §§611 und 612 des Handelsgesetzbuches*) Ersatz geleistet wird und der Betrag des Ersatzes den Versicherungswert übersteigt.

---

*) § 611. Muß auf Grund des Frachtvertrags für gänzlichen oder teilweisen Verlust von Gütern Ersatz geleistet werden, so ist der gemeine Handelswert und in dessen Ermangelung der gemeine Wert zu ersetzen, welchen Güter derselben Art und Beschaffenheit am Bestimmungsorte der Güter bei Beginn der Löschung des Schiffes oder, wenn eine Entlöschung des Schiffes an diesem Orte nicht erfolgt, bei seiner Ankunft daselbst haben;

(3) Im Falle einer Beschädigung der Güter kann der Versicherungsnehmer den Teil der Versicherungssumme verlangen, der dem im § 93 Abs. 1 bezeichneten Wertverhältnis entspricht.

§ 104

Provision

Auf die Versicherung der im Falle der Ankunft der Güter am Bestimmungsorte zu verdienenden Provision finden die Bestimmungen dieses Titels entsprechende Anwendung. Jedoch gelten in den Fällen des § 101 nur 2% als versichert.

Vierter Titel

Versicherung von Fracht, Schiffsmiete und Überfahrtsgeld

§ 105

Umfang der Haftung des Frachtversicherers

(1) Im Falle einer Frachtversicherung finden auf den Umfang der Haftung des Versicherers die für die Kaskoversicherung geltenden Bestimmungen des ersten Titels sowie die Bestimmungen des § 85 Abs. 1 und des § 86 über die Haftung des Versicherers im Falle einer Deckladung und eines durch die natürliche Beschaffenheit der Güter oder ähnliche Umstände entstandenen Schadens entsprechende Anwendung, soweit nicht in diesem Titel ein anderes bestimmt ist.

(2) Unfälle, von denen das Schiff betroffen wird, fallen dem Versicherer nur insoweit zur Last, als zur Zeit des Unfalls der Frachtvertrag abgeschlossen ist oder die Güter, falls sie für Rechnung des Reeders verschifft werden sollen, sich an Bord befinden.

(3) Haben die Güter die Eigenschaft, im Wasser zu schmelzen, so ist anzunehmen, daß das Maß, das Gewicht oder die Menge der abgelieferten Güter für den Betrag der Fracht maßgebend sein soll.

(4) Im Falle einer Zeitversicherung trägt der Versicherer nicht die Gefahren, denen die Fracht während einer Zureise ausgesetzt ist.

(5) Bei der Versicherung von Zeitfracht haftet der Versicherer nicht für einen Frachtverlust, der durch eine Verzögerung des Antritts oder der Vollendung einer Reise verursacht wird.

---

hiervon kommt in Abzug, was infolge des Verlustes an Zöllen und sonstigen Kosten sowie an Fracht erspart ist.

Wird der Bestimmungsort der Güter nicht erreicht, so tritt an dessen Stelle der Ort, wo die Reise endet, oder, wenn die Reise durch Verlust des Schiffes endet, der Ort, wohin die Ladung in Sicherheit gebracht ist.

§ 612. Die Vorschriften des § 611 finden auch auf diejenigen Güter Anwendung, für welche der Reeder nach § 541 (im Falle der Verfügung über die Güter für Rechnung des Reeders) Ersatz leisten muß.

Übersteigt im Falle der Verfügung über die Güter durch Verkauf der Reinerlös den im § 611 bezeichneten Preis, so tritt an die Stelle des letzteren der Reinerlös.

§ 106

Dauer der Frachtversicherung

Die Frachtversicherung beginnt und endigt in Ansehung der Gefahren, denen das Schiff ausgesetzt ist, gemäß den für die Kaskoversicherung geltenden Bestimmungen des ersten Titels. In Ansehung der Gefahren, denen die Güter ausgesetzt sind, beginnt die Versicherung mit der Aufnahme der Güter an Bord; sie endigt gemäß den für die Güterversicherung geltenden Bestimmungen des zweiten Titels.

§ 107

Versicherungswert der Fracht

(1) Als Versicherungswert der Fracht gilt der Betrag der im Frachtvertrage vereinbarten Fracht und in Ermangelung einer Vereinbarung über die Höhe der Fracht oder, soweit Güter für Rechnung des Reeders verschifft sind, der Betrag der am Orte und zur Zeit der Abladung üblichen Fracht.

(2) Ist die Nettofracht versichert, so beträgt der Versicherungswert zwei Dritteile der Bruttofracht.

(3) Eine Taxe gilt nur als Versicherungssumme.

§ 108

Schiffsmiete

(1) Bei der Versicherung von Schiffsmiete haftet der Versicherer nicht für einen Verlust, der durch eine Verzögerung des Antritts oder der Vollendung einer Reise verursacht wird.

(2) Als Versicherungswert gilt der Betrag der in dem Schiffsmietevertrage vereinbarten Vergütung und in Ermangelung einer Vereinbarung über die Höhe der Vergütung der Betrag der üblichen Vergütung.

(3) Eine Taxe gilt nur als Versicherungssumme.

§ 109

Überfahrtsgeld

(1) Auf die Versicherung von Überfahrtsgeld finden die für die Frachtversicherung geltenden Bestimmungen der §§ 105 bis 107 entsprechende Anwendung, soweit nicht in den Absätzen 2 und 3 ein anderes bestimmt ist.

(2) Die Versicherung beginnt und endigt gemäß den für die Kaskoversicherung geltenden Bestimmungen des ersten Titels.

(3) Der Versicherer haftet auch für einen Schaden, der dadurch verursacht wird, daß infolge eines dem Versicherer zur Last fallenden Unfalls der Versicherungsnehmer die Reisenden in einem Zwischenhafen landen, gemäß den für den Überfahrtsvertrag geltenden gesetzlichen Vorschriften den Reisenden dort Unterhalt gewähren, sie in anderer als der im Vertrage bestimmten Weise weiterbefördern oder ihnen für den am Reisegut entstandenen Schaden Ersatz leisten muß.

Fünfter Titel

Versicherung von Bodmerei-, Havarei- und ähnlichen Geldern

§ 110

Versicherungswert. Verlust. Übergang von Rechten

(1) Als Versicherungswert einer Forderung, zu deren Deckung ein den Gefahren der See ausgesetzter Gegenstand dient, gilt der Betrag der Forderung unter Hinzurechnung der gesetzlichen oder vereinbarten Zinsen, bei der Versicherung von Bodmereigeldern unter Hinzurechnung der Bodmereiprämie. Hat der Gegenstand bei dem Beginne der Versicherung einen geringeren Wert, so ist dieser maßgebend.

(2) Der Versicherer hat die Versicherungssumme zu zahlen, soweit der zur Deckung der Forderung dienende Gegenstand infolge eines dem Versicherer zur Last fallenden Unfalls zur Deckung nicht ausreicht.

(3) Soweit der Versicherer dem Versicherungsnehmer einen Schaden ersetzt, geht die Forderung auf den Versicherer über. Auf den Übergang finden die Bestimmungen der §§ 45 und 46 entsprechende Anwendung.

§ 111

Umfang der Haftung des Versicherers

Bei der Versicherung von Bodmereigeldern ist anzunehmen, daß Schiff, Fracht und Ladung verbodmet sind, und bei der Versicherung von Havereigeldern, daß Schiff und Fracht zur Deckung dienen.

§ 112

Dauer der Versicherung

Bei der Versicherung von Bodmerei- oder Havereigeldern beginnt die Versicherung mit dem Zeitpunkt, an dem der Versicherungsnehmer sich zur Gewährung der Gelder verpflichtet. Hat der Versicherungsnehmer selbst die Havereigelder aufgewendet, so ist der Zeitpunkt der Aufwendung maßgebend.

Dritter Abschnitt

Besondere Vereinbarungen (Klauseln)

§ 113

„Frei von Beschädigung"

Der Versicherer haftet nicht für eine Beschädigung und bei einer Versicherung, die sich auf die Güter bezieht, auch nicht dafür, daß die Güter infolge der Beschädigung verlorengehen, insbesondere in ihrer ursprünglichen Beschaffenheit zerstört werden. Er haftet jedoch für Aufopferungen, die in einer Beschädigung bestehen.

§ 114

„Frei von Beschädigung außer im Strandungsfall"

(1) Der Versicherer haftet für eine Beschädigung nur im Falle einer Strandung. Eine Beschädigung, die durch die Strandung entstanden sein kann, gilt im Zweifel als durch sie verursacht. Im übrigen finden die Bestimmungen des § 113 entsprechende Anwendung.

(2) Eine Strandung liegt vor, wenn das Schiff auf Grund gerät und nur durch außergewöhnliche Maßregeln abgebracht werden kann; als außergewöhnliche Maßregel gilt es insbesondere, wenn die Masten gekappt oder Güter gelöscht oder geworfen werden oder ungewöhnlich hohe Flut abgewartet wird, dagegen nicht, wenn das Schiff auf seinen Ankern windet, die Segel backgestellt werden oder die Schraube rückwärts schlägt. Als eine Strandung ist es auch anzusehen, wenn das Schiff kentert, sinkt, scheitert, mit anderen Fahrzeugen zusammenstößt oder beschossen wird oder wenn auf dem Schiffe ein Brand oder eine Explosion stattfindet.

(3) Bei einer Versicherung, die sich auf die Güter bezieht, ist es als eine Strandung anzusehen, wenn das Schiff auf Grund stößt oder auf Grund festgerät oder mit anderen Sachen zusammenstößt oder durch Eis beschädigt wird oder wenn einer der im Absatz 2 Satz 2 bezeichneten Fälle vorliegt. Der Versicherer haftet jedoch nur, wenn der Schiffskörper infolge des Unfalls so erheblichen Schaden gelitten hat, daß die Beschädigung der Güter durch den Unfall verursacht sein kann. Ist streitig, ob ein Brandschaden durch Selbstentzündung der Güter verursacht ist, so trifft die Beweislast den Versicherungsnehmer.

§ 115

„Frei von Bruch"

Der Versicherer haftet nicht für eine Beschädigung infolge Zerbrechens. Im übrigen finden die Bestimmungen des § 113 entsprechende Anwendung.

§ 116

„Frei von Bruch außer im Strandungsfall"

Der Versicherer haftet für eine Beschädigung infolge Zerbrechens nur im Falle einer Strandung. Im übrigen finden die Bestimmungen des § 114 entsprechende Anwendung.

§ 117

„Frei von gewissen Prozenten"

Die Bestimmungen des § 34 über die Haftung des Versicherers im Falle eines 3% des Versicherungswerts nicht erreichenden Schadens finden entsprechende Anwendung.

§ 118

„Frei von gewissen ersten Prozenten"

Der Versicherer haftet für einen Schaden nur, soweit dieser die im Vertrage bestimmten Prozente des Versicherungswerts übersteigt.

§ 119

„Frei von Kriegsmolest"

Der Versicherer ist von der Verpflichtung zur Leistung frei, wenn die Gefahr eines Krieges Einfluß auf die Reise zu üben beginnt, insbesondere wenn der Antritt oder die Fortsetzung der Reise durch Kriegsschiffe, Kaper, Minen oder Blockade behindert oder infolge der Kriegsgefahr aufgeschoben wird oder wenn infolge der Kriegsgefahr das Schiff vom Wege abweicht oder der Kapitän die freie Führung des Schiffes verliert.

§ 120

„Für behaltene Ankunft". „Für behaltene Fahrt"

(1) Die Versicherung endigt mit dem Zeitpunkt, in dem das Schiff im Bestimmungshafen am gehörigen Orte den Anker hat fallen lassen oder befestigt ist.

(2) Bei einer Versicherung, die sich auf das Schiff bezieht, haftet der Versicherer nur, wenn das Schiff vor dem im Absatz 1 bestimmten Zeitpunkte total verlorengeht oder gemäß § 72 oder § 73 abandonniert oder gemäß § 77 versteigert wird.

(3) Bei einer Versicherung, die sich auf die Güter bezieht, haftet der Versicherer nur, soweit die Güter den Bestimmungsort nicht erreichen.

(4) Der Versicherer haftet nicht für Beiträge zur großen Haverei und Aufopferungen sowie für die im § 32 und im § 95 Abs. 3 bezeichneten Aufwendungen und Kosten.

§ 121

„Nur für Kriegsgefahr"

(1) Der Versicherer trägt nur die Gefahr eines Krieges. Er haftet insbesondere für einen Schaden, der durch eine durch den Krieg veranlaßte Maßnahme einer, sei es anerkannten, sei es nicht anerkannten, kriegführenden Macht, namentlich für einen Schaden, der dadurch verursacht wird, daß die versicherte Sache angehalten, aufgebracht, genommen, zurückgehalten, angefordert, beschlagnahmt oder durch die in Anlaß des Krieges gelegten Minen oder infolge anderer Maßnahmen beschädigt oder vernichtet wird; den Maßnahmen einer kriegführenden Macht stehen diejenigen einer anderen Macht gleich, wenn diese binnen sechs Monaten nach der Maßnahme in den Krieg eintritt.

(2) Im übrigen finden die Bestimmungen, die im Falle einer die Kriegsgefahr ausschließenden Versicherung gelten, mit den aus den Absätzen 3 bis 7 sich ergebenden Maßgaben entsprechende Anwendung.

(3) Der Versicherer haftet nicht für Kosten, die dadurch entstehen, daß infolge der Kriegsgefahr das Schiff die Reise nicht antritt oder nicht fortsetzt oder einen Hafen anläuft oder die Güter ausgeladen, gelagert und anderweit weiterbefördert werden, und zwar auch nicht insoweit, als sie zur großen Haverei gehören.

(4) Die Verpflichtung des Versicherers zur Leistung bleibt in den Fällen des § 35 Abs. 2 und 3 bestehen, jedoch unbeschadet der Verringerung seiner Haftung im Falle des § 35 Abs. 2 Satz 2.

(5) Bei einer Versicherung, die sich auf das Schiff bezieht, haftet der Versicherer nicht für einen Schaden, der dadurch verursacht wird, daß sich Bannware an Bord befindet. Die Haftung des Versicherers bleibt jedoch bestehen, wenn der Versicherungsnehmer weder wußte noch wissen mußte, daß sich Bannware an Bord befand. Bleibt die Haftung bestehen, so gebührt dem Versicherer eine Zuschlagsprämie.

(6) Als total verloren gilt das Schiff gemäß § 71 Abs. 2 insbesondere, wenn es für gute Prise erklärt wird. Die Bestimmungen des § 72 über die Verschollenheit des Schiffes finden gemäß § 73 insbesondere dann Anwendung, wenn das Schiff von einer kriegführenden Macht oder einer anderen ihr nach Absatz 1 Satz 2 gleichstehenden Macht angehalten, aufgebracht, genommen, zurückgehalten, angefordert oder beschlagnahmt wird; jedoch tritt an die Stelle der im § 73 Satz 2 bezeichneten Frist eine solche von sechs Monaten.

(7) Ist die Versicherung auf Güter aller Art genommen, so bezieht sie sich nicht auf Sachen, die zur Zeit des Beginns der Versicherung Bannware sind. Dies gilt insbesondere im Falle einer laufenden Versicherung. Die Haftung des Versicherers bleibt jedoch bestehen, wenn der Versicherungsnehmer weder wußte noch wissen mußte, daß die Ware Bannware ist. Bleibt die Haftung bestehen, so gebührt dem Versicherer eine Zuschlagsprämie.

§ 122

„Auch für Kriegsgefahr"

(1) Der Versicherer trägt auch die Gefahr eines Krieges.

(2) Liegen die Voraussetzungen, unter denen der Versicherer wegen einer Verletzung der Anzeigepflicht oder wegen einer Gefahränderung von der Verpflichtung zur Leistung frei ist, nur in Ansehung der Kriegsgefahr vor, so trägt der Versicherer die übrigen Gefahren (§ 35), liegen sie nur in Ansehung dieser vor, so trägt er die Kriegsgefahr (§ 121), wenn nicht anzunehmen ist, daß er diese Gefahren allein unter den gleichen Bestimmungen nicht übernommen haben würde.

(3) Im übrigen finden die Bestimmungen des § 121 entsprechende Anwendung, jedoch mit der Maßgabe, daß die Bestimmung des § 35 Abs. 4 über eine Zuschlagsprämie im Falle einer Änderung der Gefahr infolge der Kriegsgefahr unberührt bleibt.

§ 123

„Nur für Totalverlust"

Der Versicherer haftet nur dafür, daß die Sache, auf die sich die Versicherung bezieht, total verlorengeht, verschollen ist oder durch Verfügung von hoher Hand angehalten oder durch Seeräuber genommen wird, und bei einer Versicherung, die sich auf das Schiff bezieht, auch in den Fällen der Reparaturunfähigkeit oder Reparaturunwürdigkeit des Schiffes. Er haftet nicht für Beiträge zur großen Haverei und Aufopferungen sowie für die im § 32 und im § 95 Abs. 3 bezeichneten Aufwendungen und Kosten. Bei einer Versicherung, die sich auf die Güter bezieht, haftet er auch nicht dafür, daß die Güter infolge einer Beschädigung verlorengehen, insbesondere in ihrer ursprünglichen Beschaffenheit zerstört werden.

§ 124

„Von Haus zu Haus"

(1) Die Versicherung beginnt mit dem Zeitpunkt, in dem die Güter am Abladungsorte zum Zwecke der Beförderung auf der versicherten Reise von der Stelle, an der sie bisher aufbewahrt wurden, entfernt werden.

(2) Die Versicherung endigt mit dem Zeitpunkt, in dem die Güter am Ablieferungsort an die Stelle gebracht werden, die der Empfänger zu ihrer Aufbewahrung bestimmt hat. Sie endigt jedoch in Ansehung eines durch Brand, Explosion, Blitzschlag oder Erdbeben entstehenden Schadens spätestens mit dem Ablaufe des zehnten Tages nach dem Tage der Löschung; das gleiche gilt in Ansehung eines anderen Schadens, es sei denn, daß die Beförderung der Güter an die für sie bestimmte Stelle nicht verzögert wird.

(3) Im übrigen finden, soweit die Beförderung der Güter auf Binnengewässern oder zu Lande ausgeführt wird, diese Bedingungen entsprechende Anwendung.

Vierter Abschnitt

Schlußbestimmungen

§ 125

See- und Binnenreise

Ist die Versicherung für eine Reise genommen, die teils zur See, teils auf Binnengewässern oder zu Lande ausgeführt wird, so finden diese Bedingungen auf die Versicherung, soweit sie die Reise auf Binnengewässern oder zu Lande betrifft, entsprechende Anwendung.

§ 126

Anwendbarkeit des deutschen Rechtes und der Vorschriften über die Transportversicherung

Für das Versicherungsverhältnis ist das deutsche Recht maßgebend. Jedoch finden die Vorschriften über die Transportversicherung insoweit, als sie durch Vertrag abgeändert werden können, keine Anwendung.

§ 127

Gerichtsstand

Für die Entscheidung von Streitigkeiten, die aus dem Versicherungsverhältnis entstehen, ist ausschließlich das Gericht zuständig, bei dem der Versicherer seinen allgemeinen Gerichtsstand hat. Ist jedoch der Vertrag durch einen Vertreter des Versicherers von einer gewerblichen Niederlassung aus geschlossen, die der Versicherer oder der Vertreter an einem zum Bezirke des bezeichneten Gerichts nicht gehörenden Orte hatte, so ist auch das Gericht dieses Ortes zuständig.

Anhang

Zusatzbestimmungen zu den ADS. für die Güterversicherung (1947)

1.

Kriegs-Ausschlußklausel

§ 35 Absatz 1 der ADS. wird durch folgende Bestimmung ersetzt:

„Die Versicherung deckt nicht die Gefahren des Krieges, des Bürgerkrieges und kriegsähnlicher Ereignisse. Auf diesen Gefahren beruhen zum Beispiel Schäden, verursacht durch Handlungen kriegerischer Art, insbesondere durch das Einsetzen der bewaffneten Macht, durch Blockade oder andere Sperren, sowie durch Beschlagnahme oder sonstige durch den Krieg veranlaßte den versicherten Gegenstand betreffende Maßnahmen einer anerkannten oder nicht anerkannten Macht. Die Versicherung deckt außerdem nicht die Gefahren, die sich unabhängig vom Kriegszustand aus der Verwendung oder dem Vorhandensein von Minen, Torpedos, Bomben und anderen Kriegswerkzeugen ergeben."

2.

Beschlagnahme-Ausschlußklausel

Die Versicherung deckt nicht die Gefahren der Beschlagnahme oder sonstiger Entziehung durch Verfügung von hoher Hand, unbeschadet § 36 ADS.

3.

Diebstahl-Ausschlußklausel

Der Versicherer haftet, mangels anderer Vereinbarung, für einen durch Diebstahl verursachten Schaden nur im Strandungsfall (§ 114 ADS. und Nothafenklausel).

4.

Minen-Einschlußklausel

(Außer Anwendung)

5.

Von Haus zu Haus-Klausel

Beginn der Versicherung

Die Versicherung beginnt mit dem Zeitpunkt, in dem die Güter am Abladungsorte zum Zwecke der Beförderung auf der versicherten Reise von der Stelle, an der sie bisher aufbewahrt wurden, entfernt werden.

Ende der Versicherung

Die Versicherung endigt mit dem Zeitpunkt, in dem die Güter am Ablieferungsort an die Stelle gebracht werden, die der Empfänger zu ihrer Aufbewahrung bestimmt hat (Ablieferungsstelle):

a) Seeplatz.

Wenn der aufgegebene Ablieferungsort ein Seeplatz ist, endigt die Versicherung spätestens mit Ablauf des 20. Tages nach Landung der Güter am Ablieferungsort.

b) Binnenplatz.

(1) Wenn der aufgegebene Ablieferungsort ein Binnenplatz ist, endigt die Versicherung spätestens mit Ablauf des 10. Tages nach Entladung der Güter aus dem anbringenden Beförderungsmittel am Ablieferungsort. (2) Falls eine Verzögerung in der Beförderung der Güter nach Landung am Seeplatz bis zum Eintreffen am Ablieferungsort durch den Versicherten bzw. den Empfänger veranlaßt wird oder zu vertreten ist, endigt die Versicherung bereits mit Beginn der Verzögerung, jedoch nicht vor Ablauf der unter den jeweiligen Umständen normalen Reisedauer.

Die Feststellung eines Schadens hat unverzüglich zu erfolgen.
Zusatz zu a) und b).

Dem Versicherer ist Zulage nach Vereinbarung zu zahlen, wenn sich das Anlandbringen der versicherten Güter nach Entlöschung aus dem Seeschiff außergewöhnlich verzögert.

Ausdehnung der Fristen bzw. der Versicherung.

Gegen zu vereinbarende Prämienzulage für die Ausdehnung der Fristen unter Berücksichtigung von Gefahren, welche in der Hauptversicherung besonders eingeschlossen sind (z. B. Bruch, Leckage), können ausgedehnt werden

1. die in a) und b) bestimmten Fristen,

2. die Versicherung für den Fall der Verzögerung (b Satz 2) nach Landung am Seeplatz bis zum Eintreffen am Ablieferungsort,

und zwar bei der Deklaration und in außergewöhnlichen Fällen nach der Deklaration, jedoch nur vor Ablauf der deklarierten Frist.

Innerhalb dieser Fristen, jedoch ohne Überschreitung derselben, darf der Empfänger die Beförderung des Gutes verzögern.

6.

Optionsklausel

Hat der Versicherungsnehmer dem Reeder gegenüber laut Konnossement oder Vereinbarung das Recht, unter mehreren Bestimmungsorten zu wählen, so gilt es für die Versicherung der Transportgefahren (nicht der Kriegsgefahr) nicht als Gefahränderung, wenn die Güter unterwegs in einem Zwischenhafen oder, vor Ausübung des Wahlrechts, an einem der Bestimmungsorte gelöscht und in den Räumen einer Kaianstalt oder einer Zollbehörde zu Lager genommen werden und wenn hierdurch die Vollendung der Reise verzögert wird.

Die Versicherung endigt, falls der Versicherungsnehmer den Löschungsort als Bestimmungsort wählt, spätestens mit Ablauf des 30. Tages nach Landung der Güter.

Die Wiederverladung der Güter ist dem Versicherer unverzüglich anzuzeigen. Wird die Beförderung nach anderen als deutschen Nordseehäfen und holländischen Seehäfen durchgeführt, so ist dafür eine Prämienzulage zu bezahlen. Bei mehrmaliger Umladung gebührt dem Versicherer für jede weitere Umladung eine Zuschlagsprämie.

Wenn die Lagerung länger als 30 Tage dauert und der Versicherungsnehmer nicht vor Ablauf dieser Frist erklärt, daß die Versicherung fortdauern soll, so endigt die Gefahr nach Ablauf dieser Frist. Soll die Versicherung fortdauern, so gebührt dem Versicherer eine Zuschlagsprämie. Die Gesamtdauer der Lagerung bis zur Ausübung des Wahlrechts ist auf zwei Monate beschränkt.

7.

Gefahränderungsklausel

Der Versicherungsnehmer darf die Gefahr ändern, insbesondere erhöhen und die Änderung durch einen Dritten gestatten. Dem Versicherer gebührt im Falle einer Änderung eine Zuschlagsprämie, wenn er nach den ADS. mit Rücksicht auf die Änderung von der Verpflichtung zur Leistung frei sein würde.

8.

Deckladungsklausel

Verladung auf Deck ist anzeigepflichtig. Für auf Deck verladene Güter trägt der Versicherer auch die Gefahr des Überbordspülens und -werfens, er haftet jedoch für eine Beschädigung nur im Falle einer Strandung im Sinne des § 114 ADS. und der Nothafenklausel.

9.

Deklarationsklausel

Etwa unterlassene, verzögerte oder fehlerhafte Deklarationen können nachgeholt bzw. berichtigt werden, und sind dann für die Versicherer verbindlich, wenn der Versicherungsnehmer die Sorgfalt eines ordentlichen Kaufmannes nicht außer acht gelassen hat.

10.

Rostklausel

Der Versicherer haftet im Strandungsfall (§ 114 ADS. und Nothafenklausel) auch für eine durch Rost oder Oxydierung verursachte Beschädigung.

Güter, für deren Beschädigung der Versicherer nicht nur im Strandungsfall (§ 114 und Nothafenklausel) haftet, gelten ferner versichert für Schäden durch Rost oder Oxydierung, verursacht durch See-, Süßwasser, Beiladung oder Beschädigung der äußeren Verpackung.

11.

Bruch- und Leckage-Klausel

Abgesehen vom Strandungsfall (§ 114 und Nothafenklausel) sind die nachgenannten Gefahren nur bei besonderer Vereinbarung und gegen zu vereinbarende Prämie mitversichert:

1. die Gefahr der Beschädigung des Gutes durch Bruch,
2. die Gefahr der Beschädigung oder des Teilverlustes bei in Fässern oder in Säcken verpackten Gütern infolge von Bruch oder Zerreißen der Verpackung, es sei denn, daß der Unfall, der den Schaden verursacht hat, vom Versicherten nachgewiesen und durch die Versicherung gedeckt ist,
3. die Gefahr des Auslaufens bei flüssigen Waren über den durch § 86 Absatz 2 ADS. gegebenen Haftungsumfang hinaus.

12.

Klausel betreffend Versicherung flüssiger Güter einschließlich Leckage

Wenn die Versicherung flüssiger Güter einschließlich Leckage frei von gewissen Prozenten oder frei von gewissen ersten Prozenten genommen ist, findet auf einen Schaden, der in Verlust durch Leckage besteht, § 86 Absatz 1 ADS. keine Anwendung.

13.

Wiederherstellungsklausel

Im Falle von Beschädigung oder Verlust eines Teiles oder von Teilen des versicherten Gegenstandes soll nach Wahl des Versicherten entweder der Schaden gemäß § 93 ADS. durch Abschätzung seitens Sachverständiger festgestellt werden oder es sollen die beschädigten bzw. verlorenen Teile wieder angeschafft werden. In letzterem Falle vergütet der Versicherer die entstandenen Kosten, jedoch mit der Beschränkung, daß die Kosten nicht über die Versicherungssumme hinaus und nur im Verhältnis der Versicherungssumme zum Gesundwert des versicherten Gegenstandes im Sinne des § 93 Absatz 1 ADS. vergütet werden.

Diese Klausel gilt nicht bei Versicherung von Maschinen und Maschinenteilen (s. Klausel Nr. 14).

14.

Klausel für Maschinen und Maschinenteile

Bruchschäden im Strandungsfall und solche Schäden, die laut Police auch in anderen Fällen mitgedeckt sind, müssen unverzüglich nach Ankunft und Öffnung der Kisten unter Hinzuziehung des in der Police aufgeführten Havarie-Kommissars festgestellt werden. Die Versicherer haften nur für die Kosten der Reparatur oder des Ersatzes des zerbrochenen oder abhanden gekommenen Teils der Maschine, jedoch nicht über die Versicherungssumme hinaus und nur im Verhältnis der Versicherungssumme zum Gesundwert des versicherten Gegenstandes im Sinne des § 93 Abs. 1 ADS. Der beschädigt oder abhanden gekommene Teil ist am Bestimmungsort zu reparieren oder zu ersetzen. Sollte dieses nicht angängig oder mit unverhältnismäßigen Kosten verbunden sein, ist Ersatz durch Nachsendung von der Fabrik zu beschaffen. Ein Verkauf der zerbrochenen Teile oder der ganzen Maschine ist nur im Einvernehmen mit dem Versicherer gestattet.

15.

Skimming-Klausel

Ist Kaffee oder Kakao gegen Beschädigung und mit der Bedingung: „Jeder Sack eine Serie" versichert, so erfolgt im Falle der Beschädigung am Bestimmungsort die Schadensfeststellung durch Abnehmen des Beschädigten vom Gesunden. Mangels Vereinbarung mit dem Versicherten wegen Übernahme des Beschädigten gilt folgendes:

Das Beschädigte ist zu verkaufen; der Bruttoerlös gilt als Krankwert. Durch Berechnung des Verhältnisses vom Krankwert zum Gesundwert auf die Versicherungssumme des beschädigten Teiles des versicherten Gutes wird der zu ersetzende Schaden bestimmt. § 34 Absatz 1 ADS. (Franchise) ist aufgehoben. Die Kosten der Bearbeitung und des Verkaufs trägt der Versicherer.

16.

Leichterklausel

Im Falle der Benutzung von Leichterfahrzeugen gelten die in einem Leichterfahrzeug verladenen Güter zugunsten des Versicherten als besonders versichert.

17.

Nothafenklausel

In Ausdehnung von § 114 ADS. soll es auch als Strandung angesehen werden, wenn infolge eines dem Versicherer zur Last fallenden Unfalls das Schiff einen Nothafen anläuft und unter Deck verladene Güter gelöscht werden.

18.

Havarie-große-Klausel

Ist der Beitragswert in anderer Währung angegeben als die Versicherungssumme, so wird die zum Vergleich des Beitragswertes mit dem Versicherungswert gemäß § 30, 8 ADS. erforderliche Umrechnung des Beitragswertes in die Währung des Versicherungsvertrages zum Kurs des Tages vorgenommen, an dem Schiff und Ladung sich trennten.

19.

Zoll-Fracht-Klausel

Falls vereinbart, sind auch Aufwendungen, die sich für die Güter am Ablieferungsort ergeben, insbesondere Aufwendungen für Zoll, Fracht und dergleichen, mitzuversichern, soweit der Versicherungswert sie nicht bereits umfaßt. Im Falle der Mitversicherung gebührt dem Versicherer eine Prämie auf den Betrag der Werterhöhung, welche sich wie folgt berechnet:

Es sind zu zahlen die vollen Zuschlagsprämien für Einschluß von Sonder-Risiken, z. B. Diebstahl, Bruch, Leckage und außerdem

1. für Güter, für deren Beschädigung der Versicherer nur im Strandungsfalle haftet, 25% der reinen Seeprämie,
2. für andere Güter 50% der reinen Seeprämie.

20.

Frachtführer-Klausel

Die Versicherung gilt nicht zugunsten eines Verfrachters (Reeders), eines Frachtführers oder Lagerhalters, welcher hinsichtlich des versicherten Gutes im Dienst des Versicherungsnehmers oder Versicherten bzw. deren Vertreter steht.

Die Abtretung von Ansprüchen aus dem Versicherungsvertrage im ordnungsmäßigen kaufmännischen Verkehr ist durch die vorstehende Bestimmung nicht ausgeschlossen.

21.

Schadensfeststellungsklausel

Falls in der Police oder im Policen-Zertifikat Schadensfeststellung durch einen bestimmten Havarie-Kommissar vorgeschrieben ist, ist dieser Havarie-Kommissar unverzüglich hinzuziehen.

22.

Drogenklausel

Es wird vereinbart, daß auf Grund dieser Police kein Schaden an Drogen, auf welche die verschiedenen Internationalen Abkommen betreffend Opium und andere gefährlichen Drogen Anwendung finden, bezahlt wird, es sei denn, daß

1. die Drogen ausdrücklich als solche in der Police deklariert sind und der Name des Landes, von dem sie abgesandt und nach dem sie bestimmt sind, besonders in der Police angegeben ist, und

2. den Schadensunterlagen entweder ein Erlaubnisschein, ein Zertifikat oder eine Ermächtigung beigefügt ist, ausgestellt von der Regierung des Landes, nach dem die Drogen bestimmt sind, des Inhalts, daß die Einfuhr der betreffenden Sendung in jenes Land von dessen Regierung genehmigt worden ist, oder ein Erlaubnisschein, ein Zertifikat oder eine Ermächtigung, ausgestellt von der Regierung des Landes, aus dem die Drogen abgesandt sind, des Inhalts, daß die Ausfuhr der betreffenden Sendung nach dem angegebenen Bestimmungsort von jener Regierung genehmigt worden ist und
3. der Reiseweg, auf dem die Drogen befördert wurden, gebräuchlich und üblich ist.

23.

Verzugsklausel

Wird ein Streit zwischen Versicherer und Versicherten durch gerichtliches oder schiedsgerichtliches Verfahren erledigt oder wird die Zahlung seitens des Versicherers aus einem anderen Grunde verzögert, so hat der Versicherer — abgesehen von den gesetzlichen Zinsen — dem Versicherten einen Schaden wegen Verzuges nicht zu ersetzen, es sei denn, daß der Versicherer die Zahlung grobfahrlässig oder vorsätzlich verzögert hat.

24.

Kursklausel für Güterversicherung

Wortlaut bleibt vorbehalten.

25.

Devisenklausel

Bei den in fremden Währungen geschlossenen Versicherungen sind Leistung und Gegenleistung in der Währung der Versicherungssumme zu bewirken.

26.

Kündigungsklausel (Aufruhr usw.)

Soweit die Gefahren des Aufruhrs, der Plünderung, politischer Gewalthandlungen oder sonstiger bürgerlicher Unruhen nicht als Kriegsgefahren im Sinne des § 35 ADS. anzusehen sind, können diese Gefahren vom Versicherer unter Einhaltung einer Kündigungsfrist von 2 Tagen vor Risikobeginn gekündigt werden. Bei lagernden Gütern (Zwischenlagerung ausgenommen) kann auch nach Risikobeginn gekündigt werden, jedoch bleibt die Versicherung nach Ablauf der Kündigungsfrist bis zum deklarierten nächsten Ablaufstermin, aber nicht länger als einen Monat in Kraft.

27.

Kündigungsklausel (Kriegszustand)

Falls die unter laufender Versicherung gedeckte Beförderung von Gütern oder deren Lagerung ein Land betrifft, das sich im Kriegszustand oder in einem kriegsähnlichen Zustand befindet, können beide Parteien die Versicherung jederzeit unter Einhaltung einer einwöchigen Frist kündigen, und zwar entweder die ganze Versicherung oder denjenigen Teil, der sich auf das durch die kriegerischen Ereignisse betroffene Land bezieht.

28.

Kündigungserklärungsklausel

Jede Kündigung seitens der Versicherer kann auch dem Makler für den Versicherungsnehmer erklärt werden, ausgenommen Kündigung und Aufhebung der Versicherung laut § 17 der ADS. wegen Nichtbezahlung der Prämie.

29.

Einzelhaftungs-Klausel

Bei Versicherungen, die von mehreren Versicherern übernommen sind, haften diese stets nur anteilig, nicht solidarisch, auch wenn die Policen oder die Zertifikate von einem Versicherer für sich selbst und in Vollmacht für die Mitversicherer gezeichnet sind.

30.

Anschlußklausel

Die von dem Anfänger der Police mit dem Versicherungsnehmer oder dem Versicherten getroffenen Vereinbarungen sind für die Mitversicherer verbindlich, insbesondere gilt dies zugunsten des Versicherten für die Schadensregulierung, jedoch ist der Anfänger der Police ohne Zustimmung der Mitversicherer, von denen jeder einzeln zu entscheiden hat, nicht berechtigt

a) zur Erhöhung des Policen-Höchstbetrages,
b) zum Einschluß der Kriegsgefahr,
c) zum Einschluß der Beschlagnahmegefahr,
d) zur Änderung der Policen-Währung,
e) zur Änderung der Kündigungsbestimmungen.

Bei einer Änderung des Anfängers der Police, die den mitbeteiligten Versicherern unverzüglich schriftlich anzuzeigen ist, hat jeder mitbeteiligte Versicherer das Recht, unter Einhaltung einer zweiwöchigen Frist den Versicherungsvertrag zu kündigen.

Das Kündigungsrecht erlischt, wenn es nicht innerhalb eines Monats nach Erhalt der schriftlichen Mitteilung über die Änderung des Anfängers der Police ausgeübt wird.

DTV.-Kriegsklausel 1955

für Gütertransporte zur See

I. Umfang der Deckung

(1) Die Versicherung deckt die Gefahren des Krieges, des Bürgerkrieges und kriegsähnlicher Ereignisse. Auf diesen Gefahren beruhen z. B. Schäden, verursacht durch Handlungen kriegerischer Art, insbesondere durch das Einsetzen der bewaffneten Macht, durch Blockade oder andere Sperren, sowie durch Beschlagnahme oder sonstige durch den Krieg veranlaßte, den versicherten Gegenstand betreffende Maßnahmen einer anerkannten oder nicht anerkannten Macht.

(2) Die Versicherung deckt außerdem die Gefahren, die sich unabhängig vom Kriegszustand aus der Verwendung oder dem Vorhandensein von Minen, Torpedos, Bomben oder anderen Kriegswerkzeugen ergeben.

II. Beginn und Ende der Versicherung

(1) Die Versicherung beginnt, wenn die versicherten Güter am Verschiffungsort zur Beförderung für die versicherte Reise an Bord des Seeschiffes gebracht sind, und endet, wenn die Güter am Bestimmungsort vom Bord des Seeschiffes scheiden, spätestens aber für den noch nicht entlöschten Teil der Ladung mit Ablauf des fünfzehnten Tages nach Ankunft des Seeschiffes am Bestimmungsort.

(2) Falls der Frachtvertrag für die versicherten Güter an einem anderen Ort als dem im Frachtvertrag genannten Bestimmungsort endet, gilt dieser Ort als Bestimmungsort. Werden die Güter jedoch später zur Beförderung nach dem im Frachtvertrag genannten oder einem anderen Bestimmungsort weiterverladen, so ist auch diese Weiterreise versichert unter der Bedingung, daß eine entsprechende Anzeige vor Beginn der Weiterreise gemacht ist und eine Zuschlagprämie bezahlt wird. Diese Versicherung beginnt mit der Verladung der Güter in dem weiterbefördernden Seeschiff. Auf die Versicherung der Weiterreise finden im übrigen die Bestimmungen dieser Klausel Anwendung.

(3) Werden die Güter während der versicherten Reise aus einem Seeschiff in ein anderes Seeschiff umgeladen, so gilt die Versicherung auch für den Zeitraum zwischen Löschung und Wiedereinladung. Die Versicherung ruht jedoch nach Ablauf des fünfzehnten Tages nach Ankunft des Schiffes im Löschhafen; sie tritt wieder in Kraft, wenn die Güter an Bord des zur Weiterbeförderung bestimmten Seeschiffes gebracht sind. Während des versicherten Zeitraumes sind Lagerungen und etwa erforderlich werdende Transporte mit Transportmitteln aller Art zum Ladeplatz oder Ladehafen, auch wenn dieser vom Löschhafen verschieden ist, in die Versicherung eingeschlossen.

(4) Als Seeschiff im Sinne dieser Klausel gilt dasjenige Schiff, welches die versicherten Güter befördert, falls ein Teil seiner Reise über See zurückzulegen ist. Das Seeschiff ist angekommen, wenn es am Bestimmungsort sicher ver-

ankert oder am Kai vertäut worden ist. Die Fristen beginnen mit Ablauf des Ankunftstages des Seeschiffes.

(5) Gegen die Gefahren, verursacht durch Minen oder treibende bzw. gesunkene Torpedos wird die Versicherung während der Beförderung zu Wasser wie folgt ausgedehnt. Die Versicherung beginnt am vereinbarten Abladungsort mit der Einladung der versicherten Güter in das für ihre Beförderung zum Seeschiff bestimmte Binnenschiff und endet, falls die versicherten Güter nach Ausführung der Seereise zu Wasser weiterbefördert werden, mit der Ausladung aus dem Binnenschiff am vereinbarten Bestimmungsort.

III. Ausschluß von Schäden und Kosten

(1) Von der Versicherung ausgeschlossen sind Beschaffenheits-Schäden, vgl. § 86 ADS. Der Versicherer haftet ferner nicht für Kosten, die dadurch entstehen, daß infolge der Kriegsgefahr

a) das Schiff die Reise nicht antritt, die Reise nicht fortsetzt, einen Hafen anläuft, oder

b) die Güter ausgeladen, gelagert und anderweitig weiterbefördert werden (z. B. Lagergelder und Nothafenkosten),

es sei denn, daß solche Kosten nach den York-Antwerp-Regeln zur großen Haverei gehören.

(2) Ausgeschlossen sind ferner Schäden, verursacht durch Beschlagnahme oder sonstige behördliche Maßnahmen auf Grund von zur Zeit des Beginns der Versicherung geltenden Gesetzen oder Verordnungen.

IV. Grundlage der Bedingungen

(1) Auf diese Versicherung finden die Bestimmungen der Allgemeinen Deutschen Seeversicherungs-Bedingungen und der Zusatzbestimmungen zu den ADS. für die Güter-Versicherung (1947) mit folgenden Änderungen entsprechende Anwendung:

a) an die Stelle der im § 73 bezeichneten Frist tritt eine solche von sechs Monaten,

b) dem Versicherer ist eine Zulage zu zahlen, falls die versicherten Gefahren sich infolge einer Änderung der Reise erhöhen.

(2) Soweit sich in der Police Vorschriften befinden, die im Widerspruch zu den Bestimmungen dieser Klausel stehen, sollen sie insoweit als gestrichen gelten.

V. Kündigung

Die Versicherung der in Ziffer I und Ziffer II (5) bezeichneten Gefahren ist mit 2tägiger Frist vor Beginn der Versicherung (Ziffer II) jederzeit kündbar.

DTV.-Kriegsklausel

für Postsendungen im Verkehr mit dem Ausland

I. Umfang der Deckung

(1) Die Versicherung deckt die Gefahren des Krieges, des Bürgerkrieges und kriegsähnlicher Ereignisse. Auf diesen Gefahren beruhen z. B. Schäden, verursacht durch Handlungen kriegerischer Art, insbesondere durch das Einsetzen der bewaffneten Macht, durch Blockade oder andere Sperren, sowie durch Beschlagnahme oder sonstige durch den Krieg veranlaßte den versicherten Gegenstand betreffende Maßnahmen einer anerkannten oder nicht anerkannten Macht.

(2) Die Versicherung deckt außerdem die Gefahren, die sich unabhängig vom Kriegszustand aus der Verwendung oder dem Vorhandensein von Minen, Torpedos, Bomben oder anderen Kriegswerkzeugen ergeben.

(3) Die Versicherung ist beschränkt auf solche Posttransporte, bei denen die Beförderung auf dem Luftweg oder ganz oder zum Teil über See durchgeführt wird.

II. Beginn und Ende der Versicherung

Die Versicherung beginnt mit der Übergabe des versicherten Gutes an die Postanstalt und endet mit seiner Ablieferung durch die Post an den Adressaten.

III. Ausschluß von Schäden

(1) Von der Versicherung ausgeschlossen sind Schäden, die durch die natürliche Beschaffenheit der Güter, namentlich durch inneren Verderb, Schwinden, Rost, Schimmel, gewöhnliche Leckage, gewöhnlichen Bruch, Selbstentzündung sowie durch mangelhafte Verpackung der Güter verursacht werden.

(2) Ausgeschlossen sind ferner Schäden, verursacht durch Beschlagnahme oder sonstige behördliche Maßnahmen auf Grund von zur Zeit des Beginns der Versicherung geltenden Gesetzen oder Verordnungen.

IV. Grundlage der Bedingungen

(1) Auf diese Versicherung finden die Bestimmungen des Versicherungsvertragsgesetzes ergänzend Anwendung.

(2) Soweit sich in der Police Vorschriften befinden, die im Widerspruche zu den Bestimmungen dieser Klausel stehen, sollen sie insoweit als gestrichen gelten.

V. Kündigung

Die Versicherung der in Ziffer I bezeichneten Gefahren ist mit 2tägiger Frist vor Beginn der Versicherung (Ziffer II) jederzeit kündbar.

DTV.-Kriegsklausel
für Lufttransporte im Verkehr mit dem Ausland

I. Umfang der Deckung

(1) Die Versicherung deckt die Gefahren des Krieges, des Bürgerkrieges und kriegsähnlicher Ereignisse. Auf diesen Gefahren beruhen z. B. Schäden, verursacht durch Handlungen kriegerischer Art, insbesondere durch das Einsetzen der bewaffneten Macht, durch Blockade oder andere Sperren, sowie durch Beschlagnahme oder sonstige durch den Krieg veranlaßte, den versicherten Gegenstand betreffende Maßnahmen einer anerkannten oder nicht anerkannten Macht.

(2) Die Versicherung deckt außerdem die Gefahren, die sich unabhängig vom Kriegszustand aus der Verwendung oder dem Vorhandensein von Minen, Torpedos, Bomben oder anderen Kriegswerkzeugen ergeben.

II. Beginn und Ende der Versicherung

Die Versicherung beginnt mit der Übergabe der Güter an die Lufttransportanstalt und endet mit der Auslieferung der Güter durch die Anstalt am Bestimmungsort.

III. Ausschluß von Schäden

(1) Von der Versicherung ausgeschlossen sind Schäden, die durch die natürliche Beschaffenheit der Güter, namentlich durch inneren Verderb, Schwinden, Rost, Schimmel, gewöhnliche Leckage, gewöhnlichen Bruch, Selbstentzündung sowie durch mangelhafte Verpackung der Güter verursacht werden.

(2) Ausgeschlossen sind ferner Schäden, verursacht durch Beschlagnahme oder sonstige behördliche Maßnahmen auf Grund von zur Zeit des Beginns der Versicherung geltenden Gesetzen oder Verordnungen.

IV. Grundlage der Bedingungen

(1) Auf diese Versicherung finden die Bestimmungen des Versicherungsvertragsgesetzes ergänzend Anwendung.

(2) Soweit sich in der Police Vorschriften befinden, die im Widerspruche zu den Bestimmungen dieser Klausel stehen, sollen sie insoweit als gestrichen gelten.

V. Kündigung

Die Versicherung der in Ziffer I bezeichneten Gefahren ist mit 2tägiger Frist vor Beginn der Versicherung (Ziffer II) jederzeit kündbar.

FSC
www.fsc.org
MIX
Papier | Fördert gute Waldnutzung
FSC® C083411

Kolibri 360 GmbH
Ferdinand-Jühlke-Straße 7
99095 Erfurt, Deutschland
produktsicherheit@kolibri360.de